新编经济学

主　编　陈爱国　杨铁良

参　编　魏　趁　钱　静　李颖慧　苏　静

王　蓓　李云丽　龚　洁

内容提要

本书以马克思主义基本原理、毛泽东思想及邓小平理论为指导，全面、系统地介绍了经济学的基本理论和基本知识，深入浅出地阐述了社会经济关系及其发展规律以及观察与分析经济现象的科学方法。

全书分为导论和九个章节。导论部分详细介绍了经济学的产生与发展、研究对象及其研究方法。第一章至第九章分别介绍了商品经济的基本原理、资本和剩余价值、剩余价值的分配形式、产业资本与社会资本再生产、垄断资本主义经济、社会主义生产关系的实质与经济制度、社会主义市场经济体制和经济运行机制、社会主义市场经济的宏观调控、经济全球化与国际经济关系。

本书主要作为高职高专院校相关专业的教材，也可作为经济学知识的入门教材。

图书在版编目（CIP）数据

新编经济学/陈爱国，杨铁良主编. —天津：天津大学出版社，2010.7

ISBN 978-7-5618-3566-1

Ⅰ. ①新… Ⅱ. ①陈… ②杨… Ⅲ. ①经济学… Ⅳ. ①F0

中国版本图书馆 CIP 数据核字（2010）第 126820 号

出版发行 天津大学出版社
出 版 人 杨欢
地　　址 天津市卫津路 92 号天津大学内（邮编：300072）
电　　话 发行部：022-27403647 邮购部：022-27402742
网　　址 www.tjup.com
印　　刷 廊坊市长虹印刷有限公司
经　　销 全国各地新华书店
开　　本 185mm×260mm
印　　张 13.75
字　　数 343 千
版　　次 2010 年 7 月第 1 版
印　　次 2010 年 7 月第 1 次
印　　数 1—3000
定　　价 24.00 元

前 言

为帮助高职高专院校学生比较系统而又准确地理解经济学的基本理论和基本知识，认识社会经济关系及其发展规律，掌握观察和分析纷繁、复杂的经济现象的科学方法，根据教育部修订的相关教学基本要求，结合我国高校近年来教学改革的实际，我们组织具有多年丰富教学经验的一线教师编写了这本《新编经济学》教材。

在编写过程中，针对高职高专院校学生的特点，我们从内容选择、体例安排、案例选用等方面力求做到既体现最新的经济学理论动态，又突出高职高专教育注重应用能力培养的特点。强调理论联系实际，内容精练，叙述简洁，突出重点，注重科学性和可读性。

在编写、出版过程中，本书得到了有关高校领导以及天津大学出版社的指导及支持，借鉴了许多专家学者的研究成果，其中主要参考文献已列于书后，编者在此一并表示衷心感谢。由于编者学术水平有限，书中难免有不妥和疏漏之处，恳请专家和学者批评指正。如能反馈给编者和出版社，我们在修订时将会审度并予以修正。

编者

2010 年 6 月

目　录

导论

教学目标

通过本章学习，了解马克思主义经济学产生和发展的历程，以及马克思主义经济学的研究对象、学科性质和基本任务，掌握社会生产关系及其内容、生产力与生产关系及经济基础与上层建筑的相互关系、经济规律及其特点等，为更好学习这门课程奠定坚实基础。

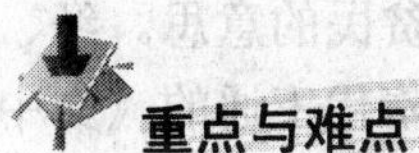

重点与难点

经济学研究的出发点；经济学的研究对象；社会生产方式；经济规律及其特点。

案例导入

一个烈日炎炎的中午，几位在沙漠上旅行的学者经过长途跋涉，饥渴交困。当他们坐下来围着所携带的一堆罐头时，却因为没有开罐工具而一筹莫展。于是，如何用最简单的办法开启罐头的“学术讨论会”开始了。

物理学家首先发言：“给我一个聚光镜，我可以用阳光把罐头打开。”化学家接着说：“我可以利用几种化学药剂的综合反应来开启罐头。”而经济学家则说：“我的办法最简单，假设我有一把开罐刀……”

根据上述故事，你认为经济学研究中是否需要假设？经济学的内容到底有哪些？我们带着这些问题开始学习经济学。

第一节　经济学的产生与发展

一、经济学的出现

经济存在于我们生活空间的每个角落，可以说我们的生活离不开经济。经济对于人类社会的影响是不可忽视的，人类社会的不断发展就是经济的杰作，没有了经济，人类社会的发展就不存在。那么，何谓“经济”呢？

在东西方文化的源头上，“经济”的各自表述及其演化是不同的。

在资本主义社会之前的各社会形态中，自然经济占统治地位，无论是奴隶主庄园的经济活动，还是封建主领地的经济活动，大多数都是以家庭为单位，进行自给自足的生产活动。因此当时的思想家在使用“经济”这一概念时，更多地是指家庭管理、庄园管理或领地管理。经济学在当时尚未形成一门独立的学科。

在西方，古希腊哲学家色诺芬（约前430—前355）最先使用了“经济”一词。古希腊语中经济（oikonomia）的意思是家庭管理。色诺芬于公元前387—前371年写成的《经济论》，以苏格拉底与他人对话的形式阐述了收入与支出、财富与管理、农业及其管理、分工等问题。其《经济论》中把奴隶主对奴隶市场活动的组织和管理用“经济”一词来概括，意指家庭管理。《雅典的收入》是色诺芬探讨雅典国家财政的论著，具体分析了奴隶制国家应该如何管理经济。亚里士多德（前384—前322）认为经济学就是研究家务即奴隶主的家庭经济问题，并将家庭管理置于奴隶制国家管理的范围，他在《政治论》中把经济论当做广义政治论的一个组成部分。神学泰斗阿奎那的《神学大全》也反映了当时有关商业、借贷业和教会的经济思想。古罗马对经济思想的贡献主要是《罗马法》中关于财产、契约和自然法则的思想。

在中文语境中，“经济”是经国济民、经邦济世，即治理国家、拯救贫民的意思。经、济二字最早见于我国古代典籍《周易》，把“经济”连起来使用最初见于隋代王通的《文中子·礼乐篇》，书中有“经济之道”的用语。中国封建社会的经济和政治制度有着自己的特点，与西方古代的经济思想比较，除在重视农业生产、社会分工思想等方面有些共同之处外，主要有“道法自然”的思想、义利思想、富国思想、赋税思想、平价思想、奢俭思想等。

现代意义上的“经济”一词是19世纪下半叶，日本人在翻译、介绍西方文化典籍时，移植了我国古代典籍中的“经济”一词来诠释西方经济中的economy（经济）一词，并赋予其西方文化思想的思想内涵。我国又于20世纪初从日本引用了这一词。

随着“经济”一词的含义逐渐宽泛，其大致包括如下几种：①指经济关系或经济制度，如资本主义经济关系或制度、社会主义经济关系或制度；②指物质资料的生产，以及与其相适应的交换、分配、消费等生产和再生产活动；③一个国家国民经济部门或总体的简称，如工业经济、农业经济或国民经济；④指节约、精打细算之意。

“经济学”一词也有不同的解释。经济学最初是研究家庭管理问题的，后来发展到研究全社会的经济问题。马克思主义者认为经济学是研究物质资料的生产、交换、分配和消费等经济活动、关系、规律及其应用的学问。西方经济学家则强调经济学是研究如何以有限的资源满足人类无限需要的学问，即研究资源配置的学问。

二、资产阶级经济学的形成与演变

在奴隶社会、封建社会，经济学还没有形成一门独立的学科，但当生产力有了高度发展，资本主义生产方式的统治地位确立之后，经济学才成为了一门独立的学科。

在经济学说史上，政治经济学的提法，最早是由17世纪初期的法国重商主义代表人物安·德·蒙克莱田（1575—1622）提出的。重商主义是资本主义生产方式准备时期（15世纪末—17世纪中叶）的经济理论，重视金银货币的积累，把金银看做是财富的唯一形式，认为对外贸易是财富的真正源泉，只有通过出超才能获取更多的金银财富。安·德·蒙克莱田在1615年出版的《献给国王和王太后的政治经济学》著作中，首次使用了“政治经济学”这一名词，其研究实现了从家庭管理到社会经济的超越，将经济学研究重心从实物财富的积累转向了商品货币关系的论证方向，表明他所论述的经济问题已超出家庭或庄园经济范围，是涉及国家和社会的经济问题。"政治经济学"的提出，表明重商主义经济理论试图冲破自然经济束缚，从宏观上考察社会经济现象和提出一些经济政策。

17 世纪中叶，随着工场手工业逐步成为资本主义生产的主要方式，代表产业资产阶级利益的资产阶级古典政治经济学应运而生。古典政治经济学经由威廉·配第到亚当·斯密再到大卫·李嘉图最终形成，其中提出了许多有重大价值的经济思想，并形成了一定的思想体系，主要在劳动价值理论、货币理论、分配理论、经济增长与经济运行机制理论、国际贸易理论方面作出了重要贡献。古典政治经济学在批判资本主义经济制度，阐述资本主义生产和分配规律的过程中，实现了研究重点从流通领域向生产领域的转变，并在一定程度上考察了资本主义生产的内部联系，具有一定的科学性。但由于阶级利益的局限性，他们又把资本主义看做自然和永恒的社会制度，因而不能正确揭示社会经济关系的发展规律。

19 世纪 30 年代，随着机器大工业的出现和资本主义生产方式统治地位的确立，资本主义社会的阶级矛盾和阶级斗争开始尖锐化，资产阶级需要有为它辩护的经济理论，庸俗的说教代替了科学探讨，资产阶级庸俗政治经济学产生并逐渐取代古典政治经济学占据统治地位。庸俗政治经济学理论在价值价格理论、分配与财税金融、经济比例、人口问题、生产与消费、经济自由与国家干预方面作出了理论贡献，为当代经济学的理论纵深奠定了基础。但由于历史和文化的原因，庸俗政治经济学的理论中存在大量为本国经济政策进行庸俗辩护的非科学因素，其代表人物主要有马尔萨斯、萨伊、巴斯夏等。至此，政治经济学已基本形成一门独立的学科。

1767 年，英国经济学家詹姆斯·斯图亚特把"政治经济学"作为书名。到 19 世纪，无论是资产阶级古典经济学家，还是庸俗经济学家，大都把自己的经济学著作称为政治经济学。无论是在马克思的著作中，还是在西方经济学著作中，"政治经济学"和"经济学"是通用的。在现实中，不存在"政治经济学"和"经济学"的区别，只存在马克思主义经济学与西方经济学的区别。马克思主义经济学和西方经济学都属于理论经济学学科。1890 年新古典经济学主要代表人物之一的英国剑桥大学的马歇尔出版了《经济学原理》一书，颂扬自由竞争，主张自由放任，认为资本主义制度可以通过市场机制的自动调节达到充分就业的均衡。之后，这门学科的名称逐渐由政治经济学改为经济学，但二者在外延和内涵上是相通的。不能把"政治经济学"理解为既研究政治又研究经济的学科，也不应理解为从政治角度研究经济的学科。政治经济学一词中的"政治"，是指它的研究超出了家庭管理的范围，拓展为研究整个国家和社会的经济管理。政治经济学作为一门独立的学科，也表示突破了原来经济学局限于作为某一学说的组成部分的格局。

三、马克思主义经济学的创立与发展

随着资本主义社会矛盾激化和无产阶级斗争日益发展，马克思主义经济学即无产阶级经济学在 19 世纪中叶应运而生。

18 世纪末至 19 世纪中叶，英、法、德等国的产业革命，使资本主义生产方式最终确立并彻底取代了封建主义生产方式，这就使得生产关系在一定程度上适应了当时生产力发展的客观要求。资产阶级在它的100多年的统治中创造的生产力，比过去一切时代创造的全部生产力还要多，还要大。然而，19世纪40年代以后，资产阶级又处于曾经被它所推翻的封建地主阶级的地位，它所代表的资本主义生产关系与现存的生产力发生冲突，成为生产力进一步发展的桎梏。其突出表现就是越来越危及整个资本主义社会的周期性经济危机频繁出现。由于生产关系与生产力之间矛盾的发展，使得整个资本主义社会矛盾逐渐激化。同时，与资产阶级根本利益冲突的无产阶级在斗争中日益成熟，开始成为一支独立的政治力量登上了历史舞台，其迫切要求有一种科学的、严谨的经济理论作为指导，推动反对资本主义的斗争实践，直至取得最终胜利。

马克思主义经济学是在批判、继承和发展前人的优秀思想文化成果的基础上创立起来的，其主要理论来源是英国的古典政治经济学，同时也从法国、英国的空想社会主义理论中得到很大的启发。

产生于17世纪后半叶、完成于19世纪初的英国古典政治经济学，其创始人是威廉·配第（1623—1687），重要代表人物有亚当·斯密（1723—1790）和大卫·李嘉图（1772—1823）。他们的主要成就有：①初步创立了劳动价值论，把劳动看做是价值的源泉，以生产商品所消耗的时间来衡量价值；②触及剩余价值的起源和性质的问题，认为既然商品的价值决定于劳动时间，那么利润、地租和利息的起源显然同劳动是分不开的；③对资本主义社会阶级关系作了经济上的分析，一定程度上揭示了阶级之间的经济对立。由于受阶级利益的局限，古典政治经济学没有考察剩余价值的来源和实质，因此无法揭示资本主义经济的真实关系。但其却为马克思主义经济学的创立提供了直接的思想和理论材料。

19世纪初，以法国的圣西门、傅立叶和英国的欧文等为代表的空想社会主义理论也给马克思、恩格斯创立科学的理论以很大的启发。他们的主要成就：①提出了社会历史是发展的观点，认为资本主义制度不是永恒的，不过是社会发展过程中的一个阶段；②对资本主义制度的弊端进行了揭露和批判；③对未来社会提出构想，甚至不惜花工夫去试建。尽管他们的理论具有进步意义，但总的说来未能摆脱唯心史观的束缚，尤其在怎样实现他们所提出的理想社会问题上，把希望寄托在天才人物的出现和资产者及当权者的善意上，这样就不可避免地要陷入空想。但是，他们的理论为马克思主义经济学阐述社会主义代替资本主义的客观必然性提供了重要的理论来源。

马克思和恩格斯搜集和研究了资本主义发展历史的大量材料，运用科学的世界观和方法论，全面地分析了自由竞争资本主义经济的现实，创建了科学的劳动价值论和剩余价值学说，深刻地揭示了资本主义生产关系产生、发展和灭亡的客观必然性，揭露了资产阶级剥削无产阶级的秘密及资本主义经济运行的一般规律，并在此基础上对未来社会的经济制度及社会经济资源的配置方式等作了原则性的预见，从而对经济学进行了伟大的革命，创立了科学的经济学体系，其重要标志是《资本论》第一卷（1867年）的出版。

四、马克思主义经济学是不断发展的经济科学

马克思主义经济学反映了时代的特点和现实经济运行的客观要求。马克思在研究和阐述资本主义经济运行规律时，使用了大量的英国官方文献和统计资料，也阅读了大量有关的经济学著作。他不仅对资本主义经济进行了规范分析，也进行了实证分析。马克思从当时资本主义经济最

发达的英国，揭示出了资本主义生产的实质和多层面经济关系的特点以及资本主义经济产生、发展的规律。可以说，马克思主义经济学，既是一门揭示社会经济发展规律的科学，又是一门代表无产阶级利益和具有无产阶级阶级性的科学，它实现了科学性和阶级性的有机统一。

由于人们所处的阶级地位不同，阶级利益不同，他们对经济现象的发展所作的分析也不相同。不同的阶级有为本阶级利益服务的、性质不同的经济学。资产阶级经济学是为资产阶级利益服务的，是为资本主义制度辩护的经济理论。马克思主义经济学代表着无产阶级的利益，而无产阶级的利益同广大劳动人民的根本利益是一致的。无产阶级作为先进生产力和生产方式的代表，其经济地位和阶级利益的要求同社会发展的方向完全一致。因此，无产阶级在认识和揭示社会经济发展规律方面，既不同于以往的剥削阶级要受到狭隘的阶级私利的局限，又没有阶级的偏见妨碍他们如实地揭示客观真理。马克思主义经济学的科学性，是指它所揭示的社会经济发展规律是客观实际的真实反映，是经过实践检验的客观真理。这并不意味着马列主义经典著作中的每一句话、每一个论断都是不能改变的，也不能证明它已穷尽了政治经济学的全部科学真理。

马克思主义经济学不是封闭的、静止的、凝固的学说，也不是某种教条，它提供给我们的首先是研究经济现象和经济制度的科学方法。马克思主义理论是随着社会经济条件的变化和经济实践的发展而发展的，不能用教条主义和本本主义的态度对待马克思主义经济学。

马克思主义经济学作为科学，不仅经受着实践的检验，同时又随着实践的发展而不断丰富和完善。随着无产阶级革命斗争实践的发展，19 世纪末至 20 世纪初，列宁根据资本主义发展到垄断阶段的实际，深刻分析了垄断资本主义的基本经济特征，并通过对资本主义发展不平衡规律的分析，提出社会主义革命可能首先在一国或数国取得胜利的论断；他领导了俄国工人阶级取得十月革命的胜利，并对现实社会主义的经济关系实质和经济运行问题作了开创性研究；于 1916 年写下了《帝国主义是资本主义的最高阶段》这部名著。斯大林在领导苏联社会主义建设的实践中，对社会主义经济建设的许多重大理论问题作了新的探索，并于 1952 年出版了《苏联社会主义经济问题》一书。

“什么是社会主义，怎样建设社会主义”是当代马克思主义者需要回答的时代课题。以毛泽东、邓小平、江泽民为核心的中国共产党三代中央领导集体和以胡锦涛同志为总书记的党中央，把马克思主义基本原理与中国的具体实践相结合，实现了社会主义经济理论的一系列创新和重大发展。所有这些，都是马克思主义经济学在当代的新发展，极大地丰富了马克思主义经济理论宝库，体现了马克思主义经济学与时俱进的理论品质。马克思主义经济学在当代更需要有大的发展，它需要科学地回答当代资本主义与社会主义经济实践中提出的新问题，特别是面对中国特色的社会主义实践，更需要创建有中国特色的马克思主义经济学。

第二节　经济学的研究对象

一、经济学的研究对象

人类要生存，就必须要有维持生活的物质资料，除此之外，还必须有生产这些生活资料所需的生产资料。物质资料生产是人们按照预定的目标改变自然界的物质形态，使之满足生产者需要的过程，也是人类保护自然，适应自然界的过程。物质资料的生产是人类生存和发展的基础和条件。随着知识经济时代的来临，知识的生产和运用越来越重要。这对于节约物质资料的消耗，生产更多替代品，优化配置乃至替代稀缺资源，创造更多社会财富，发挥着划时代的作用。但知识经济不能替代物质生产，只有物质资料生产发展了，政治、文化、艺术、教育等活动才能得以发展，社会才能发展。马克思主义经济学是研究社会生产关系及其发展规律的科学，其研究的出发点只能是物质资料生产。

物质资料生产过程是人和自然之间进行物质变换的过程，也是征服自然、改造自然的生产过程。物质资料的生产过程，如果撇开它的社会形式，单纯地作为一般的生产过程来考察，其必须具备三个基本要素：劳动者的劳动、劳动对象和劳动资料。

劳动者的劳动是指具有劳动能力和劳动技能的劳动者改造客观物质对象，获得生产或生活资料，使其满足自己需要的有目的的活动。

劳动对象可以分为两大类：一类是没有经过人们加工而天然存在的自然界的物质，如地下埋藏的矿石、原始森林等，这些物质都是自然界固有的；另一类是经过人们劳动加工过的物质资料，如纺织厂的棉花、炼钢厂的生铁等，这类经过人们劳动加工过的劳动对象叫原料。科学技术越发展，劳动对象的范围就越大，生产力水平就越高。

劳动资料指劳动者在劳动过程中用来对劳动对象进行加工的一切物质资料和条件。它是人们用来发挥自身力量的物质手段，人们利用它的物质属性来延长人的器官和肢体。如土地、水库、道路、桥梁、机器等都是劳动资料。劳动资料中起重要作用的是各类生产工具，它是社会生产力发展水平和发展状况的最主要标志，也是划分经济发展时期的主要标志。

生产过程就是人们借助劳动资料加工于劳动对象，通过自己的劳动生产出劳动产品的过程。任何劳动产品都是这三个要素互相结合和作用的结果。人们进行物质资料的生产必然具备以上三个要素。其中，劳动者的劳动是主观条件，起主导作用。劳动资料和劳动对象构成生产资料，是生产的客观条件，是进行生产的必不可少的物质条件。这三个基本要素有机地结合起来，发挥各自的作用，才能形成现实的生产过程，而生产过程的终结是劳动产品。

生产力是具有一定生产经验和劳动技能的劳动者运用生产工具，创造社会财富的能力。生产力反映人与自然之间的关系。不同地区、部门和生产单位之间的生产力发展是不平衡的，生产力水平的高低，表明人们征服自然和改造自然的程度。生产力的构成，包括人的因素和物的因素，也包括被利用的自然力和科学技术以及在生产中的分工协作等社会结合方式。生产力的基本要素是劳动者和生产资料，而科学技术在生产力的发展中起着决定性的作用，因为科学技术会渗透到劳动者和生产资料之中，使潜在的生产力转化为现实的直接生产力。生产力中也包括科学。从农业社会的体力劳动居支配性地位，到工业社会包含科技知识运用的机械代替劳动者的体力劳动，再到后工业社会的知识和信息技术部分替代人的脑力，以解放人类大脑，投入更有创造性的劳动，科技的作用越来越突出。在当代社会生产中，科学技术已成为第一生产力。当代发达国家生产力的高度发展，主要是由科学技术的发展所推动的。

人类从事物质资料的生产活动从来不是单个人孤立进行的，脱离社会的孤立生产是不现实的。因此，提到生产，一般是指社会的生产。在社会生产中，除了人与自然界发生关系以外，必然还发生人与人之间的生产关系，即经济关系。生产关系包括三个方面：生产资料的所有制形式；人们在直接生产过程和交换过程中所处的地位和关系；产品的分配关系。其中，生产资料所有制是整个生产关系的基础。政治关系、家庭关系、宗教关系等各种社会关系，都受生产关系的支配和制约。生产关系有狭义和广义之分：狭义的生产关系是指直接生产过程中结成的人和人的关系，如企业中经理、技术人员、工人等之间的关系；广义的生产关系是指包括生产、分配、交换、消费诸关系在内的生产关系体系。

生产力和生产关系是社会生产不可分割的两个方面，二者的有机结合和统一构成一定社会的生产方式。社会生产方式是指由一定的生产资料所有制决定的人们从事物质资料生产的方式，它是生产力和生产关系的统一。人与自然发生物质交换关系的过程自始至终贯穿着人与人的关系，也就是人们通常所讲的生产力与生产关系的矛盾。在社会生产方式中，生产力和生产关系是一种既矛盾又统一的辩证关系：生产力决定生产关系，有什么样的生产力，才能有什么样的生产关系。生产关系对生产力有反作用。适应生产力发展的生产关系能促进和推动生产力发展；不适应生产力发展要求的生产关系会阻碍生产力发展甚至会破坏现有的生产力。

上述情况表明，生产关系的发生、发展和变革都是由生产力的性质决定的。因此，生产关系一定要适应生产力的性质，生产力决定生产关系是不以人们意志为转移的社会经济发展的客观规律。

生产关系和生产力的矛盾，是推动人类社会发展的基本动力。经济基础和上层建筑的矛盾，是制约社会生产方式发展的重要因素。生产关系是人们一切社会关系中最原始最基本的关系，它的总和构成社会制度的经济基础。经济基础与上层建筑是相对应的范畴。在一定社会形态中，占主导地位的生产关系的总和，构成该社会的经济基础。上层建筑是指建立在一定经济基础上的政治、法律等制度以及与之相适应的社会意识形态，如政治、法律、道德、艺术、哲学等方面的观点和思想体系。

经济基础和上层建筑之间也存在着辩证统一的关系。一方面经济基础决定上层建筑，有什么样的经济基础，就有什么样的与其相适应的上层建筑。随着经济基础的变更，上层建筑或迟或早地也会发生变化。另一方面，新的上层建筑能够保护和促进新的经济基础的巩固和发展，而旧的上层建筑则维护旧的经济基础，或延缓旧的经济基础的瓦解，阻碍新的经济基础的形成和发展。

生产力和生产关系存在的辩证关系，决定了经济学必须从生产力和生产关系的矛盾运动中来研究生产关系。只有这样，才能从理论上认识生产关系变化的原因以及新、旧生产关系更替的依据。因此，经济学应当非常重视对生产力性质和水平的考察，既要分析它在各个历史时期的特征及其发展变化，又要分析它的现状，还要探讨它的各个层次及其发展变化对生产关系的影响。同时，只有联系上层建筑来研究生产关系，才能理解生产关系变革的曲折性和复杂性。经济学是在生产力与生产关系、经济基础与上层建筑的矛盾运动中来研究生产关系的。

二、物质资料生产和再生产的总过程

物质资料生产和再生产的总过程包括四个环节：生产、分配、交换、消费。四环节之间存在着相互联系、相互制约的辩证关系，其中直接生产过程是再生产过程的起点，起着决定作用。所谓生产起决定作用，包括两方面含义。一方面，分配的对象、交换的对象、消费的对象，只能是生产的结果。生产什么、生产多少，才能分配什么，分配多少；交换什么，交换多少；消费什么，消费多少。另一方面，分配、交换、消费也会起积极的反作用。所谓反作用是指促进或是阻碍生产的发展。如果分配、交换和消费适应于生产，就会促进生产的发展；反之，就会阻碍生产的发展。

总之，作为经济学研究的生产关系，并不只是研究直接生产过程中的关系，而且还包括分配关系、交换关系和消费关系。也就是说，经济学要从社会生产总过程的各个环节，全面考察人们的生产、分配、交换、消费的各种经济关系及其表现形式。其中，也包括从个人及其家庭、企业、国家和国际等各个层面来考察和分析经济关系。

三、经济学的研究任务

（一）经济规律的内涵及特点

经济学研究社会生产关系，并不是研究它的表面现象，而是通过对人类社会不同阶段生产关系的考察，阐明生产关系的本质及其产生、发展、变化的规律性，所以揭示客观经济规律就是经济学研究的任务。

社会生产关系发展的规律，也就是经济规律。所谓经济规律，就是经济现象和经济过程内在的、本质的、必然的联系，它体现着社会经济运动的必然趋势。经济规律具有客观性，不以人的意志为转移，有两点原因。①任何经济规律都是在一定的经济条件的基础上产生并发生作用的，随着经济条件的变化而变化。有什么样的经济条件，就会产生与它相适应的经济规律。所谓客观经济条件，主要指一定的社会生产力与社会生产关系的状况。②任何经济规律都是客观存在的，人们既不能创造经济规律，也不能改造或消灭经济规律。因此，人们必须尊重经济规律的客观性质，否则就会受到经济规律的惩罚。

承认经济规律的客观性质，并不是否认人们的自觉性，相反，人们在经济规律面前能发挥主观能动作用，来认识和利用客观经济规律，在深刻认识经济规律的基础上，才能自觉地、熟练地加以运用。人们认识经济规律的目的，在于利用规律能动地改造世界。所谓利用经济规律，是指人们在认识客观规律的基础上，根据客观规律的运动趋势和要求，制定经济工作的方针和政策，安排自己的经济活动，从而在实践中达到更好地实现经济利益的目的。人们对客观规律认识得越全面、越深刻，行动就越自由，就越能发挥人的主观能动性。或者通过改变经济条件的办法，来限制某些经济规律发生作用的范围，或者为某些经济规律提供发生作用的充足条件和广阔场所，利用它为社会谋福利。

经济规律与自然规律虽然都具有客观性，但相比之下，经济规律还有一些其他特点：经济规律的存在具有历史性。它们只在一定的历史阶段发生作用，随经济条件的变更而变化。经济规律作用的实施必须有人的活动参与其中。由于人们认识、利用经济规律的能力有限，从而使经济规律作用的发挥受到了限制。在阶级社会里，认识和利用经济规律都有阶级背景。不同阶级对发现和利用经济规律的态度是不相同的。经济规律深藏在经济现象和经济过程的内部，它的作用总要通过一定的经济机制才能贯彻和实现。

各种形态的社会经济，都是一个大系统。在这个大系统中，同时存在着众多的经济规律。它们不是孤立分散地发生作用，而是相互联系、相互制约，构成一个复杂的经济规律系统。在这个系统中，又存在多个不同的子系统。经济学并不能包揽全部经济规律的研究任务，而只侧重于涉及生产关系基本层面的经济规律的揭示。

(二) 经济规律的划分

经济规律一般可分为以下三类。

1. 各个社会形态共有的普遍经济规律

这类规律表现人类所有社会形态经济发展过程中最一般的共同的本质联系，它们是不同社会经济形态规律系统中的构成部分，如生产关系一定要适合生产力性质的规律。

2. 某几个社会形态共有的经济规律

这是在具有某种相同经济条件的几种社会形态中共同起作用的经济规律，这类规律表现为几个社会形态经济运行过程中共同的本质联系，如价值规律、价格规律、供求规律。

3. 某一特定社会形态特有的经济规律

这是只在一个特定社会形态中起支配作用的经济规律，这类经济规律表现特定社会形态经济发展过程中特殊的本质联系，如资本主义社会中的剩余价值规律。任何一个社会经济形态都有其特有的经济规律，这些特有的规律是特定生产关系的最本质的表现。

在各个社会阶段上都起作用的经济规律，表明人类社会发展的各个阶段是相互联系的；一个社会所特有的经济规律，表明人类社会发展的各个阶段又是相互区别的。

在一定生产关系的基础上，有多种经济规律发生作用，其中必有一个起主导作用的规律，这就是基本经济规律。基本经济规律决定了社会经济发展的主要方面和主要过程。例如，资本主义的基本经济规律就是剩余价值规律。由于经济规律都是在一定生产关系的基础上产生并发生作用的，因此，在一定的社会阶段里，各种经济规律由于生产关系的内部联系而相互联系着，形成经济规律体系。资本主义社会有它自身的经济规律体系，社会主义社会也有它自身的经济规律体系。在经济规律体系中，各种经济规律相互联系相互制约，其中基本经济规律起主导作用；同时，其他经济规律也对基本经济规律起着制约作用。

经济学是理论经济科学，本质上又是一门历史科学。它不仅研究某一特定社会形态的生产关系，而且研究人类不同社会形态的生产关系及其运动规律。不同社会经济形态，以自己特有的经济规律相区别，又以共有的经济规律相联系。

广义的经济学，既要根据生产关系发展的不同历史阶段，揭示出各个社会和发展时期（如资本主义的自由竞争时期和垄断时期，社会主义的计划经济时期和市场经济时期）特有的经济规律，又要以此为基础，揭示出几个社会共有的以及一切社会共有的最普遍的经济规律，但要以专门研究某一社会生产关系及其发展规律的狭义经济学为基础。

第三节　经济学的研究方法及学习意义

一、经济学的研究方法

(一) 历史唯物主义方法

生产关系一定要适合生产力性质这个规律，是马克思和恩格斯的伟大发现。这一发现使人们科学地认识了人类社会发展的客观过程。马克思和恩格斯没有借助于道德意识来说明社会的变化，而是从客观的生产力水平出发，揭示了社会发展的客观规律。

马克思主义注重从生产力、上层建筑同生产关系的作用与反作用的内在联系中，阐明生产关系变化机制及其发展规律，注重对经济权利、经济制度及其历史变迁的研究。这种具有历史纵深感的经济学分析方法，同资产阶级经济学将资本主义生产关系和经济制度视为一般和永恒范畴的历史唯心论方法，有本质的区别。

（二）唯物辩证法

马克思创立的唯物辩证法，是研究经济学的基本方法。唯物辩证法是内容与形式、本质与现象等范畴，对立统一、量变与质变、否定与肯定等规律的方法论总称。唯物辩证法这一基本方法的运用，通过科学的抽象法和逻辑与历史相统一的方法而得到具体贯彻。

1. 矛盾分析法

经济学要研究生产关系及其运动规律，揭示人类社会经济形态的发展变化，就必须结合运用静态分析和动态分析，从研究和揭示不同社会生产关系的内在矛盾及其运动规律入手。马克思主义经济学，正是从剖析资本主义社会的经济细胞商品入手，层层深入地揭示出现代社会的一切矛盾或一切矛盾的胚芽，并由此论证了资本主义必将由社会主义所取代的客观历史趋势。

2. 科学的抽象法

科学的抽象法是从具体到抽象的研究方法和从抽象到具体的叙述方法的统一，是在唯物辩证法的指导下进行的。作为研究方法，要求在研究经济现象和经济过程时，必须占有大量具体材料，进行详细的科学分析，暂时舍去与本质无关的表面现象，揭开其内在的本质的必然的联系，去认识经济运动的规律。分析经济形式，既不能用显微镜，也不能用化学试剂。

3. 历史与逻辑相一致的分析方法

历史从哪里开始，思维过程也应从哪里开始，但历史经常出现跳跃或曲折，这就必须运用逻辑的方法。它可以摆脱直观的历史形式和起扰乱作用的偶然性，进行逻辑推理，但这不能是脱离历史过程的纯粹抽象推理，它必须结合历史由低级到高级的发展，通过思维推理，以概括的理论形式，从简单概念到复杂概念，重现历史的真实。所以，这种逻辑的研究方法与历史的研究方法是有机统一和一致的。

4. 定性与定量相结合的方法

质与量是相互依存的统一体，任何事物都包括质与量两个方面。经济学的研究对象也是如此。要能充分揭示人类社会经济运行过程和经济关系的内在本质和运动规律，客观描述其表现形式和各种变量之间的关联，必须同时从质与量两方面进行考察，把定性分析同定量分析结合起来。定量分析是对事物进行数量分析的方法总称，是对事物描述的量化和精确化。

除此之外，在经济学的研究中，还需要运用综合方法、归纳方法、演绎方法（含假设方法）以及规范方法和实证方法等认识手段，适当借鉴系统论、伦理学和心理学等某些方法和范畴。所有这些，共同构成马克思主义经济学的方法论体系。马克思正是彻底批判了资产阶级经济学家的唯心论和形而上学，出色地运用了这些方法论，才成功地创建了工人阶级的经济学。当代马克思主义经济学也要贯彻和发展这一科学的方法论体系。

二、学习经济学的意义

马克思主义经济学不仅是无产阶级认识客观世界的科学，而且是无产阶级改造客观世界的一个重要思想武器。在新的历史条件下，认真学习和研究马克思主义经济学的基本原理具有重要的理论意义和现实意义。

第一，有利于正确认识社会发展规律，坚定社会主义信念。通过学习和掌握马克思主义经济学基本原理，我们能深刻认识资本主义生产关系和社会主义生产关系的实质，了解现代经济社会发展方向和理论研究的前沿动态，把握反映社会化大生产客观要求的一般规律和经济全球化发展的大趋势，认识在这一趋势下世界经济发展的新变化与中国经济发展面临的新问题，从而科学认识资本主义和社会主义发展的历史进程。

第二，有利于帮助我们理解和自觉执行党的路线、方针、政策。马克思主义经济学的基本原理是我们党制定正确的路线、方针和政策的理论基础，也是我们进行经济体制改革和社会主义现代化建设的理论基础。通过学习，能使我们增强分辨是非的能力，克服盲目性，增强自觉性，正确地认识社会，不受情绪支配，不做感情、成见、偏见、习惯的俘虏，做人处事会多些理性和客观。实际上，经济学对人的最大影响就是对事物能够有比较客观、深入、全面的把握，获得从经济学的角度对社会许多活动的解释、描述和判断。

第三，有利于正确学习与掌握其他学科知识。经济学科除马克思主义经济学外，还有部门经济学、应用经济学和管理学等学科。经济学在不同程度上构成了许多管理学科和部门经济学科的理论基础。其中与经济学基础理论关系较为密切的学科和专业有市场学、财政学、货币与银行、金融学、公司理财学、证券分析、管理经济学等。即使以技术比较独特的学科和课程来说，如统计学、技术经济学、财务管理学等，也离不开经济学。只有掌握了经济学的基本原理和基本知识，才能为掌握其他经济学科的专业知识奠定坚实的理论基础。

课外阅读

马克思指出：“政治经济学所研究的材料的特殊性，把人们心中最激烈、最卑鄙、最恶劣的感情，把代表私人利益的复仇的女神召唤到战场上来，反对自由的科学研究。”所以，不可能有统一的、适合一切阶级利益的经济学，不同的阶级有不同的经济学。实际上，有些西方学者在某种程度上也承认这一点。西方学者并不都讳言自己的阶级立场，最有影响的西方经济学家凯恩斯在《劝说集》中就曾直言：“如果当真要追求阶级利益，那我就得追求属于我自己那个阶级的利益。……在阶级斗争中会发现，我是站在有教养的资产阶级一边的。”

凯恩斯终身拥护资本主义制度，并且相信只要有"正确的"经济理论和经济政策，资本主义的各种弊端都可以得到改善。1987年，诺贝尔经济学奖获得者索洛也曾说过："社会科学家和其他人一样，也具有阶级利益、意识形态的倾向以及一切种类的价值判断。……不论社会科学家的意愿如何，不论他是否察觉到这一切，甚至他力图避免它们，他对研究主体的选择，他提出的问题，他没有提出的问题，他的分析框架，他所使用的语言，很可能在某种程度上反映了他的（阶级）利益、意识形态和价值判断。"

问题：你认为上述观点是否正确？为什么？

复习思考题

一、单项选择题

1. 作为一切社会关系中最基本的关系是（　　）
   A. 分配关系　　B. 消费关系
   C. 生产关系　　D. 交换关系
2. 生产资料是指（　　）
   A. 劳动资料和劳动工具　　B. 劳动资料和劳动对象
   C. 生产工具和劳动对象　　D. 劳动资料和劳动手段
3. 社会生产方式是（　　）
   A. 经济基础和上层建筑的有机结合和统一
   B. 劳动者和劳动资料的有机结合和统一
   C. 生产力和生产关系的有机结合和统一
   D. 生产资料所有权和使用权的有机结合和统一
4. 社会生产力发展水平的最主要的标志是（　　）
   A. 具有一定生产经验和劳动技能的劳动者
   B. 生产资料　　C. 科学技术
   D. 生产工具
5. 支配和推动社会经济发展和经济制度变革的规律是（　　）
   A. 价值规律　　B. 社会基本经济规律
   C. 剩余价值规律　　D. 生产关系必须适应生产力发展的规律
6. 经济学研究社会生产关系及其发展规律必须联系（　　）
   A. 生产力和上层建筑　　B. 一定社会的经济基础
   C. 生产资料所有制形式　　D. 再生产过程的各个环节

二、多项选择题

1. 经济规律的客观性表明（　　）
   A. 它在一定的客观经济条件基础上产生
   B. 它在一定的客观经济条件基础上发生作用

C. 人们可以消灭和改造经济规律

D. 人们可以发现、认识和利用经济规律

E. 人们必须按经济规律的要求办事

2. 科学技术作为第一生产力，是因为如下各方面都依赖于科技发展和进步（　　）

A. 劳动者素质的提高　　B. 劳动资料的革新

C. 自然资源的开发　　D. 新原材料的发明和利用

E. 生产力各要素的合理配置和组织等

3. 经济学的研究对象（　　）

A. 包括社会直接生产过程中形成的生产关系

B. 是社会再生产过程中形成的生产关系

C. 建立在生产资料所有制关系的基础之上

D. 不包括生产资料所有制关系

E. 是其他各种社会关系存在和发展的基础

4. 生产力与生产关系的相互关系是（　　）

A. 辩证统一、不可分割的关系

B. 前者决定后者，后者必须与前者相适应

C. 前者的发展会引起后者的部分质变，到一定阶段引起后者的根本变革

D. 前者的发展状况决定后者可能变化的程度

E. 后者对前者也具有强大的反作用

5. 经济基础和上层建筑的相互关系是（　　）

A. 辩证统一关系　　B. 前者的性质决定后者的性质

C. 前者的变革必然导致后者的相应变革　　D. 后者对前者存在着巨大的反作用

E. 后者适应前者，则对前者具有保护和促进作用，否则，则对前者具有限制和破坏作用

三、判断题

1. 经济规律与自然规律同样具有客观性，所以二者没有根本的区别。（　　）

2. 因为经济规律是客观的，所以人们在经济规律面前是无能为力的。（　　）

四、简答题

1. 研究生产关系为什么要联系生产力和上层建筑？

2. 社会再生产过程中生产、分配、交换和消费四个环节之间的关系是怎样的？

3. 什么是经济规律？如何区分经济规律的不同类型？

4. 联系实际谈谈如何学好经济学。

第一章 商品经济的基本原理

教学目标

通过对商品和货币关系的剖析，认识商品和货币所体现的生产关系。掌握马克思劳动价值论的基本内容和商品经济的一般规律，为学习和掌握剩余价值学说及其他一系列原理打下理论基础。

重点与难点

商品的二因素；生产商品的劳动二重性；价值形式的发展；货币的本质；商品经济的基本规律

美国一家大企业，由于机器故障，不得不停工进行机器检修。

为保证机器尽快被修好，该企业请了一位相当著名的工程师，并许诺1万美金的报酬。这位工程师在对机器进行一番检查后，指着机器的一个非常不起眼之处，对车间工人说："在这里加一颗螺丝钉。"车间工人将螺丝钉固定好之后，大家惊奇地发现，整个机器都可以运转如常了。

这时，企业主对工程师说："只不过加了一颗螺丝钉而已，你不该收那么高的检修费！"

工程师答道："加一颗螺丝钉的价值是1美元，知道在哪里加的价值是9999美元！"

知道在哪里加一颗螺丝钉的价值，其中包含了什么道理？

第一节 商品经济的产生与发展

人类社会发展至今，经历了两种基本的经济形态，即自然经济和商品经济。

一、自然经济和商品经济

（一）自然经济

人类的需要是多种多样的，个人显然不能依靠自己的独立活动满足自身的全部需要，而必须借助于他人的劳动和产品，于是分工就成为必然的和有利的事情。分工包括自然分工和社会分工。不同形式的分工，是不同历史阶段上生产力发展的结果。与自然分工相适应的是自然经济，是指为满足生产者家庭或经济单位（如原始村社、奴隶主庄园等）的直接消费而不是为了交换进行生产的经济形式。它以自然分工为基础，主要与较低的社会生产力水平相适应。自然经济虽然在不同的社会形态中有不同的表现形式，但作为一种经济活动形式，则具有共同的一般特征，使它与商品经济区别开来。它的基本特征分别如下。

1. 自然经济是自给自足的经济

自然经济中，社会劳动产品绝大部分是为了满足经济单位内部成员直接生活需要而生产的，不是为了出售和交换。因此，自然经济是没有商品生产和商品交换的、自给自足的经济形式。

2. 自然经济是封闭型经济

自然经济条件下，人们的经济活动局限于一个自成体系的封闭的经济单位范围内，处于分散、孤立的状态。生产规模狭小，生产工具简单，生产技术落后，其劳动成果的大小更多地取决于自然环境条件。

3. 自然经济是保守型经济

自然经济条件下，生产的闭塞性造成了生产者的孤陋寡闻、因循守旧、易于满足和不思进取，必然阻碍和影响先进技术的传播、应用和发展，使社会经济长期处于缓慢发展甚至停滞的状态。

4. 自然经济是以简单再生产为特征的经济

自然经济条件下，生产者为获得供自己消费的使用价值而生产，生产基本上维持在简单再生产水平上，即使生产规模有所扩大，也是非常缓慢地进行。

总之，自然经济是一种落后的经济形式。它既是社会生产力不发达的产物，又阻碍着社会生产力的发展。人类社会经济发展的历史早已证明，凡是较早地摆脱自然经济的束缚，较快地发展商品经济的国家、民族，社会经济就比较繁荣，生产力发展速度就比较快。如西方一些发达国家在近代的崛起，重要原因之一就在于它们较早地摆脱了自然经济的束缚，走上了商品经济的发展道路。我国及一些不发达国家近几百年来经济发展速度缓慢，重要原因之一就是长期局限于自给自足的自然经济，重农抑商的传统极为严重，商品经济发展缓慢。

（二）商品经济

社会分工是超越一个经济单位的社会范围的生产分工，包括社会生产分为农业、工业等部门的一般分工和把这些大的部门再分为重工业、轻工业、种植业、畜牧业等产业的特殊分工。社会分工是在自然分工的基础上，随着生产力的发展逐步形成的。

商品经济随着社会分工的发展经历了一个漫长的历史发展过程。

在原始社会末期，就有了商品交换的萌芽。第一次社会大分工，即农业和畜牧业的分工，使商品交换有了必要；第二次社会大分工，即农业和手工业的分工，使商品交换较为频繁，而且范围逐步扩大；第三次社会大分工，即专门从事商业活动的商人产生，促进了商品经济的进一步发展。但在资本主义以前的社会，商品经济始终处于从属地位，因为在这一漫长的历史时期中，生产力的发展尤其是生产工具的进步始终没有出现突破性的进展，商品经济的发展比较缓慢，不可能冲破自然经济占主体地位的社会经济总格局。

到了资本主义社会，由于社会生产力和社会分工的迅猛发展，尤其是机器大工业的产生，推动了商品经济的快速发展，并使自然经济彻底瓦解，商品经济成为占统治地位的社会经济形式。在社会主义社会，由于仍然具备商品经济赖以存在的条件，必须大力发展商品经济，充分利用商品经济对社会分工和生产专业化的推动作用，以促进社会主义现代化建设的发展。商品经济作为一个历史范畴，在一定的历史条件下产生，也在一定的历史条件下消亡。

从商品生产和商品交换产生的过程可以看出，商品经济是直接以市场交换为目的的经济形态，它包括商品生产和商品流通。商品经济的产生和存在有两个条件。

（1）社会分工，即各种社会劳动划分为不同的部门或行业，各个生产者依照社会需要生产不同的产品。这是商品经济存在的前提，是一切商品生产的一般基础。如果没有社会分工，人们就无须交换各自的劳动产品，也就不存在商品经济。

（2）生产资料和产品属于不同的物质利益主体所有。这是商品经济产生和存在的决定性条件。从事不同产品生产的不同财产权利主体都具有各自的经济利益，他们利用归自己所有或占有、使用的生产资料进行劳动，或者支配他人进行劳动，作为劳动成果的物质产品也就归生产资料的所有者占有和支配。由于人们占有生产资料的数量不同，生产条件也存在着差异，决定了他们获得的物质产品的多少也各不相同，从而产生了不同经济利益主体之间经济利益的差别性。为维护各自的经济利益，不同所有者之间需要通过等价交换的原则相互有偿地交换劳动产品，这样产品便必然地表现为商品，产生了商品交换。

商品经济作为自然经济的对立方，具有与自然经济不同的特征。

1．商品经济本质上是交换经济

商品经济条件下，生产要素和消费资料的全部或大部分都要通过市场交换来获得，商品生产者以追求价值为目的，并通过市场交换来实现。

2．商品经济是开放型经济

商品经济以社会分工为基础，强调生产过程中的分工与协作，人与人之间、商品生产者之间以及生产单位之间的经济联系随着商品经济的发展而日益紧密，范围也日趋扩大。

3．商品经济是开拓进取型经济

商品生产者为追求更多的经济利益，并在优胜劣汰的竞争中处于有利的地位，必然竞相改进技术或采用新技术，提高劳动生产率。追求经济利益的内在动力和市场竞争的外在压力，不断地激发着商品生产者的开拓进取和创新精神。

4．商品经济以扩大再生产为特征

商品生产者为获得更多的价值和在竞争中处于有利的地位，必然不断增加投入、改进技术和改善经营管理，从而使生产规模不断扩大。

总之，商品经济是与较为发达的社会生产力相联系的经济形式。它既是生产力发展的产物，又为生产力的进一步发展提供了广阔的空间，在促进生产力发展和社会进步方面，具有自然经济无法比拟的作用。

二、商品经济和市场经济

从社会经济形态的变化来考察，商品经济的发展经历了简单商品经济和发达商品经济两个发展阶段。简单商品经济，在商品经济的起源、萌芽和初始阶段以直接的物物交换为特征，是原始部落之间发生经济联系的形式；简单商品经济在以私有制为基础的小商品经济阶段，在狭小的、小规模的范围内，以货币为交换媒介，以满足私人利益需要为目的，交换商品以满足自身使用价值的需要。发达商品经济，建立在社会化大生产基础上，与机器大生产、发达的科技相联系，生产和交换的目的不仅为了交换自己需要的使用价值，而且为了获得更多的价值，使价值增殖。

商品经济的发展，促进了社会分工的扩大和加深，当商品经济发展到以社会化大生产为基础的阶段后，市场逐步由地方市场发展为国内统一市场，并进一步形成世界市场；由单一的商品市场发展成为完整的市场体系；由无序的市场发展成为市场规则完善的有序市场。这时，商品经济发展到市场经济阶段。

市场经济是商品经济的发达阶段，是指市场对经济资源的配置发挥基础性的调节作用。商品经济和市场经济是两个既相互联系、又相互区别的范畴。

其相互联系表现在三个方面。①商品经济是市场经济存在和发展的前提和基础。没有商品经济的存在和发展，就没有商品货币关系的存在和发展，就没有统一、开放、竞争、有序的市场，市场机制就难以发挥作用；商品经济越发达，市场对资源配置的调节作用就越突出和重要。②市场机制本质上是价值规律的作用机制，价值规律的作用也必须通过市场机制发挥出来。③市场经济是商品经济发展的必然结果和高级阶段。

其区别也表现在三个方面。①二者的内涵不同。商品经济是特定的经济活动方式，即商品生产者通过商品货币关系等价交换相互的劳动；市场经济是经济资源的配置方式，即市场对经济资源的配置起基础性的作用。②二者对应的范畴不同。与商品经济对应的是自然经济和产品经济；与市场经济对应的是计划经济。③二者的发展阶段不同。商品经济存在的时间是自它在原始社会末期产生以后到它消亡以前的整个历史时期，而市场经济却是商品经济发展到以社会化大生产为基础阶段的产物。

第二节　商品及其内在矛盾

一、商品的二因素

商品是人们用来交换的劳动产品。任何商品都包含使用价值和价值两个因素，是使用价值和价值的统一体。

使用价值是指物品的有用性，即物品能够满足人们某种需要的自然属性。马克思指出："商品首先是一个外界的对象，一个靠自己的属性来满足人的某种需要的物。"（《马克思恩格斯选集》第23卷，第47页）一个物品如果对人没有用，是不可能用来交换的，也不可能成为商品，因为没有人接受它。商品的这种能满足人的某种需要的属性，就是它的使用价值。例如，粮食能满足人们吃的需要，衣服能满足人们穿的需要，鲜花能满足人们美的需要等。这些满足人们吃、穿等需要的属性，就是物品的使用价值。不同物品，由于它们的自然性质不同，具有不同的使用价值。同一物品，由于具有多种自然属性，也可以在多方面有用，比如煤，不仅可以用做燃料，而且还可以用做化工原料，制造塑料、合成纤维、农药、化肥等。物品的多种使用价值，随着科学技术的发展和人们的经验不断丰富而逐渐被发现。

物品的使用价值是在消费中实现的。人类正是通过消费各种各样的消费资料，才维持了自己的生存和发展。所以，不论社会形态如何，使用价值总是构成社会财富的物质内容。使用价值越多，社会财富就越多。生产力的发展，社会的进步和繁荣，最后都表现在能生产种类更多、数量更大的使用价值上面。使用价值本身并不反映任何社会关系，例如，你不能从苹果的滋味中品尝出它是由封建社会的农奴生产的，还是由资本主义农业工人生产的。所以，使用价值只是商品的自然属性，是人类社会的永恒范畴。物品的使用价值不属于政治经济学研究的范围，而是商品学研究的对象。

商品的使用价值是社会的使用价值，对它们的非所有者是使用价值，对该商品的生产者来说，只是用来交换的物质手段，是交换价值的物质承担者。交换价值就是商品能同其他商品相交换的属性。交换价值表现为一种商品同另一种商品相交换的量的关系或比例。比如：一只绵羊可以换两把斧子，这里两把斧子就是一只绵羊的交换价值。

那么，交换价值是怎样决定的呢？我们知道，一种商品同多种商品相交换时，会有不同量的比例关系，因而会有许多交换价值。而且，在交换中，不同商品之间的量的比例关系，会因时因地不同。商品交换之间这种量的比例关系是以什么为基础呢？有一种观点为“效用论”，说商品的交换价值由商品的效用来决定，效用越大，交换价值就越大，效用越小，交换价值就越小。但这其实是不可能的，因为不同使用价值是不同质的东西，而不同质的东西在量上是不能比较的，只有相同性质的东西才能在量上加以比较。所以，商品交换价值的背后，商品交换量的比例关系，说明不同商品之间必然有某种共同的东西，存在着某种同质性。

马克思指出：“如果把商品体的使用价值撇开，商品体就只剩下一个属性，即劳动产品这个属性。”（《马克思恩格斯全集》第 23 卷，第 50 页）作为劳动产品，所有一切商品都有共同的属性，这个属性就是生产它们的时候，都耗费了一定数量的人类劳动。不同的商品按照一定的量的比例相交换，在于它们凝结了一样多的人类劳动。这种凝结在商品中的无差别的一般人类劳动，就是商品的价值。商品的价值大小制约着商品交换的比例。因此，价值是交换价值的基础和内容，交换价值是价值的表现形式。从现象上看，商品是使用价值和交换价值两个因素的统一；从本质上看，商品是使用价值和价值两个因素的统一。

商品的使用价值和价值既是互相统一的，又是互相对立的。

二者的统一性表现在：构成商品的二因素是互相依存、不可分离的。一个物品如果没有使用价值，就没有价值存在所需要的物质承担者，也就没有价值，因而不能成为商品；相反，一个物品如果仅有使用价值，没有人类劳动凝结在其中，也就没有价值，也不可能成为商品。作为商品必须同时具有使用价值和价值。

二者的对立性表现在：对于商品生产者来说，生产商品的目的是为了交换，对他有意义的是实现商品的价值；对于商品购买者来说，购买商品的目的是为了消费，对他有意义的是商品的使用价值。但商品生产者要实现商品的价值，必须让渡商品的使用价值，而商品购买者为了要获得商品的使用价值，又必须支付这个商品的价值。对于一个人来说，不可能既占有某个商品的使用价值，同时又实现它的价值。使用价值和价值的矛盾是商品的内在矛盾。

二、生产商品的劳动二重性

商品的二因素是由体现在商品中的劳动二重性即具体劳动和抽象劳动决定的。

生产商品的劳动从一方面看是具体劳动。具体劳动也叫有用劳动，是人们在一定的具体形式下进行的劳动，包括人们的生产目的、劳动工具、劳动对象、操作方法、劳动结果等方面，都是各不相同的。正是由于生产商品的劳动各有其特殊的具体形式，才生产出各种各样的使用价值。所以，具体劳动是创造商品使用价值的劳动。

具体劳动体现着人和自然的关系。无论任何社会，人类为了生存和发展，总需要各种各样的使用价值来满足各种需要，因此，具体劳动是人类社会生存和发展的永久的必然。具体劳动创造使用价值的属性，不依社会形态为转移。当然，随着社会生产力的发展，科学技术的进步以及人们需要的变化，具体劳动的种类、规模和形式也在不断地发生变化。

生产商品的劳动从另一方面看是抽象劳动。抽象劳动是指无差别的一般人类劳动。尽管各种具体劳动存在着千差万别，但如果把生产商品的劳动的具体形式撇开，那么，人们的生产活动就只剩下一点：人类劳动力在生理学意义上的耗费，即人的脑力和体力的耗费。这种撇开了具体形式的无差别的一般人类劳动，就是抽象劳动。抽象劳动形成商品的价值。

具体劳动和抽象劳动，是生产商品的同一劳动的两个方面，而不是两种劳动或两次劳动。具体劳动是从劳动的特殊性来看的，是不同性质的劳动；抽象劳动是从劳动的共性来看的，是一般人类劳动，没有质的区别，只有量的不同。具体劳动说明劳动是什么样的，是怎样进行的；抽象劳动说明的是劳动的量的多少，劳动时间有多少。具体劳动体现的是人和自然的关系，是不以任何社会形式为转移的永恒范畴；抽象劳动所反映的则是商品生产者相互交换劳动的社会关系，是商品经济条件下的历史范畴。商品之所以具有使用价值和价值两个因素，就是由生产商品的劳动二重性决定的。

生产商品的劳动二重性学说是马克思首先提出的。只有把形成价值的劳动明确地归结为抽象劳动，并把它同创造使用价值的具体劳动严格区别开来，劳动价值论才是奠定在科学的基础之上，才能进一步理解关于资本和剩余价值理论以及资本有机构成理论、资本积累理论、再生产理论等一系列政治经济学原理。所以，劳动二重性学说是理解马克思主义经济学理论的枢纽。

三、商品的价值量

商品的价值是质与量的统一。上面分析了商品价值的质的规定性，下面分析商品价值量的规定性，即价值的大小或多少是由什么决定的。

商品的价值是由劳动创造的，所以，商品的价值量只能由生产商品所耗费的劳动量来决定，劳动量是由劳动的自然尺度，即劳动时间来计算的，因此，商品价值量是由生产商品的劳动时间决定的。每一种商品都是由许许多多的商品生产者生产的，由于生产中各种主客观原因，每个商品生产者所耗费的劳动时间各不相同。各个商品生产者耗费在同一种商品上的劳动时间，叫做个别劳动时间。

商品的价值量如果由个别劳动时间决定，就必然会鼓励落后和懒惰，束缚生产力的发展。因此，商品的价值量不能由个别劳动时间决定，而是由生产这种商品的社会必要劳动时间决定。所谓社会必要劳动时间，是指“在现有的社会正常的生产条件下，在社会平均的劳动熟练程度和劳动强度下，制造某种使用价值所需要的劳动时间。”（《马克思恩格斯全集》第 23 卷，第 52 页）这里的“现有的正常的生产条件”，是指现时某一生产部门大多数产品生产已经达到的技术装备水平。这里的“平均的劳动熟练程度和劳动强度”，是指中等水平或部门平均水平的劳动熟练程度和劳动强度，是劳动的主观条件。

社会必要劳动时间对商品生产者具有极其重要的意义。因为商品生产者耗费的个别劳动时间能否符合社会必要劳动时间，直接关系到他们在市场竞争中的成败得失。如果个别劳动时间大于社会必要劳动时间，他的劳动耗费就有一部分得不到补偿，在竞争中会处于不利地位，甚至会破产；如果个别劳动时间等于社会必要劳动时间，他的劳动耗费能够得到全部补偿；如果个别劳动时间少于社会必要劳动时间，除了劳动耗费得到全部补偿以外，还可以获得额外的收益，在竞争中会处于有利的地位。

生产商品的劳动有简单劳动和复杂劳动之分。所谓简单劳动，就是指那些事先不需要经过任何专门的学习和训练，每个具有劳动能力的人都能够从事的劳动。所谓复杂劳动，是指那些需要经过专门的学习和训练才能从事的劳动。简单劳动和复杂劳动在经济发展的不同时期和经济发展程度不同的国家有不同的标准，因而这种区分是相对的，但是在同一国家的同一时期内，简单劳动和复杂劳动的区别是客观存在的。

商品的价值量由社会必要劳动时间决定，是就同种商品而言的，生产各种不同的商品，其劳动的复杂程度不同，价值量该如何确定呢？不同商品的价值量是以简单劳动作为计量标准的，由于复杂劳动包含着比简单劳动更多的劳动量，在相同的时间里，复杂劳动要比简单劳动创造更多的价值。因此，在商品交换中，复杂劳动可以折合成多倍的简单劳动。马克思指出：“比较复杂的劳动只是自乘的或不如说多倍的简单劳动，因此，少量的复杂劳动等于多量的简单劳动。”（《马克思恩格斯全集》第 23 卷，第 58 页）少量的复杂劳动的产品可以和多量的简单劳动的产品相交换。当然，这种复杂劳动折合成简单劳动的比例，是在生产者的背后，在无数次的竞争和交换活动过程中自发地形成的。

以上对商品价值量决定的分析是一种静态分析，随着时间的推移和条件的变化，社会必要劳动时间及其决定的价值量也会发生变化，因此，还必须对商品价值量作动态分析，这就涉及劳动生产率及其变化。

劳动生产率是指劳动者的具体劳动生产某种使用价值的效率。它有两种表示方法：一是以单位时间内生产某种产品的数量来表示；二是以生产单位产品所消耗的劳动时间来表示。在单位时间内生产的产品数量越多，或者生产单位产品所需要的劳动时间越少，说明劳动生产率越高；反之，说明劳动生产率越低。劳动生产率的高低，取决于多种因素，其中主要有：劳动者的技术熟练程度、科学技术的发展水平及其在生产中的应用程度、生产过程的社会结合状况、生产资料的规模和效能以及自然条件的优劣等。其中，科学技术及其应用程度起着重要的作用。

劳动生产率和商品价值量有着密切的关系。这里的商品价值量是指单位商品的价值量。因为劳动生产率是具体劳动的生产效率，不管劳动生产率如何变化，同一劳动在同一时间内所创造的价值总量是不变的。从单位商品的价值量来说，劳动生产率越高，单位时间内生产的使用价值越多，生产单位商品的社会必要劳动时间越少，单位商品的价值量就越小。反之，劳动生产率越低，单位时间内生产的使用价值越少，生产单位商品的社会必要劳动时间就越多，单位商品的价值量就越大，因此，商品的价值量和生产商品的社会必要劳动时间成正比，与劳动生产率成反比。

四、商品经济的基本矛盾

商品生产包含着使用价值和价值的矛盾，具体劳动和抽象劳动的矛盾。这些矛盾的根源，在于私人劳动和社会劳动的矛盾。私人劳动和社会劳动的矛盾是以私有制为基础的商品经济的基本矛盾。

私人劳动和社会劳动是指商品经济中生产商品的劳动的私人性质和社会性质。由于每个商品生产者都是生产资料的所有者，生产商品的劳动是他们私人的事情，生产什么，生产多少，都由他们自己决定，所以商品生产者的劳动具有私人性质，是私人劳动。由于社会分工的存在，每个商品生产者的劳动都是提供给社会的，都是社会总劳动的一部分，因而他们的劳动都具有社会的性质，是社会劳动。生产商品劳动的私人性和社会性既是相互联系的，又是相互排斥和矛盾的。要实现私人劳动的有用性，首先要实现劳动的社会性私人劳动要转化为社会劳动，为此，商品生产者必须把他的产品作为商品卖出去，这往往是困难重重的。这表明在私有制为基础的商品经济中存在着私人劳动和社会劳动的矛盾。

那么，私人劳动和社会劳动的矛盾为什么是以私有制为基础的商品经济的基本矛盾呢？

首先，私人劳动和社会劳动的矛盾决定具体劳动和抽象劳动的矛盾，进而决定使用价值和价值的矛盾。生产者生产商品的劳动，作为私人劳动，首先表现为具体劳动，由于具体劳动的性质不同，在交换中无法确定交换的比例，因而也无法通过交换表现为社会劳动，能够确定交换比例的只是性质上相同的抽象劳动，当私人劳动的产品通过交换卖出去了，说明私人劳动转化为社会劳动。这种交换的比例是由抽象劳动确定的，而且只有通过商品交换，具体劳动才能转化为同质的抽象劳动，进行量的比较。如果产品销售不出去，具体劳动就不能还原为抽象劳动。可见，具体劳动和抽象劳动的矛盾是由私人劳动和社会劳动的矛盾引起的。使用价值和价值的矛盾是具体劳动和抽象劳动矛盾的反映。所以，没有私人劳动和社会劳动的矛盾，也不存在具体劳动和抽象劳动的矛盾，进而也就没有使用价值和价值的矛盾。

其次，私人劳动和社会劳动的矛盾决定私有制商品经济产生和发展的全过程。在私有制条件下，商品生产者的商品是私人产品，但又是为他人、为社会的产品。这就决定了只有通过商品交换，商品生产者才能用自己的产品交换他人的产品，随着社会分工和私有制的发展，私人劳动和社会劳动的矛盾也随之发展，商品经济也随之发展。私人劳动和社会劳动矛盾进一步发展为生产社会化和生产资料资本主义私人占有之间的矛盾，简单商品经济也就发展成为资本主义商品经济。

第三，私人劳动和社会劳动的矛盾决定商品生产者的命运。商品生产者的产品，只有销售出去，私人劳动转化为社会劳动，他的劳动得到全部补偿，商品生产才能正常进行下去；反之，他的私人劳动未转化为社会劳动，或者他的劳动未得到全部补偿，他的生产就不能正常进行下去，甚至会造成企业破产。

第三节　货币的产生和职能

一、价值形式的发展和货币的产生

由于商品具有使用价值和价值两个因素，因此，商品也具有两种表现形式：一种是使用价值形式，一种是价值形式。商品的使用价值形式就是商品的自然形式，对此，人们能够看得见、摸得着。而价值形式就不是这样，价值是商品的社会属性，体现着商品生产者之间的生产关系，我们看不见、摸不着，商品的价值只有在交换过程中，通过所交换的商品相对地表现出来。价值的这种相对表现形式，就叫价值形式。商品价值形式发展的结果产生了货币。

(一) 简单的或偶然的价值形式

历史上，最初的交换行为是在原始公社相互接触的地方开始的。当时，社会生产力极为低下，产品的种类和数量都非常有限，以交换为目的的商品生产尚未出现，交换带有偶然性且很简单。例如，一个原始部落用 1 只羊同另一个原始部落的 2 把斧子相交换，用公式表示：1 只羊=2 把斧子。这种价值形式就是简单的、偶然的价值形式。

这种价值形式的两端都只有一种商品，形式虽然简单，但它却是价值形式发展的起点和基础，有着一切价值形式的最基本的构成价值表现的两极。

这种价值形式中，等式两端的商品所处的地位和作用是不同的。其中等号左边的商品处于主动地位，要求把自己的价值相对地表现在另一种商品上，因此叫做相对价值形式；等号右边的商品则处于被动地位，是等价物，起着表现左边商品价值的作用，因此叫做等价形式。相对价值形式和等价形式二者之间是一种对立统一关系。统一表现在：它们互相依存，是同一价值表现的两极，缺少哪一方都无从表现价值。但它们又是对立的，表现在：在同一价值表现的两极不能是同一种商品，只能由两种不同的商品来承担。

相对价值形式与等价形式有着不同的内容和特征。相对价值形式是一种商品在同另一种商品交换时，使自己的价值得到相对表现的形式。从质的规定性上考察，之所以能够这样，是因为它们都是劳动的产品，都耗费了抽象的一般人类劳动，都具有价值。从量的方面考察，处于相对价值形式的商品的价值量相对地表现在处于等价形式商品的使用价值上；商品的相对价值量取决于相交换的两种商品的社会必要劳动量之间的比例关系。这一表现的前提是价值形式两极的商品包含等同的社会必要劳动时间。由于生产商品的社会必要劳动时间会随着劳动生产率的变化而变化，因此商品价值量的相对表现也会发生变化，主要有以下四种情况。

（1）当羊的价值发生变化，而斧子的价值不变时，则羊的相对价值同其自身的价值变动成正比例。

（2）当羊的价值不变，而斧子的价值变动时，则羊的相对价值会同斧子价值的变动成反比例。

（3）当羊和斧子的价值量按照同一方向同一比例同时发生变化时，则羊的相对价值会保持不变。

（4）当羊和斧子各自的价值，按照同一方向但以不同程度同时发生变化时，或者按相反方向变化时，其种种可能的组合对羊这一商品的相对价值的影响，可以根据上述三种情形进行推算。

总之，商品相对价值量的大小取决于等式两极商品价值量之间的比例关系。但它不能明确地、也不能完全地反映在相对价值量上。

等价形式是一种商品能够与另一种商品直接交换的形式。等价形式有三个特点：第一，使用价值成为价值的表现形式；第二，具体劳动成为抽象劳动的表现形式；第三，私人劳动成为社会劳动的表现形式。处于等价形式上的商品，作为能够直接和其他商品相交换的等价物，它所包含的私人劳动，也就成为直接社会形式的劳动。

由简单价值形式的考察可以看出，处在相对价值形式上的商品只是当做使用价值，它的价值表现在另一种商品上；而处在等价形式上的商品，只是当做价值，它的使用价值成了表现另一种商品价值的材料。这样，商品内部的使用价值与价值的矛盾，通过两种商品之间的外部对立表现出来。所以，一个商品的简单的价值形式，就是该商品中所包含的使用价值和价值对立的简单表现形式。

简单的价值形式是同产品的简单商品形式相适应的，它只表现出一种商品和另一种商品在质上有同一性，在量上可以比较，没有表现出一种商品是否和其他所有的商品都有质的同一性和在量上能相比较。因此，简单价值形式对于价值是无差别一般人类劳动的凝结表现是很不充分的，价值形式需要进一步发展。

（二）总和的或扩大的价值形式

随着生产力的发展，特别是原始社会末期第一次社会大分工的出现，公社之间以至公社内部的交换随着剩余产品的增多而变成经常的事情，一种商品已经不是偶然地和另一种商品相交换了，而是与许多商品经常交换。因此，价值的表现也就由简单的、偶然的价值形式发展为总和的、扩大的价值形式。用公式表示就是：

$$1\text{只羊}=\begin{cases}2\text{把斧子}\\1\text{件棉衣}\\50\text{斤大米}\\10\text{斤茶叶}\\10\text{斤盐}\\\text{或一定量的其他商品}\end{cases}$$

在总和的或扩大的价值形式中，一种商品（如羊）的价值已经不是偶然地表现在另一种商品上，而是扩大了范围，表现在一系列商品上，取得了扩大的相对价值形式。从此，羊的价值才真正表现为无差别人类劳动的凝结。

在扩大的价值形式下，作为等价形式的商品是一系列商品，由于它们都是处于相对价值形式的商品的等价物，因此这些自然形式不同的等价物成为一个一个相互并列的特殊等价物。总和的或扩大的价值形式，反映了生产的发展和交换的扩大，同时，也促进生产力发展和交换的扩大。但是，总和的或扩大的价值形式仍然存在着缺点和局限性：首先，商品的相对价值表现是未完成的，其表现是无止境的，每当一种新商品出现，就多一种表现价值的材料；其次，组成价值表现系列的无数商品又是杂乱无章的，还没有一个大家公认的、谁都能接受的一般等价物。因此，商品的相对价值表现仍然是不完全和不充分的。这个缺点必然给交换带来不便。

（三）一般的价值形式

随着交换的频繁发展，商品交换矛盾的发展，便自发地从大量商品中分离出一种在交换中经常出现，并为人们乐于接受的商品。这样，价值形式就发生了重大变化。任何商品都只需要和某一种商品相交换，一切商品的价值都只在这种商品上表现出来。于是就出现了一般价值形式。用公式表示为：

$$\left.\begin{array}{r}\text{2 把斧子}\\ \text{1 件棉衣}\\ \text{50 斤大米}\\ \text{10 斤茶叶}\\ \text{一定量其他商品}\end{array}\right\}=\text{1 只羊}$$

在一般价值形式下，每种商品的价值表现是简单的，因为都用一种商品来表现；各种商品的价值表现又是统一的，因为都是用同一种商品来表现。这个价值形式是简单的、统一的，所以是一般的。在一般价值形式中，出现了一般等价物，即上述公式中的羊。它是从商品世界中分离出来充当其他一切商品的统一的价值表现材料的一般商品。这时，商品价值作为无差别的人类劳动凝结的性质，便完全地、充分地表现出来了。一切商品既然在质上表现为共同的东西，在量上便也可以相互比较了。

一般价值形式虽然克服了总和的或扩大的价值形式的困难，但在这个阶段上，一般等价物还没有固定由某一种商品来充当，往往是因时因地而不同。例如，有的地区用牲畜，有的地区用贝壳，或者是一个时期用牲畜，一个时期用贝壳。在我国历史上，牲畜、贝壳、布帛等都充当过一般等价物。一般等价物没有固定在某种商品上，不利于商品交换的进一步发展。

（四）货币形式

货币形式是价值形式发展的第四阶段。在第二次社会大分工以后，手工业从农业中分离出来，出现了商品生产，交换的范围更广。商品交换范围的扩大和种类的增加，要求一般等价物固定在某种商品上。当贵金属从商品世界分离出来固定充当一般等价物时，一般价值形式就过渡到货币形式。这种固定充当一般等价物的贵金属就是货币。用公式表示，即为：

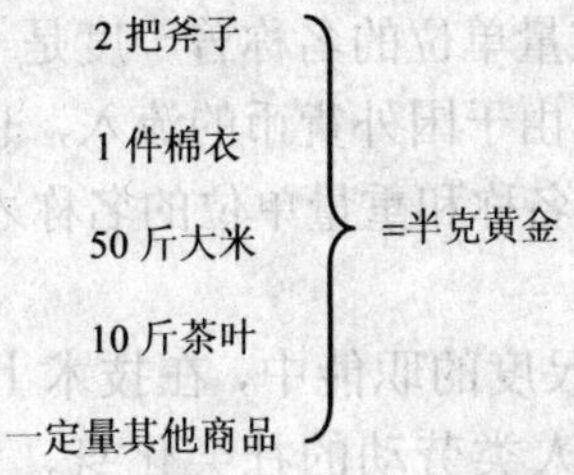

从一般价值形式过渡到货币形式，并没有发生质的变化，不同的只是作为一般等价物的商品固定地由贵金属来充当。在货币形式中，一切商品都处在相对价值形式上，只有贵金属处在等价形式上。

贵金属之所以适宜充当货币，这是由它的自然属性决定的。贵金属也就是金或银，体积小，价值大，易携带，质地均匀而又易分割，性质稳定易贮藏。这些属性是别的商品不具备的，但又是一般等价物所要求的。这就使贵金属成为理想的货币材料。所以，马克思说："金银天然不是货币，但货币天然是金银。"（《马克思恩格斯全集》第 23 卷，第 107 页）

货币形式是价值形式的完成形式。货币的出现，使整个商品世界分成了两极：一极是商品，它们都是特殊的使用价值；另一极是货币，专门起一般等价物作用的一般商品，只代表商品的价值。这样，商品的内在矛盾，使用价值和价值的对立，具体劳动和抽象劳动的对立，私人劳动和社会劳动的对立，便表现为商品和货币的对立了。

由此不难看出，货币是在商品交换发展过程中自发形成的，是商品内在矛盾发展的必然产物。货币的本质不外是固定地充当一般等价物的特殊商品。作为货币材料的金银，最初和其他商品一样也充当过一般等价物，只是后来才固定地充当一般等价物，从而成为货币。货币体现着商品生产者之间的社会经济关系。

二、货币的职能

货币的职能，是指货币在社会经济生活中发挥的作用。它是由货币的本质决定的，是货币本质的具体体现。货币的职能是随着商品交换的发展逐步完善起来的。货币的职能包括价值尺度、流通手段、贮藏手段、支付手段和世界货币。其中，最基本的职能是价值尺度和流通手段。

（一）价值尺度

所谓价值尺度，就是用货币作为尺度来衡量和表现其他一切商品的价值。货币之所以能充当价值尺度，是因为它本身也是商品，具有价值。

商品的价值量是由凝结在商品中的劳动量来计算的，因此，凝结在商品中的劳动量是衡量商品价值的内在尺度。但是，商品的价值量不能用劳动时间来直接表现，只能在交换中通过一般等价物货币来表现，并且，也必须通过货币形式的转换才能实现交换。

商品的价值通过货币来表现，就是商品的价格。价格是商品价值的货币表现。货币执行价值尺度职能时，可以仅仅用想象的或观念上的货币。

为了衡量各种商品价值量的大小，货币本身必须确定一个金属重量的计量单位，这个单位又分成若干等分，这种被确定的货币单位及其等分叫价格标准，即用以计量商品价格的标准。历史上，货币单位的名称和重量单位的名称曾一度是一致的。我国在用金银做货币时，曾用“两”作为货币单位。后来，由于国外货币的流入，也由于不太贵重的金属被比较贵重的金属所排斥等原因，货币单位的名称和重量单位的名称才逐渐脱离。我国的货币单位“两”被“元”取代了。

价格标准是从货币执行价值尺度的职能中，在技术上采取的措施。价值尺度同价格标准是两种完全不同的职能。作为人类劳动的社会化身，它是价值尺度；作为规定的金属重量，它是价格标准。作为价值尺度，它用来使形形色色的商品的价值变为价格；作为价格标准，它计量这些金量。尽管作为货币的贵金属，其本身的价值会随着生产条件的变化而变化，但作为价格标准，它与货币价值的变动却毫无关系，与劳动生产率的变化也无关。

商品价格的变动既取决于商品价值的变动，又取决于货币价值的变动，但是，商品的价格与价值也可能发生背离，而且，没有价值的东西也可以有价格，如未开垦的土地等。在这里，价格表现是虚幻的，能掩盖实在的价值关系。

（二）流通手段

所谓流通手段，就是货币在商品流通过程中充当交换的媒介。作为流通手段的货币不能是观念上的货币，必须是实在的货币。

货币出现以前，商品交换是直接的物物交换，其公式是：商品—商品。货币出现以后，商品交换以货币为媒介，其公式为商品—货币—商品。这两种交换显然是有区别的。前者买与卖在时间上和空间上是同时完成的；而后者，商品的买和卖在时间和空间上分开，形成两个独立过程，一个是卖的过程，使商品转化为货币，另一个是买的过程，使货币转化为商品。物物交换转化为商品流通是一种进步，促进了商品交换的发展。但货币作为流通手段，会带来买卖的脱节，从而包含了危机的可能性。当然，这种可能性要变为现实性，需要商品经济有一定高度的发展。

在商品流通过程中，货币不断地作为流通手段实现商品的价值，同时它自身也不断地从买者手中转到卖者手中。货币这种不断从买者到卖者的运动，构成货币流通。货币流通由商品流通引起并为商品流通服务，商品流通是货币流通的基础，货币流通是商品流通的表现。

货币作为流通手段，最初是以贵金属条块来完成的。由于每块金、银的成色和重量不同，交换时必须检查成色、称重量，十分麻烦，以后随着商品交换的发展，出现了具有一定形状、重量、成色和标明面额价值的金属铸币。铸币一般是由国家铸造，作为法定货币来流通的。铸币在流通中会不断磨损，使其实际重量与所代表的一定金属重量的额面价值逐渐不符，成为不足值的货币。但由于它只是交换中的媒介手段，所以即使是不足值铸币，仍然可以按原来的额面价值流通。这种情况，使得用没有价值的铸币符号来代替铸币执行流通手段成为可能，于是就出现了纸币。

纸币是由国家发行并强制流通使用的价值符号，它是金属货币的代表，自身没有价值，只是代替金属货币执行流通手段的职能。我国是世界上最早使用纸币的国家，如北宋的交子、金国的交钞和南宋的会子。到了元代，则出现了不兑现的纸币。至于欧美国家，直到 17 世纪末才开始出现纸币。

(三) 贮藏手段

商品流通中，货币被它的持有者当做财富保存起来不再用于购买，货币就起着贮藏手段的作用。

货币贮藏手段职能的产生是商品经济发展的结果。一方面，这是商品生产的客观需要。在商品生产过程中，生产者或经营者往往会存在先买后卖的需要，因此要求商品生产者、经营者需要有一定的货币储备。另一方面，由于货币作为一般等价物的特性，也容易刺激人们主观上产生贪金的欲念，因此使货币作为社会财富的绝对形式贮藏起来。

作为贮藏手段的货币，可以是金属货币，也可以是金银条块或金银制品。在金属货币流通条件下，货币作为贮藏手段具有自发调节货币流通量的作用。当流通中所需要的货币量减少时，有一部分货币就会退出流通成为贮藏货币；如果流通中所需要的货币量增加时，贮藏货币又会加入流通成为流通手段。贮藏货币就像蓄水池，自发地调节着流通中的货币量，使其与商品流通的需要相适应。

(四) 支付手段

支付手段，是指货币用来清偿债务或支付赋税、租金、工资等的职能。货币执行支付手段职能，最初是由于赊购引起的。货币执行支付手段职能的产生与商品经济的发展有密切联系，各种商品生产者的生产条件和销售条件是不同的，有些生产是常年性的，而销售带有季节性；有些生产有季节性，而商品生产者的消费则是常年性的。各种商品生产周期长短的不同和商品销售市场远近的差别，决定了某些商品生产者在产品出卖之前，需要先买进一些生产资料和消费资料，这就引起了赊购买卖的必要。

货币支付手段职能的产生不仅以价值尺度，流通手段职能存在为前提，而且也与贮藏手段职能的存在分不开。为了到期支付，欠款人要有一个贮藏货币以备支付的过程。

随着商品生产和货币流通的发展，作为支付手段的货币逐渐扩展到流通领域以外，用于支付租金、缴纳税款，债务人用货币支付利息，这种支付都同商品交换无关。

货币作为支付手段，扩大了商品经济的内在矛盾。由于相互赊购买卖，往往使许多商品生产经营者之间结成债务关系的锁链，一旦某个生产者不能按期偿还债款，就会引起一系列的连锁反应，整个信用关系遭到破坏，从而产生支付危机。

(五) 世界货币

随着国际贸易的产生和发展，货币的作用超越了国界，在世界市场发挥作用，这使得货币具有了世界货币的职能。所谓世界货币的职能，实际上是货币职能在世界范围内的延伸。

作为世界货币，要求是足值的贵金属，而且必须脱去国家和民族的外衣，直接以贵金属的形态出现。在很长一段时期，各国发行的纸币是不能作为世界货币的，非贵金属的铸币也不能作为世界货币。但在当代世界经济中，某些经济实力强、国际影响力大的国家发行的纸币，如美元，在一定程度和一定范围内起世界货币的作用。

世界货币的主要职能有：充当一般的支付手段，支付国际货币差额和其他收支差额；充当一般的购买手段，用来购买别国的商品；作为社会财富的代表，由一国转移到另一国，如战争赔款，向别国借款或贷款等。

货币的五种职能是有机联系的，它们共同表现了货币作为一般等价物的本质。其中，价值尺度和流通手段是货币的基本职能，货币的其他职能则是随着商品经济及其内在矛盾的发展而逐步发展起来的。

三、货币流通规律

如前所述，在商品流通中，货币不断地作为购买手段由买者手中转到卖者手中，形成货币流通。通过买卖活动，商品与货币换位后，就退出流通领域，进入消费领域；而货币继续停留在流通领域发挥作用。

那么，在一定时期内，流通中究竟需要多少货币呢？一定时期内，流通中所需要的货币量取决于以下因素：①待售商品的总额；②待售商品的价格水平；③货币的流通速度。前两个因素的乘积就是商品价格总额。在其他条件不变的情况下，商品价格总额越大，流通中所需要的货币量就越多。流通中所需要的货币量与商品的价格总额成正比。同时，由于在一定时期中，同一单位货币可以周转多次，这样，流通中所需要的货币量，可以大大少于商品价格总额。流通中所需要的货币量与货币流通速度成反比。以上数量关系用公式表示，即为：

$$\text{一定时期内流通中所需要的货币量}=\frac{\text{商品价格总额}}{\text{同一单位货币的平均流通速度（次数）}}$$

一定时期内商品流通所需要的货币量等于全部商品价格总额除以同一单位货币流通的平均速度，这就是货币作为流通手段时的货币流通规律。

货币流通规律还可以这样表述："已知商品价值总额和商品形态变化的平均速度，流通的货币或货币材料的量决定于货币本身的价值。"（《马克思恩格斯全集》第 23 卷，第 142—143 页）也就是说，如果商品价值总额和货币流通速度是已定的，执行流通手段职能的货币量就取决于货币本身的价值量。

货币作为支付手段的职能产生以后，流通中所需要的货币量会发生变化。在货币流通速度一定的情况下，流通中所需要的货币量，一方面会因商品赊销和债务的相互抵消而减少，另一方面，又会因到期支付过去的欠款而增加。因此，在货币充当支付手段职能的条件下，上述货币流通规律的公式应该修正、补充为：

$$\text{一定时期内流通中所需要的货币量}=\frac{\text{销售商品价格总额}-\text{赊销商品价格总额}+\text{到期支付总额}-\text{互相抵消的支付总额}}{\text{同一单位货币流通的平均速度（次数）}}$$

货币流通规律适用于一切商品经济。当纸币出现以后，也没有否定这一规律。纸币的发行限于它象征地代表金或银的实际流通的数量。如果纸币发行量符合上述要求，那么，纸币的购买力会同它代表的金属货币的购买力相等；否则，如果纸币发行量超过了流通中所需要的金属货币量，那么，单位纸币代表的金属货币量就会减少，纸币就会贬值，引起物价上涨。这种由于纸币的过量发行而引起的纸币贬值、物价上涨现象，叫做通货膨胀；相反，如果减少货币发行量以提高购买力或减轻货币贬值，并引起物价普遍下降的过程，就是通货紧缩。通货紧缩与经济周期中的萧条阶段相关。

货币形式是商品交换的必然产物，货币形式随着商品经济的发展而不断发展，货币形式最初采取金银条块的形式，后来发展为铸币形式，到我国宋代和欧美近代出现了纸币，并相继出现了信用货币。

信用货币是从货币作为支付手段职能中产生的，代替金属货币充当支付手段和流通手段的信用证券，如银行券、支票、期票、汇票等。

银行券是信用货币的主要形式，是由发行银行发行的用以代替商业票据的银行票据。银行券的信用基础以贵金属作保证，持票人随时可以向发行银行要求兑现。由于银行券的发行打破了贵金属铸币流通量的限制，因此有助于促进商品流通。正由于银行券要以贵金属作保证，因此它的流通量也会受到一定限制。

银行券和纸币本身都无内在价值，都是一种货币符号。纸币是从货币的流通手段职能中引起的，银行券则是从货币的支付手段职能中产生的；纸币是由政府发行并强制使用的，银行券则随时可以兑现；纸币发行过多，会造成纸币贬值，银行券作为一种债务证券不会贬值，如果它停止兑现，就变成纸币，并受纸币流通规律支配。所以，银行券与纸币是有区别的。第一次世界大战后，资本主义国家放弃了金本位制，银行券停止兑现黄金白银，变成了纸币。

现金支票信用制度的发展和电子技术的广泛应用，使货币形式的发展从有形到无形，现代纸币逐渐发展到电子货币，即贮存于电子计算机中的存款货币。随着国际贸易和国际金融的发展，货币作为世界货币职能的形式也发生了很大的变化，出现了一些新型的国际货币形式，如国际货币基金组织在1970年建立的集体结算单位——特别提款权，就是国际货币基金组织成员国之间的标准信贷基金，可以代替贵金属起世界货币作用的“纸币黄金”。

总之，大量信用货币的流通既节省了流通费用，又促进了商品的流通。在当代，发达资本主义国家的信用货币已占货币总额的90%以上。

第四节　价值规律

一、价值规律的基本内容和表现形式

在商品经济中，每个生产经营者都是根据自己的利益决定投资方向和经营规模，谁也无法事先确知社会对各种商品的需求量及其变化情况，因此生产和流通处于自发盲目的状态。那么，是什么力量支配着各个企业、各个部门的生产和流通呢？这就是价值规律。

价值规律是商品生产和商品流通的基本规律。凡有商品生产和商品交换的地方，价值规律就必然存在并发生作用。价值规律的基本内容和要求是：商品的价值量由生产商品的社会必要劳动时间所决定，商品交换以商品的价值量为基础实行等价交换。

社会必要劳动时间不仅包括同一部门内部生产同种商品的社会必要劳动时间形成该种商品的价值，而且还包括各个部门生产某种商品所耗费的劳动总量，必须符合社会总劳动应分配给该类商品所应耗费的劳动量的比例份额，即必须符合社会对该类商品需求总量应使用的社会必要劳动时间。这就是马克思所说的“另一种意义”的社会必要劳动时间，即“不仅在每个商品上只使用必要的劳动时间，而且在社会总劳动时间中，也只把必要的比例量使用

在不同类的商品上。”（《马克思恩格斯全集》第25卷，第216页）如果某类商品总量超过了社会需要，即超过了社会需要该类商品应使用的劳动时间，其超过部分就不能实现，社会也不能承认。所以，就每个生产部门来讲，不管生产商品时实际耗费了多少劳动量，社会所承认的，只是社会总劳动时间应分配给各种商品的份额。

商品按价值相交换是指价格运动的趋势，是指价格高于或低于价值的平均数，并不是每一次交换都按同等价值即价格与价值完全一致相交换。事实上，商品的价格往往与其价值不一致。当某种商品供不应求时，价格就会高于价值；当商品供过于求时，价格就会低于其价值。因此，价格围绕价值上下波动主要是由商品供求关系的变动引起的。由于供求关系是经常变化的，价格也就不停地围绕价值上下波动。

在供求关系影响下，价格与价值的背离现象，并不违背价值规律。这是因为：商品价格的涨落总是以价值为基础，围绕价值这个中心上下波动，而且波动的幅度也不会与商品的价值相距太远。从同一商品各个不同时期的价格变动看，有时价格高于价值，有时价格低于价值，但从长期看，涨落部分可以相互抵消，价格总额仍然等于价值总额。从同一时期各种不同商品的价格看，有的价格高于其价值，有的低于其价值，高低相抵，全社会的商品价格总额与价值总额还是相等的。

因此，价格与价值的背离现象并不是对价值规律的否定，而正是在商品经济中价值规律作用的表现形式。正如恩格斯所指出的：“只有通过竞争的波动从而通过商品价格的波动，商品生产的价值规律才能得到贯彻，社会必要劳动时间决定商品价值量这一点才能成为现实。”（《马克思恩格斯全集》第21卷，第215页）

二、价值规律的作用机制

价值规律是商品经济的基本规律。在商品经济中，用价值规律调节资源配置和经济运行必须通过一定的调节机制才能表现出来。价值规律在市场上调节商品生产和商品流通的作用机制就是市场机制。市场机制是指供求、价格、竞争等各种市场要素在市场经济活动中所形成的相互作用和相互制约的关系。

价值规律的调节和市场运行是靠市场机制的作用来实现的。市场经济活动中交织着多方面的关系，如买者和卖者之间的关系，买者之间、卖者之间的关系。各市场主体在经济利益的驱使下，必然围绕着市场价格、商品供求、投资场所、原材料来源等展开激烈的竞争，而竞争反过来又会影响市场价格和商品供求关系。例如，在市场交换中，由于竞争和商品供求的不断变化，引起商品价格的上下波动；而市场价格的变动，既能刺激生产和供应，又能改变消费者的消费结构或消费方向，调节市场供求关系的变化。

市场机制有具体市场机制和一般市场机制之分。具体市场机制是指在某类市场上所特有并起独特作用的市场机制，如金融市场的利率机制、劳动力市场的工资机制、外汇市场的汇率机制等；一般市场机制是指在任何市场都存在并发生作用的市场机制，如价格机制、供求机制、竞争机制和风险机制等。其中，价格机制是市场机制的核心机制。

价值规律在商品经济中有着巨大的作用，它决定着商品经济活动的各个方面，贯穿于商品经济的整个发展过程，支配着商品生产经营者的命运。

第一，价值规律调节生产资料和劳动力在社会各个生产部门之间的分配，调节资源配置和人们的经济活动。在任何社会形态中，为了进行生产和再生产，社会资源即生产资料和劳动力在各个部门之间的分配，都要求保持一定的比例关系。在商品经济条件下，这种比例关系只能通过生产经营者之间的竞争和价值规律的调节作用来实现。由于各个商品生产者都是按照自己的意志自发地进行生产，他们主要通过市场价格的上涨或下跌，了解社会需要什么，需要多少和不需要什么。市场价格的涨落便成为商品生产者了解市场供求状况的晴雨表。当某种商品供不应求、价格上涨时，生产者认为有利可图，便增加生产资料和劳动力的投入；反之，就缩减投入，或将其转移到其他更有利的部门。价值规律正是通过价格与价值的背离，调节着生产要素在各部门之间的分配比例，使生产与消费、供给与需求之间保持一种大体平衡的关系。但这种调节作用是通过生产经营者盲目竞争实现的，不可避免地会造成社会劳动或社会资源的浪费。

第二，价值规律促使生产经营者改进技术，改善经营管理，提高生产经营效率，从而推动社会生产力的发展。按照价值规律的要求，商品价值不是由个别劳动时间而是由社会必要劳动时间决定的。如果个别生产者改进技术，提高劳动生产率，生产商品的个别劳动时间就会低于社会必要劳动时间，就能获得更多的收入，在竞争中处于有利地位；相反，如果生产者技术落后，就会获得较少的经济收入，甚至亏本、倒闭。因此，生产经营者为了获得较多的物质利益和在竞争中处于有利地位，必须努力采用先进技术，改善经营管理，提高生产经营效率，降低个别劳动耗费。但在商品经济条件下，生产经营者为了自身的经济利益和在竞争中的优势地位，往往会保守技术秘密，这又会阻碍先进技术的推广和生产力的发展。

第三，在经济活动中形成优胜劣汰的机制，产生效率与公平的矛盾。在价值规律作用下，竞争日趋激烈，那些条件好的生产经营者在竞争中占优势，容易发财致富；而另一些条件差的生产经营者，在竞争中处于劣势，容易亏本甚至破产。这样就产生了经济效率与社会公平之间的矛盾。当然，在不同的社会经济制度下产生的结果是不同的。在封建社会末期，从小生产者的两极分化中自发地产生资本主义生产关系。在资本主义社会，价值规律与其他经济规律共同发生作用，引起资本的积累和集中，贫富悬殊日益增大，这种贫富分化反过来又影响了经济效率，阻碍了社会生产力的发展。

以上说明，价值规律作为一只“看不见的手”，在商品经济中有着极重要的作用。价值规律是商品经济的基本规律，只要存在商品生产和商品交换，价值规律及其作用就存在。

课外阅读

提供气象信息商品的劳动创造价值吗？

2002年7月4日夜，第5号热带风暴“威马逊”肆虐东海，近中心最大风力达到12级（50米/秒）以上，东海海面巨浪汹涌。

“威马逊”到来的前六天，坐落在北纬29度，东经125度东海海面的平湖油气田收到了上海市中心气象台传来的“警报”：未来5～6天，台风“威马逊”将影响你平台，建议作好撤出的准备。平台上的所有工作人员在直升飞机的协助下迅速撤离，避免了一场灾难的发生。

“台风对平台的影响本身不大，但在上面作业的人员面对台风的心理压力极大，如果不及时撤离，有可能发生一些极端事件。”上海市中心气象台副台长杨礼敏说。

平湖油气田是上海市中心气象台的长期企业客户之一。气象台每隔3～6小时就以图文形式向该平台提供海上、空中和陆地的全方位信息，还提供气象专业网站。上海市中心气象台现已拥有120家左右的长期客户和100多家散户。“根据企业各自的需求，我们为其量身定制气象信息，并在物价局制定标准的基础上协商信息使用的费用，所以每家的费用都不同。最高的达到每年20万元，而最低的也就几百块钱。”杨礼敏说，“但我们也要承担很大风险和压力，预报毕竟是有误差的，像这次的台风，企业撤离和重返平台的成本都是上千万元，所以如果我们的信息不准会造成很大的损失。”据杨礼敏介绍，上海市中心气象台向企业提供专业的有偿气象服务的历史可以追溯到1984年，为英国的BP公司在南黄海的石油钻探作“气象护航”。现在，气象台的客户除了海上作业、码头、航运等一贯靠天吃饭的企业外，还有了一些新的变化。

由于上海特殊的地理环境，“防汛”成了许多企业的一大难题。国内钢铁老大宝钢集团旗下的宝钢股份位于北纬31度，东经121度附近的长江边上，辖区内还包括7.8公里长的江堤，极易受台风等灾害性天气的影响。该公司安全环保处华平键介绍，宝钢与上海市中心气象台的合作始于1985年建厂初期，现在，公司每年向气象台支付6万多元，获得包括即时天气信息（每3小时更新一次）等在内的15项气象信息。“我们每天向集团和主要单位通报这些信息，为防汛、防台和抵御雷暴雨等灾害性天气作好充分准备。”

保险行业也加入了购买气象信息的行列。中国人民保险公司上海市分公司业务经理程仕标介绍，公司与气象台签订每年5万元的合同，获得11条基本气象信息和查询历史记录的权利。“保险公司就是保风险的，而气象灾害在其中占很大分量。保险公司利用气象信息主要有两方面的作用，一是预防，将获取的灾害信息及时通知相关客户，提醒他们做好防灾准备；二是将气象台提供的权威信息作为理赔依据。”程仕标说。

问题：是不是所有的气象劳动都创造价值和财富？

复习思考题

一、单项选择题

1. 商品的使用价值与一般物品的使用价值的区别在于（　　）
   A. 前者是劳动生产出来的，后者是天然具有的
   B. 前者是他人生产的，后者是为自己生产的
   C. 前者构成社会财富的物质内容，后者不是社会财富
   D. 商品使用价值是商品价值的物质承担者

2. 马克思指出：“如果物没有用，那么其中包含的劳动也就没有用，不能算作劳动，因此不形成价值。”这句话说明（　　）

A. 只要物是有用的，它就有价值　　B. 价值的存在以物的有用性为前提
C. 价值的存在与物的有用性互为前提　　D. 物越是有用就越有价值

3. 商品的价值量由生产商品的社会必要劳动时间决定，它是在（　　）
A. 同类商品的生产者之间的竞争实现的
B. 不同商品的生产者之间的竞争中实现的
C. 商品生产者与消费者之间的竞争中实现的
D. 商品生产者与销售者之间的竞争中实现的

4. 复杂劳动可以折合为倍加的简单劳动，这种折合比例是（　　）
A. 由参加交换的商品生产者自觉协商出来的
B. 由经纪人规定并取得买卖双方同意的
C. 在无数次交易中自发形成的
D. 由社会职能部门自觉计算出来的

5. 商品内在的使用价值和价值的矛盾，其完备的外在表现形式是（　　）
A. 具体劳动与抽象劳动的对立　　B. 商品与货币之间的对立
C. 私人劳动与社会劳动之间的对立　　D. 商品与商品之间的对立

6. 货币的基本职能是（　　）
A. 价值手段与流通手段　　B. 支付手段与世界货币
C. 储藏手段与支付手段　　D. 流通手段与储藏手段

7. 简单商品经济的基本矛盾是（　　）
A. 个别劳动时间与社会必要劳动时间的矛盾
B. 使用价值与价值的矛盾
C. 具体劳动与抽象劳动的矛盾
D. 私人劳动与社会劳动的矛盾

二、多项选择题

1. 在商品经济运行中，价值、价格、供求三者之间的关系是（　　）
A. 价格受供求关系影响，围绕价值上下浮动
B. 价格受价值影响，随供求关系变化而变动
C. 价格由价值决定，反映价值并反映供求关系
D. 价格由价值决定，反映价值但不反映供求关系
E. 价格由价值决定，受供求关系影响又制约供求关系

2. 一切商品中都包含价值与使用价值两个因素，这是因为（　　）
A. 凡是没有使用价值的物品，就不会有价值
B. 有使用价值的物品，就必然有价值
C. 没有价值的物品，虽然有使用价值也不是商品
D. 使用价值是商品价值的物质承担者
E. 商品价值是使用价值的表现形式

3. 价值和交换价值的关系是（　　）
A. 交换价值是价值的基础　　B. 交换价值是价值的内容

C. 交换价值是价值的表现形式　D. 价值是交换价值的表现形式
E. 价值是交换价值的内容

4. 在简单商品经济中，由其基本矛盾决定的其他矛盾有（　　）
A. 使用价值与价值的矛盾　B. 具体劳动与抽象劳动的矛盾
C. 个别价值与社会价值的矛盾　D. 必要劳动时间与剩余劳动时间的矛盾
E. 个别劳动时间与社会必要劳动时间的矛盾

5. 对商品价值量的科学分析可以看出（　　）
A. 价值量不是由个别劳动时间决定的　B. 价值量是由社会必要劳动时间决定的
C. 复杂劳动只有还原为加倍的简单劳动，才能进行价值量的比较
D. 商品使用价值量与生产该商品的劳动生产力成正比
E. 商品价值量与生产该商品的劳动生产力成反比

6. 下列关于商品和商品经济的论述，正确的是（　　）
A. 商品经济是在一定的历史条件下产生和存在的
B. 商品经济是社会经济发展的必经阶段　C. 商品是用来交换的劳动产品
D. 商品是使用价值和价值的统一体　E. 商品是一切社会都存在的范畴

7. 抽象劳动是（　　）
A. 撇开具体形式的无差别的人类劳动　B. 生产商品各种劳动的共性
C. 寓于具体劳动之中　D. 形成价值的劳动
E. 创造使用价值的劳动

三、判断题

1. 商品必须是劳动产品，所以劳动产品也就是商品。
2. 商品能够按一定比例交换，是因为它们都具有使用价值。
3. 具体劳动和抽象劳动是同一劳动过程的两个方面。
4. 价值不是劳动产品所固有的自然属性，而是商品特有的社会属性，是一个历史范畴。
5. 商品的二因素决定于生产商品的劳动二重性
6. 劳动是价值的唯一源泉，因而商品的价值量是由商品生产者自己所耗费的劳动量决定的。
7. 劳动生产率越高，商品价值量越大。

四、简答题

1. 商品经济产生和发展的条件是什么？
2. 商品经济有哪些基本特征？
3. 价值规律的内容和作用是什么？
4. 简述商品二因素与劳动二重性的关系。

五、分析题

“在经济领域，非法活动有两类：一类是有害的活动，如制造毒品，自然什么价值也不创造；另一类是有用的和有效的活动，如擅自冒用别人商标生产毛巾，且收益很大，这本身是创造价值的生产性劳动，但属于非法活动或非法劳动，应进行法律制裁。”这一说法是否正确？

第二章

资本和剩余价值

教学目标

通过对资本主义生产过程的分析，阐明马克思创立的剩余价值理论，揭示剩余价值的生产过程和剩余价值的基本生产方法，认识资本主义工资的实质和形式，理解资本有机构成及资本积累的一般规律。

重点与难点

剩余价值生产过程；资本主义工资；资本有机构成；资本积聚与资本集中；相对过剩人口

案例导入

兄弟二人各分得父亲遗产十万元，老大买了一辆家用轿车作为日常代步工具，将十万元全部消费掉；老二则用这十万元买了一间铺面和一批商品做生意，以后每年能赚到五万元、十万元、二十万元……同样的十万元，经兄弟二人之手发生了什么不同的变化？

第一节 剩余价值生产的前提

我们知道，资本家生产的直接目的是要获取剩余价值，资本家之所以能够剥削到工人手中的剩余价值，原因在于他们手中掌握着资本。所以，分析剩余价值及其生产过程就要从分析资本开始。

一、资本总公式及其矛盾

资本最初总是表现为一定数量的货币，但是货币本身并不是资本。作为商品流通媒介的货币和作为资本的货币是有区别的，这可以从商品流通和资本流通的区别看出来。

以货币为媒介的商品流通形式是：商品—货币—商品，即 W—G—W。这里商品生产者首先卖出自己生产的商品，换回货币，再用这些货币购买自己所需要的商品。作为资本的货币的流通形式是：货币—商品—货币，即 G—W—G。也就是说，资本家用一定数量的货币购买特定商品，然后卖出商品，换回货币。

两种流通在形式上存在明显的区别，表现在：流通的顺序相反，起点和终点不同，流通中作为媒介的物品不一样。商品流通是先卖后买，起点和终点都是商品，作为流通媒介的是货币。资本流通是先买后卖，起点和终点都是货币，作为流通媒介的是商品。

在两种流通形式上的区别背后，隐藏着两种流通的本质区别。

第一，流通的目的不同。前者是为买而卖，目的是为换取自己在生产或生活中所需要的某种使用价值；后者是为卖而买，其目的不是为使用价值，而是价值本身。

第二，流通的内容和实质不同。前者两端是不同质的使用价值相交换。商品的价值量是相等的，后者两端的货币在质上相同，但量上不等。因为如果两端的货币在量上相等的话，交换就变得毫无意义，所以资本流通的真实内容是收回的货币在量上大于预付的货币。

第三，流通的运动界限不同。前者是为了取得使用价值，流通的规模和范围有限，而后者是为了取得越来越多的价值，流通的规模和范围是无止境的。资本流通公式的完整形式就是 G—W—G'。其中，G'=G+ΔG，ΔG 是原来预付货币的一个增加额。

我们通过两个流通公式的比较，了解了作为流通媒介的货币和作为资本的货币的区别，从而初步认识了资本。资本最根本的特征就是它的预付价值在运动过程中发生了价值增殖。

资本流通公式 G—W—G'，反映了产业资本、商业资本、借贷资本等各种资本运动的共同特征，适用于一切形式的资本，因此是资本的总公式。

资本总公式，从形式上看同价值规律相矛盾。按照价值规律，在流通中，交换的规律是等价交换，既然是等价交换，那么交换引起的只能是价值形式的变化，而不会是价值量的变化。而资本在流通中确实发生了价值量的变化，价值增殖了。这样资本总公式就出现了矛盾。

要解决资本总公式的矛盾，必须说明增殖价值产生的条件是什么，才能进一步阐明货币是怎样转化为资本的。

首先，增殖价值不能从流通中产生。在商品流通过程中，无论是等价交换还是不等价交换，都不能产生增殖价值。其次，离开流通过程，价值也不能发生增殖。在流通以外，商品生产者只是同自己的商品发生关系，在这种情况下，他只能以自己的劳动创造出商品的价值，而不能创造增殖价值。所以，在流通以外，价值不可能增殖，货币也不可能转化为资本。

以上分析可见，增殖价值的产生，既不在流通领域，又不能离开流通领域。这是解决资本总公式矛盾的条件。根据这个条件，我们来分析价值增殖从哪里发生。

首先，价值增殖不会发生在 G—W 阶段的货币上，因为在这里货币作为流通手段和支付手段，只是在实现它所购买的商品的价值。其次，价值增殖也不可能发生在 W—G 阶段上，因为商品出卖只能使价值从商品形式转变为货币形式，不发生价值量的变化。最后，价值增殖必然发生在 G—W 阶段的商品上。货币所有者必须购买到一种特殊商品，这种商品具有特殊的使用价值，通过对它的使用不仅能创造价值，而且能创造出比它自身价值更大的价值。这种特殊的商品就是劳动力。因此，劳动力成为商品，是货币转化为资本的前提。

二、劳动力成为商品的条件及特点

劳动力即人的劳动能力，是存在于活的人体中的体力和脑力的总和。在任何社会，劳动力都是社会生产的基本要素。但是，只有在特定的历史条件下，它才成为商品。

劳动力成为商品必须具备两个基本条件：①劳动者必须有人身自由，有权支配自己的劳动力，能够把它作为商品出卖；②劳动者既无生产资料，也没有生活资料，除劳动力以外一无所有，必须靠出卖劳动力为生。这两个基本条件是在长期的历史发展中形成的。

劳动力商品的价值是由生产和再生产劳动力的社会必要劳动时间决定的。由于劳动力存在于活的人体中，它的生产和再生产，就是维持、恢复和延续劳动者的体力和脑力，这就需要消费一定的生活资料。因此，生产劳动力所需要的时间，可以转化为生产这些生活资料所需要的时间。它包括三部分：①劳动者本人所必需的生活资料的价值，用以再生产他的劳动力；②劳动者养育子女所必需的生活资料的价值，用以延续劳动力的供给；③劳动者的教育训练费用，用以培训资本主义再生产需要的劳动力。劳动力商品价值的决定不同于其他商品，它包括历史和道德的因素。

劳动力商品的特殊性在于它的使用价值。其他商品在消费中，随着使用价值的消失，其价值也同时消失或者转移到其他商品中。劳动力这种特殊商品的使用价值就是劳动。在劳动过程中，劳动力不仅能创造出新的使用价值，把生产资料的价值转移到新的商品中去，而更重要的是劳动者的劳动可以创造出新价值，并且能够创造出大于劳动力自身价值的价值。资本家在市场上购买劳动力正是看中了这一点。

马克思的劳动力商品学说，科学揭示了剩余价值产生的秘密，为揭示剩余价值的生产过程、为马克思主义其他经济理论的创立奠定了理论基础。劳动力成为商品以后，资本就能够在市场上购买到劳动力，资本和劳动者之间就形成了雇佣劳动关系，正是这种雇佣劳动关系，能够获得使用价值和剩余价值。所以，资本主义生产关系的实质，就是在生产资料资本主义私有制基础上的雇佣劳动制度。

第二节　剩余价值的生产

一、资本主义生产过程的特点

资本主义的生产过程具有二重性：一方面是生产使用价值的劳动过程，另一方面又是生产剩余价值的价值增殖过程。资本主义生产过程是劳动过程和价值增殖过程的有机统一。

（一）资本主义劳动过程

资本主义劳动过程同其他社会劳动过程一样，都是劳动者运用劳动资料，作用于劳动对象，创造新的使用价值的过程。但在不同社会里，由于生产资料所有制不同，因而劳动过程具有不同的特点。在资本主义制度下，资本家不仅占有生产资料，而且取得了劳动力的使用权，这就决定了资本主义劳动过程具有两个特点：第一，工人是在资本家的指挥和监督下劳动，他们的劳动属于资本家；第二，劳动产品归资本家所有。

资本主义生产过程不仅是生产使用价值的劳动过程，同时还是价值增殖过程。对资本主义生产来说，生产使用价值的劳动过程之所以重要，是因为不通过劳动过程生产出一定的使用价值，价值增殖不可能实现。

(二) 价值增殖过程

价值形成过程是价值增殖过程的基础。为了分析价值增殖过程，首先必须分析价值形成过程。让我们举例说明这个过程。

假设资本家让工人生产 10 斤棉纱，需消耗棉花 10 斤，价值 10 元，机器设备磨损和其他劳动资料的价值 2 元，每天劳动力价值 3 元，工人 6 小时劳动能创造出来 10 斤棉纱。当工人经过 6 小时劳动，在生产过程中把 10 斤棉花纺成棉纱时，棉花的物质形态改变了，原来的使用价值已不存在。但是，它的价值却没有消失，而是转移到新产品棉纱中，成为棉纱价值的一部分。同样，机器设备等劳动资料磨损部分的价值，也转移到棉纱中，这种转移是由工人的具体劳动实现的。工人以具体劳动生产棉纱的同时，又支出了一定量的抽象劳动，凝结在商品中形成新价值。工人 6 小时劳动创造新价值 3 元。这样，10 斤棉纱的价值，等于生产资料转移的价值 12 元，加上新创造的价值 3 元，共 15 元。这与资本家购买生产资料和劳动力所付出的价值相等。如果实际生产过程是这样一种结果，资本家是不干的，因为他取得剩余价值的目的没有达到，那么如何使资本的价值增殖呢？

在上面的例子中，6 小时劳动刚好补偿劳动力价值，那么只要把工人的劳动时间延长到补偿劳动力价值所需要的时间以上，就可以实现价值增殖。这是不是可能呢？显然资本家购买的不是工人创造的价值，而是工人一天的劳动时间，只要资本家花了 3 元钱，这一天工人劳动力的使用权就归资本家了。

资本家购买了工人一天的劳动力，就取得了劳动力一天的使用权。虽然工人每天劳动 6 小时，就可以把劳动力价值生产出来。但为了生产出剩余价值，资本家要把工人的劳动时间延长到 6 小时以上。假定资本家让工人每天劳动 12 小时，那么，工人就会生产 20 斤棉纱，消耗棉花 20 斤，价值 20 元；机器设备等磨损也增加一倍，价值 4 元；劳动力一天价值仍为 3 元。在生产过程中，工人的具体劳动转移生产资料的价值为 24 元，12 小时抽象劳动创造新价值 6 元。结果，20 斤棉纱的价值共 30 元，而资本家预付的价值是生产资料价值 24 元和劳动力价值 3 元共 27 元，二者之间的差额 3 元就是剩余价值。所以，剩余价值就是资本家把工人的劳动时间延长到补偿劳动力价值所需要的劳动时间以上所创造的超过劳动力价值的价值。

由此可见，价值增殖过程就是延长了的或者说超过一定点的价值形成过程。这个一定点，就是工人用于再生产自己劳动力价值的时间。

通过上述分析可以看出，工人的劳动时间实际分为两部分：必要劳动时间和剩余劳动时间。与之相对应，劳动也分为两部分：必要劳动和剩余劳动。工人用于再生产劳动力价值的时间叫必要劳动时间，这个时间内耗费的劳动叫必要劳动。生产剩余价值的时间叫剩余劳动时间，这个时间内耗费的劳动叫剩余劳动。工人的剩余劳动是剩余价值的源泉。

二、总体生产劳动者创造价值和剩余价值

在资本主义条件下，创造价值和剩余价值的劳动是生产劳动，非生产劳动不能创造价值和剩余价值。所谓生产劳动是指直接和间接参与生产物质产品的劳动。“从产品的角度加以考察，那么劳动资料和劳动对象表现为生产资料，劳动本身则表现为生产劳动。”在商品经济条件下，劳动创造出具有使用价值和价值的商品，就表现了劳动的生产性。

随着劳动过程本身分工协作的发展，生产劳动和生产劳动者的概念也必然扩大。在现代

企业中，从事生产劳动，不一定都直接作用于劳动对象，只要在生产劳动过程中直接或间接作用于劳动对象，参与形成共同劳动产品的活动，就是生产劳动。直接和间接参与生产劳动的人都是生产劳动者，他们是由分工协作关系构成的生产劳动者总体，或称为总体生产劳动者。生产劳动过程就构成总体生产过程。

在资本主义商品生产条件下，总体生产劳动者的直接和间接生产劳动都创造价值和剩余价值。从微观角度看，每个企业的生产劳动过程都包含着直接的和间接的生产劳动。直接生产劳动是直接作用于劳动对象使之变成产品的劳动，他们的劳动凝结于商品中形成价值和剩余价值；间接生产劳动不直接作用于劳动对象，而间接参与了促使劳动对象转化为产品的过程，如科技研究活动、生产工艺和产品设计活动、工程技术指导活动等，都是间接生产劳动，从事这类劳动的研究人员、技术员、工程师、设计师等，都是间接生产劳动者。又如，管理人员的管理活动也是间接生产劳动，虽不直接作用于劳动对象，却指挥、组织、控制、调节生产劳动过程，间接参与劳动对象变为产品的过程，因此是间接生产劳动。由于间接生产劳动参与了物质产品形成活动，其劳动耗费必然凝结于商品中，因此形成价值和剩余价值。

三、资本的本质

（一）资本的本质

在现实生活中，资本总是表现为一定的物，如货币、机器、厂房、原料、商品等。资产阶级经济学家根据这种表面现象，把资本说成仅仅是物，或仅仅是生产资料，把资本与这些物等同起来。实际上生产资料在任何社会都是生产过程的需要，不能说它们在任何时候都是资本，只有当它们成为资本家榨取工人剩余劳动的手段时才成为资本。正如马克思所说：“资本不是一种物，而是一种以物为媒介的人和人之间的社会关系。”只有当生产资料等作为剥削雇佣工人的手段并带来剩余价值时才成为资本。

资本的本质不是物，而是体现在物上的资本主义生产关系，即被物的外壳掩盖下的资本家剥削雇佣工人的关系。资本具有以下主要特征：第一，资本是能够带来剩余价值的价值；第二，资本是一种运动，资本作为能够带来剩余价值的价值，必须不断地运动，才能不断地生产和实现剩余价值；第三，资本是一个历史范畴。它体现资本家剥削雇佣工人的关系，是资本主义生产方式的本质范畴。

（二）不变资本和可变资本

资本家为了进行生产，必须把资本分为两部分：一部分购买生产资料，一部分购买劳动力。由于这两部分资本在剩余价值生产中所起的作用不同，马克思把它们区分为不变资本和可变资本，分别用 c 和 v 表示。

不变资本是指用于购买生产资料的那部分资本，在生产过程中，借助于工人的具体劳动，把原有价值转移到新产品中去，价值量没有发生变化。不变资本的价值转移分两种情况：原料、燃料是一次转移，厂房、机器、设备等的价值是多次转移。

可变资本是指用于购买劳动力的那部分资本，在生产过程中，由于劳动力的使用创造出大于它自身价值的价值，使预付资本价值量发生了变化，叫做可变资本。

马克思把资本区分为不变资本和可变资本的意义在于：进一步揭示了剩余价值的来源。

说明剩余价值不是由全部资本产生的，而只是由可变资本带来的。

四、剩余价值的生产方法

（一）剩余价值率

资本主义条件下的商品价值包含三个构成部分：作为不变资本的生产资料的旧价值转移过来的部分，用 c 表示；新价值中补偿可变资本的部分，用 v 表示；新价值中的剩余价值部分，用 m 表示。

由于剩余价值是可变资本变动的结果，因此要表明资本家对工人的剥削程度，必须抽去不变资本，只考察剩余价值和可变资本之间的比例关系。

剩余价值和可变资本的比率就是剩余价值率。用 m'表示剩余价值率，则 $m'= m/v$。

由于可变资本是工人在必要劳动时间生产的，剩余价值是工人在剩余劳动时间生产的，因此剩余价值率也可以用 m'=剩余劳动时间/必要劳动时间表示。

剩余价值率和资本家获得的剩余价值量有密切联系。剩余价值量的大小取决于两个因素，一个是剩余价值率的高低，另一个是可变资本总量的多少。用 M 代表剩余价值量，计算剩余价值量的公式就是：$M=m/v\times V= m'V$。因此，资本家增加剩余价值量的途径有两个：①增加可变资本总量，雇用更多工人；②提高剩余价值率。由于在一定时间内，增加可变资本总量受到资本额的限制，因此提高剩余价值率成为资本家增加剩余价值量的主要途径。

（二）绝对剩余价值生产

绝对剩余价值生产是指在必要劳动时间不变的条件下，通过绝对延长工作日，从而延长剩余劳动时间，增加剩余价值的方法。由于工作日的绝对延长而生产的剩余价值，叫做绝对剩余价值。此外，个别企业由于提高劳动强度而生产的剩余价值，也属于绝对剩余价值。

工作日是一个可变量，只能在一定限度内变动。工作日不能缩短到与必要劳动时间相等的程度，因为这样就不能产生剩余价值。但是，工作日也不能无限延长，它受两方面的制约：①生理的界限；②社会道德的界限。因此，工作日的长度有很大的伸缩性。

绝对剩余价值的生产盛行于资本主义不发达时期，在生产技术发展缓慢的情况下，资本家主要依靠延长工人劳动时间来榨取更多的剩余价值。

（三）相对剩余价值生产

相对剩余价值生产是通过改变工作日中必要劳动时间和剩余劳动时间的比例，以增加剩余价值的生产。在工作日长度不变的条件下，缩短必要劳动时间，相应延长剩余劳动时间而生产的剩余价值，叫做相对剩余价值。

生产相对剩余价值，必须缩短必要劳动时间，而要缩短必要劳动时间，就需要降低劳动力价值。由于劳动力价值是由工人及其家庭必要的生活资料价值所构成，因此，要降低劳动力的价值就需要降低生活资料的价值。要降低生活资料的价值，首先要提高生活资料生产部门的劳动生产力，其次要提高与这些生活资料有关的生产资料生产部门的劳动生产率。随着这些生产部门劳动生产率的提高，劳动力价值也随之下降，再生产劳动力价值的必要劳动时间就会缩短，剩余劳动时间相应延长，从而生产出相对剩余价值。可见，相对剩余价值生产是以全社会劳动生产率提高为条件的。

在实际生活中，劳动生产率总是从个别企业开始的。当然个别企业提高劳动生产率的目的不是为了降低劳动力价值，而是为了追求超额剩余价值。超额剩余价值是指个别资本家提高劳动生产率，使自己生产商品的个别价值低于社会价值而得到的更多的剩余价值。

根据价值规律，商品的价值是由社会必要劳动时间决定的，如果个别企业提高了劳动生产率，它生产的个别劳动时间就会少于社会必要劳动时间。那么，这一企业多得的剩余价值就是超额剩余价值。超额剩余价值的生产，实质上也是一种变相的相对剩余价值，属于相对剩余价值范畴。超额剩余价值是个别资本家暂时获得的，因为在资本家之间存在着激烈的竞争，竞争的结果是使整个部门的劳动生产率普遍提高，个别企业获得的超额剩余价值就消失了。商品价值下降，引起劳动力价值下降，资产阶级就可以获得相对剩余价值。

可以看出，在现实生活中，相对剩余价值的生产是各个资本家狂热追逐超额剩余价值而提高劳动生产率实现的。

绝对剩余价值生产和相对剩余价值生产是资本家提高剥削程度的两种基本方法。从资本和雇佣劳动的关系看，二者在本质上是一致的，不论采取哪一种方法，其结果都是延长了工人的剩余劳动时间，增加了剩余价值生产。

从两者之间的联系来看，绝对剩余价值生产是剩余价值生产的一般基础，也是相对剩余价值生产的起点。因为任何资本主义生产都必须把工作日绝对地延长到必要劳动时间上，否则就不能产生剩余价值。同时，只有把工作日分割为必要劳动时间和剩余劳动时间两个部分，才能以此为出发点，缩短必要劳动时间，相对地延长剩余劳动时间，生产出相对剩余价值。

五、剩余价值生产的发展

现代科学技术在生产中的应用，使劳动生产率大为提高，特别是第二次世界大战以后，由计算机所控制的自动化生产体系的出现，使机器部分地代替了人的体力和脑力劳动，以致出现了所谓“无人工厂”等，然而资本家获得的剩余价值却大大增加了。这种现象一出现，一些资产阶级经济学家便以生产自动化造成工厂雇佣工人减少为借口，认为生产自动化装置已经成为剩余价值的新的独立的源泉。但在生产自动化条件下，剩余价值仍然是由雇佣工人的劳动创造的。

第一，机器设备包括自动化系统装置，作为物质资料要素，仍然是劳动者劳动的物化形式，其本身的价值是在生产它们的过程中形成的、确定了的，因此在新的生产过程开始之后，它们只能借助于劳动者的具体劳动逐步地将自身的价值转移或再现在新产品当中，而不会创造出任何新价值。

第二，价值是一般人类劳动的凝结，因此只有劳动才能创造价值。自动化的机器虽然能够代替一部分人类劳动，但不能完全取代人的劳动，不能改变劳动者在生产过程中的主体地位。不过，在生产自动化条件下，明显减少的是在生产现场直接操作的劳动者，但现场之外的劳动者，如从事研究、编程、调试、遥控和维修服务的人员却增加了。

第三，当个别企业的资本家首先采用先进的自动化生产体系而获得更多剩余价值时，这个剩余价值是该企业商品的个别价值低于社会价值而获得的超额剩余价值，其来源是这些企业劳动者具有较高劳动生产率的劳动。

第四，即使自动化生产在某一部门得到普及，使该部门得到的剩余价值高于其他部门，这时，该部门多得的剩余价值也不过是由于利润率平均化规律的作用从其他劳动生产率较低的部门转移过来的，它的源泉来自那些劳动生产率较低的部门工人的剩余劳动。

那么，是否说机器设备尤其生产自动化装置与剩余价值的生产及其量的变化毫无关系呢？回答是否定的。在价值形成和价值增殖过程中，生产资料具有如下作用。

首先，它是价值和剩余价值生产的必不可少的物质条件。活劳动耗费的结果最终要物化在商品之中，唯此，活劳动才创造价值和剩余价值。活劳动从消耗到凝结，完全是凭借生产工具和机器体系这些劳动手段而传导到劳动对象中去的。离开生产资料这一物质条件，不仅不能进行使用价值的生产，而且活劳动的耗费也不能物化在新产品中，形成产品的新价值。

其次，自动化装置系统在使用过程中，大幅度地替代直接劳动过程中的活劳动的同时，也大大地扩大了生产劳动的范围。生产自动化将工艺程序编制、产品设计、新技术研究与开发、机器维修、质量检验、组织管理等生产环节，同直接劳动过程有机地结合起来，这样生产自动化就为价值和剩余价值的形成创造了新的生长点。

再次，生产自动化对于产品价值量和剩余价值量的膨胀具有一种“酵母”作用。采用自动化生产的企业中具有专门知识和技能的科技人员的比重必然高于一般企业，因此在劳动过程中脑力劳动耗费会占有较大的比重。这种复杂劳动会形成更多的价值和超额剩余价值。

二次大战以后，随着科学技术和社会生产力的发展，传统机器体系发展为现代机器体系，机器大工业发展到了一个以自动控制为中心的新阶段。新科技革命大大地提高了劳动生产率，生产出了更多的物质产品，丰富了社会财富的物质内容，扩大了工人生活资料的范围、种类和数量，从而提高了他们的实际收入和生活水平。另一方面，又降低了生活资料的价值，从而减少了生产这些生活资料的社会必要劳动时间。工人可以用缩短了的必要劳动时间再生产出更多、更丰富的生活必需品。

新科技革命提高了劳动力的素质和劳动的智能化程度，复杂劳动在全社会的劳动中所占比重不断增加。这样，在一定时期内，那些复杂劳动所占比重较多的企业或部门，就可以经常获得一个超额剩余价值量；同时，为补偿工人所耗费掉的复杂劳动，工人的实际收入也会表现为一个较大的价值量。这种超额剩余价值实质上是在工人实际收入有所增加的基础上获得的一种相对剩余价值。

六、剩余价值规律是资本主义的基本经济规律

剩余价值规律是资本主义社会的基本经济规律。它的内容是：资本主义生产目的和动机是追求尽可能多的剩余价值，达到这一目的的手段是不断扩大和加强对雇佣劳动的剥削。

剩余价值规律决定资本主义生产的实质。资本主义生产的直接目的是榨取更多的剩余价值。资本主义商品生产的目的不同于简单商品生产。简单商品生产者生产商品是为了换取自己需要的商品，而资本主义商品生产的目的，是榨取工人创造的剩余价值。马克思说：“生产剩余价值或赚钱，是这个生产方式的绝对规律。”

剩余价值规律决定着资本主义生产发展的一切主要方面和主要过程。资本的流通过程，实际上是剩余价值生产的准备阶段和实现阶段。资本主义的分配过程，主要是剩余价值在资本主义社会各种剥削者之间分配的过程。资本家的个人消费以剩余价值生产为基础，工人的个人消费是为了继续生产剩余价值而恢复劳动力。

剩余价值规律决定着资本主义生产方式产生、发展和灭亡的全过程。资本主义生产关系

是以资本家剥削工人剩余价值为特征，剩余价值转化为资本是促进资本主义生产发展的资本积累过程。对剩余价值的追逐，促进了资本主义私人占有和生产社会化之间的矛盾尖锐化，导致周期性经济危机不断爆发，显示出了资本主义生产方式的历史局限性。

第三节　资本主义制度下的工资

由于资本家只有购买了劳动力商品，并将它用于生产过程，才可能生产出剩余价值，因此，资本家向工人支付的工资，只能是劳动力的价值或价格。但在资本主义的实际生活中，工资被看做是工人“劳动的价格”或劳动报酬，从而掩盖了剩余价值的真正来源和资本主义的剥削关系。因此，揭示资本主义工资的实质对剩余价值理论的确立具有重要意义。

一、资本主义工资的本质

在资本主义社会，工人给资本家做工，资本家付给工人工资，工人劳动一天，得到一天的工资，工人工资的多少取决于劳动时间的长短或提供产品数量的多少，从表面上看，工资好象是工人的“劳动报酬”或“劳动的价格”，似乎工人得到全部劳动的报酬。其实，这完全是一种假象。

资本主义工资在本质上是劳动力的价值或价格，而不是劳动的价值或价格，在资本主义条件下，劳动力是商品，有价值或价格；而劳动不是商品，没有价值或价格。

第一，由于商品的价值是人类一般劳动的物化，价值量的大小是由生产商品时所耗费的社会必要劳动时间决定的。如果劳动是商品，也有价值，就等于说，劳动的价值是由劳动决定的，显然这是一种毫无意义的同义反复。

第二，劳动要当做商品出卖，必须在出卖之前就已独立存在。可是，当工人在劳动力市场和资本家发生买卖关系的时候，他的劳动还没发生。工人的劳动是在资本家购买了劳动力以后才进行的。工人在资本家的监督下进行劳动的时候，劳动就已经不属于工人自己，也就不可能把劳动当做商品出卖了。

第三，如果劳动是商品，就会否定价值规律，或者否定剩余价值规律。这是因为，如果劳动是商品，按等价交换，资本家付给工人的是全部劳动的报酬，资本家就不可能得到剩余价值，资本主义生产也就不复存在；如果是不等价交换，即资本家经常用较少的物化劳动换取工人较多的活劳动，那就违背了价值规律所要求的等价交换原则。

工资的本质是劳动力的价值或价格，但工资在现象上又表现为劳动的价值或价格。因此，资本主义工资是劳动力价值或价格的转化形式。劳动力的价值或价格表现为劳动的价值或价格，其根本原因在于资本主义生产关系本身。

第一，资本家与工人之间的劳动力买卖，是劳动者付出自己的商品，资本家付出货币。因此，使人们感觉这种交换同其他商品交换一样，即买卖双方是平等的。资本家购买劳动力是为了让工人劳动，至于工人出卖的是劳动还是劳动力往往没有区分，因此产生一种错觉：工人出卖的是一定时间的劳动，工资是劳动的价格。

第二，工资的支付一般是在劳动力付出了劳动之后，因此，人们就把支付工资的货币看做是对劳动的支付，工资的这种支付形式使它表现为劳动的价值或价格。

第三，从工人角度看，付出劳动是其取得工资的手段，他在出卖劳动力之后，必须相应地劳动一段时间，如出卖一天的劳动力，就要付出一个工作日的劳动。工人不仅在必要劳动时间内劳动，而且还要完全在剩余劳动时间内劳动，而这全部劳动都是工人取得工资的手段，因此，人们把工资看做是劳动的报酬，同时也把工资变动看做是劳动的价值或价格的变动。

第四，从资本家立场出发，他总是希望以较少的货币换取较多的劳动，以获取利润，而利润实际上是劳动力的价值与劳动力使用所创造的价值之间的差额。但由于这个差额表现为资本家购买商品与销售商品的差价，因而资本家就把低价买进和高价卖出看做是利润的源泉。其实，如果劳动的价值确实存在，资本家也确实支付了这一价值，则资本家的货币就不可能转化为资本，他也就不可能获取利润了。

第五，从工资本身看，工资的实际运动所表现出的一些现象也似乎说明工资是劳动的价值，主要表现在：①工资随劳动时间长短的变化而变化；②同一工种的劳动熟练程度不同的工人得到的工资不相同。

工资表现为劳动的价值或价格，掩盖了资本主义的剥削关系。劳动力价值和劳动力在使用即劳动中创造的价值是两个不等的量，其差额即剩余价值。但当工资歪曲地表现为劳动的价值或价格之后，就抹煞了必要劳动和剩余劳动、有酬劳动和无酬劳动的界限，似乎工人的全部劳动都成了有酬劳动，从而掩盖了资本主义剥削关系。马克思透过资本主义工资这一假象，强调“工资不是它表面上呈现的那种东西，不是劳动的价值或价格，而只是劳动力的价值或价格的隐蔽形式”。(《马克思恩格斯选集》第 3 卷，第 310 页，北京，人民出版社，1995)

二、资本主义工资的基本形式

资本主义工资有两种基本形式：计时工资和计件工资。

计时工资是按照工人的劳动时间来支付的工资，如月工资、周工资、日工资、小时工资等。在计时工资形式中，小时工资是最小计量单位的工资形式。为了阐明计时工资的本质，揭露资本家是如何利用计时工资加强对工人的剥削的，马克思批判地借用了“劳动价格”这个概念。马克思所说的“劳动价格”，是指工人劳动力每小时的价格，即

劳动价格＝劳动力日价值（日工资数额）/工作日的小时数

我们可以看到，日工资额的大小，取决于工作日的长短和劳动价格两个因素。在日工资数额不变的情况下，劳动价格可以下降，资本家正是用延长工作日、降低劳动价格的办法来加强对工人的剥削的。在日工资提高的情况下，资本家可以用延长工作日长度的办法，保持劳动价格不变，工人受剥削的程度和资本家的利润都不变。在工作日长度和日工资不变的情况下，如果资本家提高了工人的劳动强度，也会使劳动价格下降和对工人的剥削加重。总之，资本家会利用影响劳动价格的各种因素，采取各种各样的方法来降低劳动价格，加强对工人的剥削。

在资本主义发展初期，计时工资是被广泛采用的工资形式。而在计时工资这种形式中，小时工资制受到资本家越来越多的青睐。他们以劳动价格为基础，只规定每小时的平均工资，而不规定工作日的长度，也不规定日、周、月的工资额。这样，资本家就可以根据其经济利益的需要，来任意延长或缩短工作日。

资本主义工资的另一种基本形式是计件工资。计件工资是资本家按照工人在一定时间内

所完成的产品数量或作业量支付的工资。计件工资与计时工资并无本质的区别，二者都是以劳动力的价值为基础的。计件工资是在计时工资的基础上，根据单位时间劳动力的价值确定的。计件工资是计时工资的转化形式，它更有利于资本家对工人加强剥削，所以被广泛使用。

由于计件工资直接取决于工人所完成的产品数量，这就造成一种假象，好像资本家购买的不是工人的劳动力，而是工人的劳动。似乎工人按照自己的产品数量得到了全部劳动的报酬，这就进一步掩盖了资本主义剥削的实质。计件工资比计时工资具有更大的欺骗性。

第一，在实行计件工资的情况下，劳动的质量是由工人所完成的产品质量来衡量的。所以，工人必须完成符合质量要求的产品，才能按计件单价得到规定的工资。但资本家往往对产品质量百般挑剔，借口产品质量不合规格而少付工资。

第二，在实行计件工资的情况下，资本家总是以较高的劳动生产率为尺度，来确定生产一件产品的标准时间以及每一件产品的工资单价。

第三，在实行计件工资的情况下，由于工人工资本身具有控制工人劳动强度和劳动质量的作用，因此资本家就可以不必有更多的监工和手段来维持劳动纪律，从而节省了资本家的厂房开支和大量的管理开支。

第四，在实行计件工资的情况下，资本家把产品的生产整批地包给中间人，中间人再把产品分给家庭劳动者去生产；或者由资本家与工头签订合同，规定产品的质量和数量以及工资单价，再由工头去招募工人，组织生产，发放工资，中间人和工头就从中进行层层剥削，使工人和家庭劳动者的生活更加困苦。

第五，在实行计件工资的情况下，工人的收入与劳动成果有直接的联系，工人为多挣一点工资，就要尽可能地增加产品的数量，也就不得不增加劳动强度，当多数工人在单位时间内生产的产品数量增加时，资本家就会进一步降低计件工资单位，使工资水平降低。

第六，计件工资的实行，发展了工人之间的差别和各自的独立性，突出了工人的个别利益，模糊了共同利益。计件工资还加强了工人内部的竞争，那些劳动能力较低的工人就会被排挤出去。

现代资本主义社会仍以计时和计件为工资的基本形式，但也存在一些派生的新工资形式，如效率工资，是以劳动者的劳动效率为基础计算的工资；雇员利润分成，资本家按一定比例从利润中提成，分配给职工，作为工资的补充，以调动职工的生产积极性。这些新工资形式并没有改变资本主义工资的本质，没有改变资本和雇佣劳动之间的剥削和被剥削关系。

三、名义工资和实际工资

考察工资量的变化，不能只看工人得到多少货币工资，而且要看这些货币的实际购买力。这就需要区分名义工资和实际工资。名义工资是工人出卖劳动力所得的货币额，即货币工资。实际工资是指工人用货币工资能实际买到的生活资料和服务的数量，它能确切地反映工人的实际生活状况。

名义工资和实际工资既有联系，又有区别。在物价及其他有关条件不变的情况下，名义工资和实际工资的变动是一致的。由于受物价水平、服务费用、税收负担等多种因素的影响，二者的变动又往往是不一致的。如果名义工资不变，物价上涨，实际工资会下降；物价下降，实际工资会提高。如果名义工资增加和物价上涨同时发生，实际工资的变化就取决于二者变化速度的对比。在名义工资增长速度与物价上涨速度相等时，实际工资不变；在名义工资增长速度快于物价上涨速度时，实际工资会增加；在名义工资增长速度慢于物价上涨速度时，实际工资会下降。因此，考察工资水平及其变化，必须把名义工资同物价水平及其他有关因素联系起来研究实际工资的变动。

在资本主义发展的历史进程中，实际工资的变动是有起有伏，时高时低的，但从较长时间看，呈上升趋势。一方面，引起实际工资上升的因素在起作用；另一方面，还存在引起实际工资下降的因素。

考察工资水平的变动，还要分析相对工资的变动。只有这样，才能认识工资所反映的工人的经济地位。相对工资是工人的工资同资本家的剩余价值相比较的工资。工资和剩余价值是工人新创造的价值的两部分，在新价值已定的条件下，剩余价值部分增加，工资部分就减少。在资本主义发展中，由于剩余价值规律的作用，相对工资呈下降趋势。

不同国家的工资水平存在着很大差别。各个国家同一时期工资水平存在的差别叫做工资的国民差异。研究工资问题，必须注意到工资的国民差异。工资是由劳动力价值决定的，在不同国家中，由于各国的自然条件和历史条件的不同，劳动者必需的生活资料的范围和数量也不同，在经济水平发展程度不同的国家中，工人的教育费用、劳动生产率等不尽相同。因此，各国工资水平的高低是不同的，这就形成了工资的国民差异。

比较各个国家的工资水平，必须先把不同国家同一行业的平均日工资与同样长度的工作日相比较，计时工资还要换算成计件工资，才能测量出劳动强度和劳动生产率的情况。一般说来，发达国家的经济发展和文化发展水平比较高，传统的生活水平也比较高，工人的劳动强度和技术熟练程度比较高，所以工资水平也比较高；不发达国家的情况则相反，工资水平较低。当然，在发达国家中，物价水平较高，房租、捐税和服务费用也比较高，因此，实际工资并不像名义工资所表示的那样高。而且在发达国家中，他们的相对工资可能比不发达国家工人的水平还要低一些。

第四节　资本主义再生产和资本积累

一、资本主义简单再生产

（一）再生产的含义

生活常识告诉我们，生产是人类社会存在和发展的基础，社会不能停止消费，也就不能停止生产。因此，社会生产总要连续不断、周而复始地进行。如果中断，社会就要灭亡。这种不断更新和不断重复的生产，就是再生产。其实，只要我们不是孤立地看一次生产过程，而是从经常的不断反复的运动过程来看，那么，每一个社会生产过程，实际上也就是再生产过程，每一次生产都是上一次生产的更新和重复。

社会再生产按规模划分，可以分为简单再生产和扩大再生产。简单再生产是在原有规模基础上进行的再生产，即生产出来的新产品，只能够补偿在生产过程中所消耗掉的生产资料和消费资料；扩大再生产则是在扩大的规模上进行的再生产，即生产出来的新产品，除能补偿生产过程中所消耗掉的物质资料外，还有剩余的物质资料，可以用于追加的生产要素，从而使生产规模在扩大的基础上进行。任何一个社会，要想取得发展，都必须采用扩大再生产的方法。但生产无论怎么样扩大，总是以原有规模为基础和出发点，只有完成简单再生产，才能进行扩大再生产。

资本主义生产的特征是扩大再生产，而不是简单再生产。但是，简单再生产是扩大再生产的基础和出发点，是扩大再生产的重要组成部分。因此，对于资本主义再生产的分析，要从简单再生产开始。

（二）资本主义简单再生产

资本主义简单再生产，是指资本家把剩余价值全部用于个人消费，再生产只是在原有规模上重复进行。通过对资本主义简单再生产的考察，可以发现孤立地分析资本主义生产过程所看不到的特征，从而揭示出资本主义剥削关系的实质。

（1）可变资本和剩余价值是工人用自已的劳动创造的。

（2）不变资本也是工人创造。

（3）劳动力的再生产从属于资本。

以上特点告诉我们，在资本主义简单再生产中，不仅再生产出新的物质资料，而且再生产出资本主义的生产关系。一方面不断再生产出资本家，另一方面又不断再生产出雇佣劳动者。任何社会再生产，不论是简单再生产还是扩大再生产，就其内容来说，既是物质资料的再生产，又是生产关系的再生产。一方面，再生产必须生产出一定的生产资料和生活资料，用来补偿或增加已经消耗的物质资料；另一方面，任何生产又都具有一定的社会形式，都是在一定的生产关系下进行的，随着生产的不断更新和重复，这种关系也不断地被再生产出来。正如马克思所说："把资本主义生产过程联系起来考察，或作为再生产过程来考察，它不仅生产商品，不仅生产剩余价值，而且还生产和再生产资本关系本身；一方面是资本家，另一方面是雇佣工人。"（《马克思恩格斯全集》第23卷，第634页，北京，人民出版社，1972）

所以，资本主义再生产是物质资料再生产和资本主义生产关系再生产的统一。

二、资本主义扩大再生产与资本积累

（一）扩大再生产的类型

虽然所有的生产都是从简单再生产开始的，但扩大再生产往往成为所有生产过程的主要特征。一般说来，扩大再生产可分为两种类型，即外延式的扩大再生产和内涵式的扩大再生产。外延式的扩大再生产是通过增加生产要素的数量而实现的扩大再生产，如皮鞋生产商。如果在生产技术、工艺水平、生产流程都不变的情况下，仅仅是靠增加工具、设备、劳动力等生产要素而形成的扩大再生产，就是外延式的扩大再生产。内涵式的扩大再生产，是通过提高生产要素的使用效率而实现的扩大再生产，即在厂房、机器设备和劳动力等生产要素数量不增加的情况下，通过技术进步、加强管理、提高生产要素的质量等方法，使生产规模不断扩大的再生产。

在现实生活中，外延式的扩大再生产同内涵式的扩大再生产往往是结合在一起的，很难把它们两者完全独立开来。比如采用外延式扩大再生产时，随着进行新的投资而增加机器、设备等生产要素的数量和规模时，往往伴随着生产要素质量的提高；在采用内涵式扩大再生产而进行技术改进或更新机器设备时，同样需要增加新的投资，并或多或少伴随着数量规模的扩大。但需要明确的是，随着社会生产力水平的发展和科学技术的进步，随着可持续发展战略被越来越多的国家所采用，内涵式的扩大再生产在整个社会再生产中所占的比重将越来越大，并将会成为扩大再生产的主要方式。

（二）资本积累是扩大再生产的前提

1．资本积累

资本的本质在于追求更多的剩余价值，然而，在一定的条件和时期内，剩余价值率是相对固定的。那么，怎样才能不断获得更多的剩余价值呢？资本所有者发现，如果不把生产过程中获得的剩余价值全部消费掉，而把其中的一部分重新作为资本使用，这样，资本总额增加了，就会生产出更多的最终产品，从而获得更多的剩余价值。所以，资本所有者把一部分剩余价值转化为资本，使生产在扩大的规模上重复进行，就是资本主义的扩大再生产。

例如，某资本所有者投入了10000元进行生产，其中不变资本8000元，可变资本2000元，不变资本与可变资本的比例为8:2，假定剩余价值率为100%。那么，第一个生产过程结束后，资本所有者获得了 2000 元的剩余价值。如果资本所有者只把他获得的剩余价值的一半用于消费，而把另一半转化为资本，投入到第二个生产过程，那么，他的资本总额就成为11000元。仍按8:2的比例算，不变资本就成为8800元，可变资本为2200元，如果剩余价值率保持不变，那么，在第二个生产过程结束后，资本所有者会获得 2200 元剩余价值。与第一个生产过程相比，他多得了200元的剩余价值。之后，资本所有者将会不遗余力地按照这个法则坚持下去。因此，资本总额会不断地扩大，生产的规模也会不断扩大，剩余价值也将会随之不断增加。

资本不仅带来了剩余价值，剩余价值也在产生更多的资本，而资本所有者的资本总额之所以能不断增加，根本点是他把剩余价值的一部分重新转化为资本的结果。马克思把这种剩余价值的资本化叫做资本积累。

可见，资本积累过程就是资本扩大再生产的过程。剩余价值、资本积累和资本扩大再生产三者之间的关系是：资本积累的源泉是剩余价值，而资本积累本身又是资本扩大再生产的源泉。

2．资本积累的原因

资本所有者进行资本积累并不是因为他有勤俭节约的美德，而是由以下原因造成的：①由资本追求剩余价值的本质决定的。这是剩余价值规律作用的必然结果，因为资本要在不断的运动中实现价值增殖。为了实现更大的价值增殖，获得更多的剩余价值，资本所有者就必须不断扩大他的资本额，进行资本积累。②由市场经济的竞争规律决定的。市场经济是竞争性极强的经济，任何一个企业、一个资本所有者，如果不能在规模、技术、生产率等各方面获得发展，不但不能获得剩余价值，而且可能亏损，甚至破产、倒闭，直至被市场淘汰。内在的动力和外在的压力，迫使资本所有者不断地积累，不断扩大再生产，这就是资本积累的真正动因。

3．决定资本积累数量的因素

由于资本积累以剩余价值为源泉，而其自身又是资本扩大再生产的源泉，所以，研究资本积累不仅要揭示其实质，还要分析它的量以及有哪些因素决定着资本积累的数量。

总体上来看，决定资本积累数量的因素可分为两个方面。一方面，在剩余价值量已定的情况下，积累的数量取决于剩余价值分割为积累和资本所有者个人消费的比例。用于个人消费部分越大，积累量就越小；反之，则越大。我们往往把积累和消费的比例称为积累率。假如有 100 万剩余价值，对半分割，积累率就是 50%，积累量是 50 万。如果 1:3 分割，积累率就是 25%，积累量只有 25 万。另一方面，在积累率已定的情况下，资本积累的数量就取决于剩余价值的绝对量。因此，凡是决定剩余价值大小的因素，同样也会决定资本积累的数量。就生产过程本身来说，主要表现为以下因素。

（1）剩余价值率。在其他条件相同的情况下，剩余价值率越高，剩余价值量就越大，资本积累的数量也就越多。

（2）社会劳动生产率的水平。社会劳动生产率水平越高，资本所带来的剩余价值量也就越大，从而积累量也会越大。比如，劳动生产率提高，可以降低劳动力价值，从而提高剩余价值率；劳动生产率提高，可以降低生产资料和生活资料的价值，使同量货币资本可以购买更多的生产要素，实际上扩大了资本积累量；劳动生产率的提高还会使原有资本在更新换代时，被效率更高、价格更低的生产资料所代替，这也会增加剩余价值量，从而增加积累量。

（3）所用资本与所费资本的差距。所用资本是指在生产过程中全部投入使用并发挥作用的资本。所费资本是指在生产过程中实际耗费掉的资本。在资本总额中，用于购买厂房、机器设备等的资本，虽然在生产中全部被使用，但只会是逐渐地、部分地被消耗着，因此它们的价值也只是一部分一部分地被转移到新产品中去。这样所用资本和所费资本之间就会出现一个差额。差额越大，说明不变资本中用于购买厂房、机器设备等的资本被消耗和转移的越少，因此，当产量不变时，同量产品中所包含的所费资本就越少，单位产品的个别价值就越低。这对个别资本所有者来说，可以获得超额剩余价值，对整个社会来说，可以获得相对剩余价值。

（4）预付资本的大小。在剩余价值率和不变资本与可变资本的比例保持不变的情况下，预付资本越多，可变资本也就相应的越多，剩余价值也就越多，从而也就越有可能增加资本的积累量。

由此可以看出，一切增加剩余价值的方法，都会增加资本的积累量，而资本积累数量的大幅度增加，反过来又将带来更多的剩余价值。如此不断反复，使资本所有者的财富越积越多，最终造成全社会财富分配的两极分化。

三、资本积聚和资本集中

在资本积累过程中，个别资本的增大是通过资本积聚和资本集中两种形式来实现的。

所谓资本积聚，是个别资本依靠自己的积累，即通过剩余价值的资本化来增大自己的资本总额。这种资本积聚是资本积累的直接结果，是靠资本所有者的剩余价值资本化，像“滚雪球”一样滚起来的。

资本积聚可以增加社会资本的总量，但对于个别资本总额的增大，则受到原有资本量和剩余价值量的限制，增大的速度比较缓慢。尤其是以下因素，更是限制了资本的积聚。①受社会财富增长程度的限制。它的增长要以社会财富总量的增长为前提，没有社会财富的增加，资本积聚就不可能。②受社会资本分散程度的限制。由于社会资本是由许多单个资本组成的，所以，单个资本的个数越分散，单个资本的总额就越小，在生产过程中获得的剩余价值及剩余价值向资本的转化也就越少，因此积聚的速度也就越慢。所以，当要进行数量非常巨大的投资，如修筑铁路、港口以及太空开发时，仅仅依靠资本的积聚来取得所需资本，就显得速度太慢、时间太长。

所谓资本集中，是指把许多已存在的规模较小的资本合并成为一个较大的资本。如果把资本积聚说成是“滚雪球”的话，那么，资本集中就可以说成是“堆雪人”。在市场经济条件下，“雪人”往往是靠两个渠道“堆”起来的：一靠吞并，二靠联合，如组建股份公司。无论哪种方式，都是借助竞争和信用两个杠杆实现的。竞争使许多技术落后、产品成本较高的中小资本亏本，甚至破产倒闭，而那些技术先进、管理有方的大资本则可以乘机吞并这些中小资本，从而壮大自己。同时，大资本所有者还可能凭借自己良好的信用来联合那些中小资本，组建股份公司，从而扩大资本的控制范围。

资本集中不能增加社会资本的总量，所改变的不过是原有资本的重新分配或组合。但这种方法可以不受个别资本量和剩余价值量的限制，在很短时间内，集中巨额资本，建立起现代大生产。马克思曾风趣地说过：“假如必须等待积累去使某些单个资本增长到能够修建铁路的程度，那末恐怕直到今天世界上还没有铁路。但是，集中通过股份公司转瞬之间就把这件事完成了。”（《资本论》第1卷，第688页）

现实生活中，资本积聚和资本集中两种方法，一方面是相互联系、相互促进，共同发展的。第一，积聚为集中创造条件。积聚的越多，越有能力吞并弱者。第二，集中也必然加速积聚。因为规模越大，越有条件改进技术，提高生产率，从而获得更多的剩余价值，必然加大了积聚。另一方面也存在着很大区别。资本集中可以不受社会财富增长的限制而使个别资本迅速增大，但却不能增加社会资本的数量。资本积聚虽然要受到社会财富增长程度和社会资本分散程度的限制，但却可以增加社会资本的总量。

四、资本的有机构成

（一）资本的价值构成和技术构成

资本的构成可以从两方面看：从物质形态看，资本是由一定数量的生产资料和劳动力构成的，它们之间有一定的比例，这种比例是由当时的生产技术水平决定的。一般来说，技术水平越高，每个劳动力使用的生产资料就越多；反之，则越少。因此，由技术水平决定的生产资料和劳动力之间的比例，叫做资本的技术构成。从价值形态看，资本又是由一定数量的不变资本和可变资本构成的，它们之间也有一定的比例。这种不变资本价值和可变资本价值的比例，叫做资本的价值构成。

两种构成之间的关系十分密切。一般来说，资本的价值构成是由技术构成决定的，因为价值构成反映的就是生产资料和劳动力之间的价值之比，如果技术构成变化了，价值构成也会随之发生变化。

（二）资本的有机构成

由资本技术构成决定并反映资本技术构成变化的资本价值构成，叫做资本的有机构成。通常用 $c:v$ 表示。可能有人会问，资本的有机构成和价值构成不是一回事吗？严格来说，不是一回事。因为不反映技术构成变化的价值构成也是存在的。例如，生产资料和劳动力的比例没有变，但是由于生产资料价格的上涨，也会引起 c 和 v 的比例发生变化。这种价值构成的变化不是由技术构成变化引起的，也不反映技术构成变化，因此不能称为有机构成。所以，有机构成和价值构成并不能简单等同。

随着劳动生产率的提高，社会生产各部门资本有机构成存在着不断提高的趋势，即不变资本的比例越来越大，可变资本的比例越来越小。资本有机构成的不断提高，一方面是生产力不断发展，导致技术的不断提高，从而使劳动者的劳动力大幅度提高的结果，另一方面，也是资本所有者追逐超额剩余价值的必然结果。资本所有者为了获得更多的剩余价值，尤其是为了取得超额剩余价值，总是想尽一切方法降低劳动力的价值，也就是降低 v 在整个资本中的比重，因而也就必然提高了 c 与 v 的比例。

资本有机构成的提高对劳动者产生了很大的影响。首先，如果资本总额不变，有机构成提高很可能造成大量劳动者失业。因为有机构成的提高会使用于购买劳动力的可变资本大为减少，必然造成对劳动力需求的减少，从而使劳动者失业成为可能。其次，资本有机构成提高后，由于技术进步，会使原来的劳动力在知识、技能方面不能适应变化了的技术发展的要求，如果不能得到培训和提高，也将会被新技术淘汰而失业。

在资本有机构成不断提高的情况下，资本积累对劳动者的命运必然产生影响，形成相对过剩人口。那么，什么是相对过剩人口？

所谓相对过剩人口，就是相对于资本的需要表现为过剩的劳动人口。相对过剩人口是社会生产力发展到一定阶段，伴随着资本积累过程产生的一种经济现象。在社会生产力比较低的发展阶段，一方面市场竞争使新技术、新设备不断涌现，推动社会生产力的不断发展，从而使得资本有机构成不断提高，对劳动力的需求减少。另一方面，在一定时期内，劳动力往往保持相对不变的供给，或者是不断地增加，这就和相对缩小的劳动力需求发生了矛盾，从而出现了相对过剩人口。

相对过剩人口有三种形式：①流动的过剩人口，是指那些暂时找不到工作或暂时从生产过程中被分流出来的失业人口，他们有时被吸收到生产过程中去，有时又走进失业者队伍；②潜在的过剩人口，是指那些在农村中多少还有一小块土地，靠经营土地和打短工维持生活的人口，他们表面上好像没有失业，实际上他们在农业生产上是多余的人；③停滞的过剩人口，是指那些没有固定职业，依靠干杂活维持生计的人口。

要想在资本有机构成提高的同时解决相对过剩人口问题，即就业问题，其基本途径是增加社会资本。如果社会资本的增加程度大于可变资本相对减少的程度，即使可变资本的相对量减少，绝对量也会增加，从而也就加大了对劳动力的需求量，即增加就业机会。

课外阅读

恐怖的下午4点钟

下午4点，辛苦工作了一天，到了快要下班的时间，本应该是非常愉快的，但在日本的一些商务楼中，不管是高级职员还是一般职员，对他们来说可能是一个恐怖的时段。这时候，他们的上司可能会拿着一叠文件，来到职员的面前，告诉他（她）明天上午9点到他办公室向他汇报工作。看看处理文件的工作量，至少要再干3到4小时，但现在离下班时间只有1小时了，上司并没有说要加班。如果准时下班，工作肯定完不成，要是明天上午9点在上司面前无话可说，结果可能是：办公桌换到靠窗的位置，用上最好的办公设备，但没有什么工作可做，可以看看风景，打打电话，走了也没人干涉。当然，实际上到了这时可能是最忙的时候，因为一个月内必须找到一个新的工作岗位。否则，在全室同事众目睽睽之下，整天无所事事，脸面何在。想到这里，还是继续工作吧，这一干，就到了晚上9点。

在日本，乃至整个西方世界，这样的事件在一天天地上演。

问题：马克思的剩余价值理论对理解当代资本主义有何现实意义？

复习思考题

一、单项选择题

1. 货币转化为资本的关键在于（　　）

A. 货币的积累　　B. 劳动力成为商品

C. 财产所有权　　D. 贷放

2. 资本主义生产过程的本质特征是（　　）

A. 劳动在资本家的监督下进行　　B. 生产的目的是获得剩余价值

C. 使用价值的生产过程和价值形成过程的统一

D. 使用价值的生产过程、价值形成和价值增值过程的统一

3. 资本主义工资的本质是（　　）

A. 雇佣工人全部劳动的报酬　　B. 雇佣工人劳动力的价值或价格

C. 雇佣工人剩余劳动的报酬　　D. 雇佣工人劳动的价值或价格

4. 资本积聚和资本集中是（　　）

A. 资本积累的两种形式　　B. 提高剥削程度的两种方法

C. 社会资本增大的两个杠杆　　D. 个别资本增大的两种途径

5. 超额剩余价值是（　　）

A. 商品的社会价值低于商品价值的差额　B. 商品的社会价值高于商品价值的差额

C. 商品的个别价值低于社会价值的差额　D. 商品的个别价值高于社会价值的差额

二、多项选择题

1. 下列关于资本的划分正确的是（　　）

A. 按资本各部分在价值增殖过程中不同的作用，资本分为不变资本和可变资本

B. 按资本各部分价值周转方式不同，资本分为固定资本和流动资本

C. 按资本在生产过程中的不同作用分为产业资本、商业资本、借贷资本

D. 按资本在流通过程的不同作用，资本分为生产资本、商品资本、货币资本

E．按资本在循环过程中的不同职能形式，资本分为货币资本、生产资本、商品资本

2. 资本有机构成提高的直接后果是（　　）

A．单个资本增大　　B．土地价格有上升趋势

C．对劳动力的需求相对减少　　D．生产资料生产的优先增长

E．平均利润率的下降

3. 货币转化为资本的整个过程（　　）

A．是在流通领域中进行的　　B．不在流通领域进行

C．既在流通领域进行，又不在流通领域进行

D．以流通为媒介，在生产领域中实现价值增殖

E．在生产过程中生产剩余价值，在流通过程中实现剩余价值

4. 构成劳动力商品价值的内容是（　　）

A．劳动者在生产过程中新创造的价值

B．劳动者维持自身生存所必需的生活资料的价值

C．劳动者繁衍后代所必需的生活资料的价值

D．劳动者接受教育和训练所支出的费用

E．劳动者社会交往所需要的费用

5. 超额剩余价值和相对剩余价值的关系是（　　）

A．生产方法基本上相同

B．前者是个别企业提高劳动生产率的结果，后者是整个社会提高劳动生产率的结果

C．前者归个别资本家占有，后者归整个资本家阶级占有

D．前者是个别资本家提高劳动生产率的动机，后者是整个资本家追求前者的结果

E．其源泉都是雇佣工人的剩余价值

6. 在资本主义制度下，社会劳动生产率的提高会导致（　　）

A．生产资料价值下降　　B．劳动力的价值下降

C．必要劳动时间缩短　　D．剩余劳动时间延长

E．产生相对剩余价值

三、简答题

1. 为什么说劳动力成为商品是货币转化为资本的前提？
2. 划分不变资本和可变资本的依据和意义何在？
3. 相对剩余价值是怎样产生的？
4. 资本积累的客观必然性和影响资本积累规模的主要因素。
5. 简述资本积聚和资本集中的关系。

第三章 剩余价值的分配形式

教学目标

本章考察资本主义生产总过程中剩余价值所采取的各种具体形式，理解剩余价值怎样转化为利润；剩余价值率怎样转化为利润率，利润怎样转化为平均利润；认识商业资本的本质和商业利润的来源；了解借贷资本的本质及利息；掌握资本主义地租的本质。

重点与难点

平均利润与生产价格；商业利润；利息；股息；地租

2009 年年底，私营企业宏昌建筑工程公司吴老板在公司年终总结大会上慷慨陈词：公司今年形势大好，虽然规模不大，投入不多，但年终利润却超过了 200 万，这是我们共同努力的结果；为此我宣布，除了工资，再给各位发 600 到 1000 元不等的奖金，会后敬请全体员工共进晚餐！

一片掌声过后，工人小张兴奋地跟材料员小李说，我们真遇上了好老板啊！小李是高中毕业，学过一些经济学常识。他悄声对小张说：我们的几百元奖金和 200 万相比，不过是九牛一毛，大家辛苦一年创造的剩余价值都被老板拿去了！小张迷惑地说，什么是剩余价值啊？我只知道老板投资图的是利润，我们打工求的是工资。小李说，老板说的利润实际就是剩余价值。

那么，利润和剩余价值有何不同？

第一节　平均利润和生产价格

在资本主义制度下，雇佣劳动者仅得到相当于劳动力价值的工资，他们劳动所创造的全部剩余价值被分割为利润、利息和地租，分别被产业资本家、商业资本家、借贷资本家和土地所有者占有。本章通过阐述平均利润率的形成，揭示剩余价值在不同资本家集团之间的分配及其规律。

一、剩余价值转化为利润

（一）成本价格

每个资本主义商品的价值，都由 $c+v+m$ 三部分构成，其中，$c+v$ 部分是用来补偿资本家生产商品时所耗费的不变资本和可变资本价值。对资本家来说，这部分价值成为商品的生产成本即成本价格。资本主义商品的成本价格就是生产商品时所费不变资本和可变资本之和，它是所费资本补偿价值的转化形式。用 K 表示成本价格，商品价值构成就由 $c+v+m$ 转化为 $K+m$。

资本主义商品的成本价格与实际生产商品的成本价格是质上不同量上不等的两个范畴。商品的实际成本价格是以生产商品的实际劳动耗费计量的，它等于商品的全部价值。而资本家生产商品耗费的只是资本，剩余价值没有耗费资本家分文，资本家计量的只是资本耗费，而不是全部劳动耗费，资本主义商品的成本价格只是商品价值的一部分。

成本价格范畴对资本家的经营活动具有重要意义。①它的补偿是实现资本主义再生产的保证。只有通过商品销售，收回成本价格，才能再购买生产商品所需的各种要素，再生产才能继续进行。②它是商品出售价格的最低界限，是资本家生产经营盈亏的分界线。因为商品出售价格低于成本价格，资本家就会亏本。③它的高低是资本家竞争胜败的关键。降低成本价格是资本家打败竞争对手的有力法宝。成本价格和商品价值之间的差额，是资本家利用销售价格进行竞争的空间。成本价格越低，二者差额越大，价格弹性越大，资本家的竞争能力越强。

成本价格范畴掩盖了资本主义剥削关系。①它掩盖了不变资本和可变资本的区别，它们在价值增殖过程中的不同作用被完全抹杀了，掩盖了剩余价值的真正来源。②它造成了剩余价值来自于流通的假象。由于资本家把补偿资本耗费的成本价格看成商品的内在价值，而把剩余价值看成商品出售价格高于价值的余额，造成了剩余价值来自流通的假象，资本的价值增殖就进一步被歪曲、神秘化了。

（二）剩余价值转化为利润

我们知道剩余价值只是可变资本的增加额，但是由于商品价值的 $c+v$ 部分转化为成本价格，剩余价值便表现为成本价格之上的增加额，从而成为所费资本的一个增加额。不仅如此，对资本家来说，剩余价值还表现为全部所用资本即全部预付资本的增加额。虽然只有所费资本加入成本价格，但全部预付资本作为生产的物质条件都参加了商品的生产过程，因此在资本家看来，剩余价值就是由全部所用资本产生的。当人们把剩余价值看做是全部预付资本价值的增加额时，剩余价值就转化为利润。

利润（p）就是在观念上把剩余价值作为全部预付资本的产物，它是剩余价值的转化形式。当剩余价值转化为利润后，商品价值就由 $K+m$ 进一步转化为 $K+p$。虽然剩余价值到利润的转化只是观念上的产物，但这种观念不是主观自生的，而是客观存在的反映，剩余价值转化为利润，是由资本主义生产的性质决定的。由于成本价格抹煞了不变资本和可变资本的区别，从而掩盖了剩余价值与可变资本的关系，剩余价值就自然而然地成为全部预付资本的产物。劳动力价值采取了工资形式，似乎工人的全部劳动都得到了报酬，剩余价值就与工人的剩余劳动无关，而是由全部预付资本产生的了。

利润和剩余价值本来是同一个概念，二者量上相等。剩余价值作为可变资本的增加额，反映资本对雇佣劳动的剥削关系，但这是只有通过科学分析才能认识的事物的本质；利润作为预付总资本的产物，歪曲了剩余价值的真正来源，掩盖了资本主义剥削关系并使之神秘化。

（三）剩余价值率转化为利润率

剩余价值转化为利润，从而剩余价值率就转化为利润率。所谓利润率就是剩余价值与预付总资本的比率，它体现着预付总资本的增值程度。如果以p'代表利润率，以C代表预付总资本，则利润率用公式表示就是：$p'=m/C$。可见，利润率与剩余价值率只是同一剩余价值量用不同方法以不同标准计算出的不同比率。

利润率和剩余价值率是有区别的。①二者表示的经济关系不同。剩余价值率表示资本家对雇佣工人的剥削程度；利润率表示预付总资本自身的价值增殖程度。②二者量上不等。利润率总是小于剩余价值率，因为可变资本总是预付总资本的一部分。③剩余价值率揭示资本主义剥削关系；利润率歪曲资本家对雇佣工人的剥削程度，掩盖资本主义剥削关系，似乎资本自身就能自行增殖。④二者变动趋势不同。剩余价值率具有提高趋势，一般利润率具有下降趋势。

（四）影响利润率的主要因素

影响利润率的因素很多，具体地说主要包括以下方面。

1. 剩余价值率

在其他条件相同情况下，利润率高低取决于剩余价值的多少，而后者的多少又取决于剩余价值率的高低，剩余价值率高则利润率就高；反之，则相反。

2. 资本有机构成

在可变资本量和剩余价值率一定的条件下，利润率与部门资本有机构成的高低呈反方向变化。部门资本有机构成提高，利润率就降低；反之，则结果相反。相同条件下，利润率与个别企业的资本有机构成呈同方向变化。因为只有技术先进、劳动生产率高的企业，资本有机构成才高于一般企业，其工人的劳动在同一时间可以创造更多的价值，从而创造出超额剩余价值，其利润率就高。

3. 资本周转速度

在剩余价值率和资本有机构成不变时，年利润率与资本周转速度的快慢成正比。因为资本周转速度越快，一年中实际发挥作用的可变资本就越多，年剩余价值量就越多，从而年利润率也就越高；反之，则相反。

4. 不变资本的节约

不变资本节约本身并不会产生剩余价值，但生产同量的剩余价值只需要较少的资本，从而可以提高利润率。同时，在其他条件不变的情况下，利润率与生产资料价格呈反方向变化。生产资料价格越低，预付不变资本就越少，利润率也就越高；反之，则相反。

二、利润转化为平均利润

（一）部门内部的竞争形成社会价值

部门内部的竞争，是指同一部门生产同种商品的各个资本主义企业之间，为了获得超额利润而展开的竞争。

部门内部的竞争表现在：在生产领域展开新技术、节约消耗、降低成本、提高质量、产品升级换代等竞争；在流通领域展开为争夺销售市场和取得优质低价的原材料而进行的竞争。竞争的结果，必然使生产同种商品的不同个别价值，均衡为统一的市场价值，即社会价值，使不同部门有不同的利润率，成为部门之间竞争的根源。

（二）部门之间的竞争形成平均利润率

在影响部门利润率的主要因素中，剩余价值率有趋于一致的趋势，而资本周转速度则主要取决于资本有机构成的差别，因此，部门资本有机构成的差别是引起不同部门利润率差别的最主要因素。资本有机构成高的部门，利润率低；资本有机构成低的部门，利润率高；具有社会平均资本有机构成的部门，利润率居于中等水平。

既然利润率是同预付总资本相联系的，那么，只要预付总资本量相等，不论资本投入有机构成多么不同的生产部门，资本都要求取得相同的利润率。等量资本要求等量利润，这是由资本的本性决定的。

部门间竞争是资本围绕着争夺有利投资场所而展开的。部门间竞争的形式或手段是资本在部门间的转移。所谓资本的转移，既包括原有社会资本在各部门之间的流出流入，也包括新资本投入方向和规模的调整。

平均利润率的形成，是部门之间竞争的结果。通过资本在不同部门间的转移，导致各部门利润率平均化。这是因为利润率高的部门，由于资本流入，资本数量增加，生产规模扩大，商品供给量增加，从而导致供过于求，商品价格下降，于是资本利润率降低；原来利润率低的部门，由于相反的原因，资本利润率提高。这样，又会引起资本向相反方向的转移。资本在不同部门之间的转移，一直要持续到各产业部门利润率趋于平衡，从而形成平均利润率。可见，平均利润率就是按社会总资本平均计算的利润率，它是社会剩余价值总额与社会总资本的比率。用公式表示为：平均利润率=剩余价值总额/社会总资本。

平均利润率形成之后，各部门所得到的利润量就不再和本部门直接获取的剩余价值量相一致。原来利润率高的部门的利润量少于自身的剩余价值量，原来利润率低的部门的利润量多于自身的剩余价值量。但是，利润率高的部门少得的，恰恰是利润率低的部门多得的。从整个社会看，不过是剩余价值在不同部门之间再分配的过程。可见，平均利润率的形成过程，就是不同部门的资本家通过竞争重新瓜分剩余价值，从而使等量资本获取等量利润的过程。这一过程如下所示。

生产部门	不变资本	可变资本	剩余价值	商品价值	平均利润率（%）	平均利润	平均利润与剩余价值差额
食品工业	70	30	30	130	20	20	−10
纺织工业	80	20	20	120	20	20	0
机械工业	90	10	10	110	20	20	+10
合　计	240	60	60	360	—	60	0

从中可以看出，机械工业部门所多得的利润，正是食品工业部门所失去的利润。从所有的部门看，利润量既没有增加，也没有减少，利润总额与剩余价值总额相等。这表明平均利润的形成过程，是各个部门的资本家通过竞争重新瓜分剩余价值的过程。

平均利润率是各部门特殊利润率的加权平均数。在平均利润率的形成过程中，主要有两个因素决定平均利润率的水平。①各部门的特殊利润率。它们的水平高，平均利润率水平就高；反之，则相反。②各部门资本在社会总资本中所占的比重。利润率高的部门的资本在社会总资本中所占比重越大，平均利润率水平就越高；反之，则相反。

随着平均利润率的形成，利润转化为平均利润。所谓平均利润，就是预付资本按照平均利润率计算所获得的利润，其公式为：平均利润=预付资本×平均利润率。平均利润进一步掩盖了资本主义经济关系的实质。在剩余价值转化为利润时，剩余价值由可变资本的产物，变成了预付总资本的产物，剩余价值的真实来源被掩盖了，从而使资本主义产生关系神秘化了，但每个部门的利润量与剩余价值量还没有差别。然而随着利润到平均利润的转化，各部门的利润量不再与本部门的剩余价值量相一致，而是与本部门的总资本量成比例，等量资本获得等量利润。于是，平均利润不仅质上而且量上都与剩余价值不同了，都表现为全部预付资本的产物。利润的本质和来源完全被掩盖，同劳动的联系完全被割断，资本主义经济关系进一步神秘化了。

三、商品价值转化为生产价格

随着平均利润率的形成，在利润转化为平均利润的同时，价值便转化为生产价格。平均利润和生产价格是平均利润率形成同一过程的二重结果，二者的形成均以平均利润率的形成为前提，平均利润的形成又是生产价格形成的前提。所谓生产价格，就是商品的成本价格和平均利润之和，它是商品价值的转化形式。生产价格的形成过程如下。

生产部门	不变资本	可变资本	剩余价值	商品价值	平均利润率（%）	平均利润	商品生产价格	生产价格与价值的差额
食品工业	70	30	30	130	20	20	120	−10
纺织工业	80	20	20	120	20	20	120	0
机械工业	90	10	10	110	20	20	120	+10
合　计	240	60	60	360	—	60	360	0

生产价格与价值存在着差别。从质上看，生产价格只同资本相联系，而不像价值那样只同劳动相联系。生产价格范畴只是包含着预付资本与平均利润的关系，平均利润只同预付资本成比例。从量上看，二者经常不一致。资本有机构成高的部门，生产价格高于其价值，反之，生产价格低于其价值；有机构成相当于社会平均资本有机构成的部门，商品生产价格大体上等于价值。

价值转化为生产价格，是与商品经济发展的历史过程相一致的。从历史上看，在资本主义初期的简单协作和工场手工业阶段，资本主义生产和统一市场还不发达，竞争尚未充分展开，因此形成平均利润率和生产价格的条件还不具备，商品仍然按照价值出售。只有到了机器大工业阶段，资本主义生产的物质技术基础发生根本变革，成为以机器体系为基础的社会化大生产，信用关系广泛深入发展，人为的和自然的垄断被冲破，竞争充分展开，资本能够自由转移，劳动力可以自由流动，平均利润率才形成，从而利润转化为平均利润，价值转化为生产价格。

生产价格形成后，商品不再按价值出售，而按生产价格出售，因此，价值规律通过生产价格规律发生作用。所谓生产价格规律，就是市场价格以社会生产价格为基础，围绕社会生产价格这个中心上下波动的客观必然性，它是自由竞争阶段价值规律的转化形式。

马克思的生产价格理论不仅不和劳动价值论相矛盾，而且是以劳动价值论为基础的。生产价格和价值的背离以及商品按照生产价格而不是按照价值出售，并没有否定价值规律，原因有三点。①从各个生产部门看，资本家获得的平均利润，可以高于或低于本部门工人创造的剩余价值，但从全社会看，整个资产阶级获得的平均利润总额仍然等于整个无产阶级所创造的剩余价值总额。②由于全社会的平均利润总额等于剩余价值总额，商品的价值总额也必然和生产价格总额相等。因此，从整个社会来看，商品按照生产价格出售，实际上仍然是按照价值出售。③生产价格的变动归根到底取决于价值的变动，即取决于生产商品的社会必要劳动时间的变化。

马克思的平均利润和生产价格学说具有重大的理论意义和实践意义。首先，它阐明了利润转化为平均利润和价值转化为生产价格的客观必然性，解决了价值规律与等量资本获得等量利润的表面矛盾，进一步论证和发展了劳动价值论。其次，它表明工人不仅受本企业资本家的剥削，而且受整个资本家阶级的剥削。资本家与工人之间的对立是两大阶级之间整体根本利益的对立，资产阶级内部各剥削阶级集团之间，尽管在瓜分剩余价值上存在矛盾和激烈竞争，但在剥削无产阶级这个根本问题上，他们的利益完全一致。因此，无产阶级要摆脱资产阶级的剥削和压迫，必须团结起来，去消灭资本主义制度。

第二节　商业资本

资本主义商业资本是一种重要的职能资本形式。它作为职能资本，在社会资本再生产过程中执行着特殊的职能，从而参与社会资本利润率的平均化过程。

一、商业资本的形成与职能

商业资本是在流通领域中独立发挥作用的职能资本。它是随着生产力的发展和资本分工的需要，从产业资本的商品资本职能中分离出来的独立化职能资本形式。

资本主义发展初期，由于生产规模不大，市场范围较小，产业资本家既从事商品生产，又从事商品销售。但是，随着资本主义的持续发展，生产规模不断扩大，商品销售量日益增多，市场日益扩展。这时，如果产业资本家继续自营商品销售，就必须增加大量流通费用，减少生产资本，缩小生产规模，延长流通时间，从而减慢资本周转速度，最终导致产业资本利润率降低。因此，产业资本家为了自身经济利益，有必要把商品销售职能让给专门从事商品买卖的商业资本家。这样，商品资本的职能就从产业资本中逐渐分离出来，成为商业资本执行的专门职能，形成了商业资本。商业资本就是从产业资本中分离出来的、在流通领域中专门从事商品买卖的独立的职能资本形式。

产业资本的商品资本职能独立化为商业资本不仅有必要，也具有客观可能性。首先，在产业资本循环过程中，货币资本、生产资本和商品资本执行着各不相同的职能。这种各不相同的职能的独立性，为产业资本和商业资本之间进行分工提供了可能。其次，在产业资本连续不断的循环运动中，无论单个资本还是社会资本，总要有一部分以商品资本形式作为流通资本独立处于市场上，完成从商品资本到货币资本的形态变化过程。正是商品资本形式经常独立存在的这种客观必然性，为商品资本的职能从产业资本运动中分离出来，独立化为商业资本提供了可能。

商业资本形成的标志有两个：①产业资本家和专门从事商品流通的商人之间形成明确的分工，商人的专门业务就是从事商品买卖，产业资本家不再兼任；②商人必须有自己的独立投资，他们必须用自己的资本去购买产业资本家的商品，并通过销售，使资本发生价值增殖。

商品资本的职能独立化为商业资本的职能，对于产业资本的经营和发展有着重要作用。

第一，有利于产业资本家提高利润率。商业资本家专门从事商品销售，可以使产业资本家集中力量从事商品生产，改善经营管理，降低成本，提高劳动生产率，从而提高利润率。

第二，有利于节省整个社会的流通资本，增加生产资本。商业资本专门经营商品资本，可以减少社会流通资本量，有利于增加社会生产资本，增加利润总量。

第三，可以加速产业资本周转，提高年利润率。商业资本可以加快产业资本的商品资本到货币资本的转化，加速产业资本的周转，从而提高年利润率。

第四，可加快商品流转，缩短流通时间。商业资本家专营商品销售，熟悉市场行情和商品流通渠道，因而可加快商品流转，缩短流通时间。

商业资本也有不利于资本主义经济发展的消极作用。资本主义经济的无政府状态，会导致商业资本超过社会必要的量，不仅会造成社会资本的浪费，而且会导致社会资本周转速度和平均利润率的降低。同时，商品只要转到商业资本家手中，就会造成产业资本循环已最终完成的假象，从而在产业资本家那里造成虚假的社会需求，促使他们更加盲目扩大生产，加剧生产和消费的矛盾。当矛盾造成资本主义再生产严重比例失调时，就会引起经济危机爆发。

二、商业利润的来源和本质

商业资本是在流通领域里进行活动的。商品买卖活动中所花费的时间不创造价值，不会在所买卖的商品上增加新的价值。那么，商业资本所获得的商业利润，又是从哪里来的呢？

商业资本家向产业资本家购买商品时，产业资本家按照低于生产价格的价格出售商品，把剩余价值的一部分让渡给商业资本家。产业资本家让渡给商业资本家的这部分剩余价值，才是商业利润的真正来源。下面举例说明商业资本是怎样取得平均利润的。

假定在一年内整个社会产业资本是 900，资本有机构成是 $720c+180v$，剩余价值率为 100%；$720c$ 中的固定资本价值在一年内全部转移到新产品中去，年终时社会总产品的价值为 $720c+180v+180m=1080$。再假定，社会总产品全部由商业资本销售，商业资本总额为 100。也就是说，商业资本经过$\frac{1018}{100}$，即 10.8 次周转，把价值为 1080 的社会总产品全部销售出去，这时，社会上全部资本的总数为 1000，即 900（产业资本）+100（商业资本）。由于商业资本不创造价值和剩余价值，所以，社会上的剩余价值总量仍是 180，这时社会平均利润率为 18%，即$\frac{180}{900+100}$，这是商业资本和产业资本共同参与利润率平均化过程竞争而形成的职能资本的平均利润率。

按照职能资本平均利润率，产业资本得到162，即900×18%的产业利润（用p表示）；商业资本得到18，即100×18%的商业利润（用h表示）。这样，产业资本向商业资本出售商品的价格为1062，即720+180+162；商业资本家向消费者出售商品的价格为1080，即1 062（进货价格）+18。商业资本家虽在进货价格上加了18的商业利润出售商品，但出售价格仍然和社会总产品的生产价格相等，也就是与社会总产品的价值相等，完全符合价值规律。

商业利润率在资本主义社会的现实经济生活中，实质上是职能资本的平均利润率。当商业资本参加利润率的平均化过程之后，对平均利润率、平均利润和生产价格等范畴，都必须作出新的说明。这时产业资本的平均利润率转变为职能资本的平均利润率，即

$$\text{智能基本的平均利润率}=\frac{\text{剩余价值总额}}{\text{产业资本总额}+\text{商业资本总额}}$$

产业资本的平均利润转化为职能资本的平均利润率，并分解为产业利润和商业利润两部分。产业利润=产业资本总额×职能资本平均利润率；商业利润=商业资本总额×职能资本平均利润率，原来的生产价格=成本价格+平均利润，现在由于平均利润分解为产业利润和商业利润，即$p+h$，所以生产价格变成$k+p+h$，即成本价格+产业利润+商业利润。

三、商业流通费用及其补偿

商业流通费用是指商业资本家在商品流通中所支出的各种费用。商品是使用价值和价值的统一，商品的流通，既是使用价值的流通，又是价值的运动。所以，商品流通中所支出的费用，不是与商品的使用价值运动有关，就是与商品的价值运动有关。

与使用价值运动有关的费用是指商品的运输、保管、分类、包装等费用。这些费用在性质上与生产领域的费用基本相同，是在流通领域中支出的具有生产性质的费用，简称生产性流通费用。

与价值运动直接有关的费用包括店员工资、广告费、手续费、经营管理和簿记费用等。这些费用由商品价值形式变化引起，是纯粹为流通而支付的费用，简称纯粹流通费用。

生产性流通费用与生产领域的费用的性质基本相同。流通领域中的运输、保管、包装、分类等活动，既要消耗物质资料，也要消耗劳动力，因而生产性流通费用同样可以把资本分为不变资本和可变资本两部分。其中的不变资本价值，直接转移到商业资本所要实现的那一部分商品中去；可变资本在转化为劳动力后，在劳动过程中也会创造出大于自身价值的新价值，从而使商业资本所经营的商品的价值量增大。这个增大的部分，不仅能补偿生产性流通费用，而且还能提供平均利润。

纯粹流通费用也叫非生产性流通费用，它的补偿比较复杂。生产性流通费用在商品流通过程中实际上其价值并没有被消费掉，只发生了形态变化。它先以货币形态投入，依次转化为生产要素形态的商品形态，然后通过商品出售，带着利润再返回到货币形态，这就很自然地得到了补偿，不需要从商品价值中扣除一部分来作专项补偿。纯粹流通费用就不同，

它是非生产性的，既不转移价值，也不创造价值。在流通过程中，无论其实物形态或是价值形态，都被消耗掉。因此，只有从产业部门所生产的商品的价值中扣除一部分，才能得到补偿。

纯粹流通费用的源泉，只能是产业工人所创造的剩余价值。

商业资本家不参加劳动，经营商品买卖的活动全部由商业职工完成，并由此来实现产业资本家让渡给他的那部分剩余价值，获得商业利润。商业职工和产业工人一样，都是出卖劳动力的雇佣劳动者。但是，商业职工的劳动只是实现价值和剩余价值的劳动，其劳动时间也分为必要劳动时间和剩余劳动时间两部分。在必要劳动时间内实现的剩余价值用以补偿商业资本家在劳动力上的支出；在剩余劳动时间内实现的剩余价值，以商业利润形式被商业资本家无偿占有。

第三节　借贷资本

借贷资本是从职能资本运动中独立出来的一种特殊的生息资本形式，借贷资本家以利息的形式瓜分剩余价值。

一、借贷资本和利息

（一）借贷资本的形成

借贷资本是借贷资本家或银行为了取得利息而贷放给职能资本家使用的货币资本。借贷资本是适应资本主义生产和流通发展的需要，由职能资本运动中暂时闲置的货币资本形成的。职能资本的循环和周转是相互交错的，并不同时处于循环和周转的同一阶段上。一些职能资本处于不需要货币资本的阶段，另一些职能资本则处于急需货币资本的阶段，这样就会形成职能资本家之间对货币资本的供求关系。

货币资本供给的来源是职能资本循环过程中暂时闲置的货币资本，主要包括：更新期前的固定资本折旧费；购买或支付期前的流动资本；待投资的积累的剩余价值。这些货币资本处于闲置状态就会停止发挥资本职能，与资本本性相违背，资本家必然想方设法把它们投入运动，从而形成货币资本的供给。

对货币资本的需求主要来自以下情况：需要更新的固定资本，自有货币资本不足；购买原材料或支付工资，流动资本不足；因市场需求扩大需追加资本，自身货币资本积累未达到足够数量。这样，在职能资本之间货币资本的供求关系是通过货币资本的借贷关系实现的。拥有货币资本的资本家把货币资本以贷放形式提供给需要货币资本的资本家使用，约定使用期限，到期归还本金并支付利息作为报酬。可见，借贷资本是从职能资本运动中分离出来的一种独立的特殊资本形式。

借贷资本作为一种特殊资本形式的特征有如下几方面。

第一，借贷资本是资本商品。借贷资本家转让给职能资本家的是资本这种特殊使用价值在一定期限的使用权，但资本商品的转让不是买卖，而是贷放。

第二，借贷资本是所有权资本。借贷资本家转让的只是借贷资本的使用权，仍保留着借贷资本的所有权。于是，同一资本取得了双重存在：对借贷资本家来说，是所有权资本；对职能资本家来说，则是使用权资本，即职能资本。借贷资本关系包含着同一资本的所有权与使用权暂时分离的关系。

第三，借贷资本的特殊运动形式最具有拜物教性质。借贷资本的特殊运动公式是G—G′。它给人一种假象：货币似乎不经过任何中介过程就会自行增值，似乎自行增殖是借贷资本的自然属性，使资本拜物教性质达到了顶峰。实际上，借贷资本的运动完全是以职能资本的运动为基础的，根本离不开资本主义生产和流通过程。如果职能资本家不使用借贷资本，无论如何也不会增殖。正因为它在职能资本家手里发挥了职能资本的作用，给职能资本家带来了平均利润，职能资本家才把平均利润的一部分作为利息支付给借贷资本家，这才是借贷资本发生价值增殖的真相。

（二）利息与企业利润

职能资本家使用借贷资本生产出平均利润。这个平均利润借贷双方均有占有权，它要分割为两部分：企业利润和利息。借贷资本家因拥有所有权而获得利息，职能资本家因拥有使用权而获得企业利润。企业利润是产业利润和商业利润的总称，量上是平均利润与利息的差额。可见，利息是职能资本家使用借贷资本而付给借贷资本家的报酬，是平均利润的一部分，是一部分平均利润的转化形式，而平均利润又是剩余价值的转化形式，因此利息是剩余价值的一种特殊转化形式。利息既体现了借贷资本家和职能资本家共同剥削雇佣工人的关系，也体现了二者瓜分剩余价值的竞争关系。

平均利润分割为企业利润和利息，进一步割断了两种收入与雇佣劳动的联系。企业利润表现为职能资本家经营管理才能的产物，是经营管理劳动的报酬；利息则表现为借贷资本家资本所有权的果实，是借贷资本自行增殖的结果，是借贷资本家放弃资本使用权的报酬。实际上企业利润和利息的共同来源和本质是雇佣工人在生产过程中创造的剩余价值，它们不过是剩余价值的具体转化形式。

（三）利息率

利息率是一定时期内利息量与借贷资本的比率。用公式表示为

$$利息率=\frac{利息量}{借贷资本}\times 100\%$$

影响利息率的主要因素有三点：①平均利润率的高低。平均利润率是利息率的最高界限，通常利息率要低于平均利润率，利息率的最低界限无法确定，但不能等于零。平均利润率高，利息率就高；反之，则相反，二者同方向变动。②借贷资本的供求和竞争关系。它确定市场利息率。借贷资本供大于求，市场利息率下降，反之，则相反。③习惯和法律传统。它们在平均利润率已定和借贷资本供求平衡时起决定作用。每个国家在一定时期都有一个平均利息率，它同各国的货币金融市场状况有关。利息率的变动主要是指平均利息率的变动。从长期看，平均利息率具有下降趋势。原因有两个：①由平均利润率的下降趋势决定的；②由借贷资本供大于求的趋势决定的。

二、银行资本和银行利润

（一）银行资本及其职能

随着资本的发展，借贷资本家和职能资本家之间分散的借贷活动，逐步演变为银行资本家的集中、有组织的专门活动。银行是经营货币资本的资本主义企业，经营这种企业的资本家，叫银行资本家。银行资本家为经营银行获取利润而投入的自有资本及通过各种途径集中到银行的货币资本就是银行资本。在银行资本中，从其所有权和来源看，由两部分组成：一部分是银行资本家的自有资本，另一部分是借入资本，即吸收来的各种存款。前者只占很小的比重，大部分是借入的资本。

银行资本的职能是吸收存款，发放贷款，充当货币资本借贷中介，获取银行利润。银行的信用业务分为两个方面：负债业务和资产业务。负债业务是以吸收存款的方式借入资金；银行的资产业务是通过放款贷出资金。银行除经营信用业务之外，还经营结算业务，代替职能资本家存款、支款和进行非现金结算。结算分现金结算和非现金结算两种。

银行是一个复杂的体系，按照银行的经济功能可划分为：中央银行、商业银行和专业银行三大类。中央银行是银行体系的中心，处于领导地位并享有发行货币的垄断权。代表国家领导与管理银行业和金融市场。商业银行是从事工商业存贷款业务的银行，直接与工商企业发生联系，其组织形式和管理制度是多元的，并随着社会经济的发展而发展。商业银行是资本主义银行体系中的主要部分。专业银行是专门从事某一方面业务的银行，例如，投资银行、储蓄银行、开发银行和不动产抵押银行等。在银行体系之外还存在着不从事银行业务的金融机构，它们吸收社会资金并以某种方式利用资金牟利。例如，保险公司、共同基金、信用合作社和消费信用机构等。银行和非银行金融机构共同构成资本主义金融体系。

（二）银行利润及其源泉

银行资本家投资银行的目的，是为了获取利润。银行利润获取的途径是存贷利息差额，存贷利息差额扣除银行运营业务费用，就是银行利润。银行利润与银行自有资本的比率是银行利润率，银行利润率不能低于平均利润率，否则，银行资本家会转而经营工商业。竞争必然使银行利润率和银行利润趋于职能资本的平均利润率和平均利润。银行利润是剩余价值的转化形式。银行利润来源于雇佣工人在生产过程中创造的一部分剩余价值。但是，银行资本并不直接独立地参与平均利润的形成，它是间接地通过银行资本家与职能资本家之间的借贷关系，由职能资本家使用借贷资本参与利润率平均化过程的。

银行资本家占有以银行利润形式存在的一部分剩余价值，是靠银行雇员的劳动实现的。同商业店员一样，银行雇员的劳动不创造价值和剩余价值，但他们也是雇佣劳动者，是工人阶级不可分割的一部分，银行雇员和产业工人同样受到银行资本家的剥削。

三、股份资本和股息

（一）股份公司和股份资本

股份公司是合资经营的企业。股份资本，是指股份公司通过发行股票，将许多个别资本联合成一个集团而形成的资本。股份公司早在17世纪就已经产生，到19世纪后半叶得到广泛发展。

股份资本作为直接联合起来的个人资本，使个人资本直接取得了社会资本的形式，使得企业的组织形式从个人企业发展到社会企业。股份资本虽然没有改变资本主义私有制的性质，但对财产的占有形式却从个人资本发展到社会资本，是资本主义经济关系的一种内部调整，这种调整在一定程度上推动了资本主义生产的发展。

(二) 股票与股票价格

股票是股份公司发行的投资入股并取得股息的凭证。因此，股票的持有者也就是公司的所有者，即股东，有权参加股东大会，讨论和决定公司的主要经济活动，但实际上公司事务的决定权掌握在少数大股东手里。

股票价格（又称股票行市）不是股票票面额的货币表现，而是资本化的收入。也就是说，出卖股票者所得到的货币存入银行的利息不能低于原来的股息；购买股票者所得的股息，也不能低于所付出的货币存入银行所得到的利息。因此，股票价格的高低取决于两个因素：股息和利息率。在利息率不变时，股息越多，股票价格越高；股息越少，股票价格越低。股息不变时，利息率越高，股票价格越低；利息率越低，股票价格越高。可见，股票价格与股息成正比，与利息率成反比，用公式表示为

$$\text{股票价格}=\frac{\text{股息}}{\text{利息率}}$$

股票价格一般高于股票票额，因而股票价格总额和实际股份资本总额往往不一致。因此，大资本家就可利用创办股份公司发行股票来谋取高额创业利润。创业利润是股票价格总额大于实际股份资本总额的差额。

(三) 股票的买卖

股票的发行与转让要通过买卖的方式来实现，进行股票交易的场所和渠道就是股票市场。股票市场按其职能的不同分为股票发行市场（一级市场）和股票流通市场（二级市场）。

股票发行市场是由新股票发行而形成的市场，它没有固定的场所，属于无形市场。发行的方式可以是直接发行，即股份公司直接向投资者出售股票，也可以间接发行，即股份公司委托中介机构（如投资银行、信托投资公司等）代理出售股票。间接发行可以节省费用，一般都采用这种方式发行股票。

股票流通市场是对已发行的股票进行交易的市场，包括股票交易所和场外交易市场。在股票交易所里，登记着各种股票的行市，买卖双方都聚集在那里议价、成交和结算。

(四) 虚拟资本与虚拟经济

股票、债券等有价证券是作为资本进行运动的，但它们不是真实资本，只是虚拟资本。能够给持有者定期带来收入的有价证券都属于虚拟资本。有价证券之所以成为资本，是因为它们是真实资本的所有权证书，是其持有者取得定期收入的凭证，并且其持有者能够通过转让证券换取现实的货币资本。有价证券之所以是虚拟资本，是因为有价证券本身没有价值，不是实际资本，它只能作为实际资本的纸制复本形式表现资本价值。有价证券的价格不是它

本身价值的货币表现，而是其预期收入的资本化。

虚拟资本和实际资本，从质的方面看，实际资本本身有价值，并且在资本主义生产过程中发挥着资本的职能。处于实际形式——机器、厂房、原材料、待售的商品，或处于货币形式的，都是职能资本。虚拟资本本身既无价值，又不在生产过程中发挥资本职能，它只不过是资本所有权的证书，是“资本的纸制复本”。

从量的方面看，由于资本掺水，股票票面额大于企业实际投入的资本量，同时，股票价格通常又比它的票面额高，因此虚拟资本的数量总是大于实际资本。虚拟资本数量的变化取决于各种有价证券发行量和它们的价格水平，虚拟资本数量的变化不一定反映实际资本数量的变化。随着资本主义的发展，利息率下降的趋势，引起股票价格上涨以及独资公司改为股份公司和国家债务的增长，使虚拟资本的增长速度日益快于实际资本增长速度。

虚拟资本的形成必然会引起虚拟经济。所谓虚拟经济，是指经济活动中以虚拟资产为对象进行经营以谋取利润或报酬为目的的经济活动，包括虚拟资产的买卖、中介、咨询等，博彩业等根本脱离实际经济活动的行业也属于虚拟经济。与此相对应，实体经济则是指从事实际生产和经营的活动，它包括产品的研制、开发、销售服务以及交通、旅游等为直接消费提供服务的经济活动。虚拟经济是从虚拟资本引申出来的，虚拟经济很早就存在，随着虚拟资产的出现和扩张而产生和发展。马克思早在100多年前就已看到客观经济过程中存在着没有价值却有价格的非实在交易物。但是，虚拟经济的迅速发展还是近20年的事。在虚拟经济活动中，引人注目的是金融资产的迅速膨胀，其次是房地产业的炒作。二者结合在一起对虚拟资产的膨胀和虚拟经济的发展起了巨大推动作用。

虚拟资本的形成与发展加速了资本的周转和转移，促进了资本集中和股份公司的发展，无疑具有积极意义。但是，虚拟资本和虚拟经济的过度膨胀又必然激化资本主义生产方式的内在矛盾，导致严重的金融危机。股份资本本身包含着虚拟资本和真实资本运动相互脱节的关系，但是作为资本内在属性的外部表现形式，又决定它们的运动不能完全脱节，所有权资本作为虚拟资本归根结底要以真实资本的运动为基础。所有权资本过度虚拟脱离真实资本的价值和运动太远，虚拟经济就会演变为“泡沫经济”，而虚假的财富增长的“经济泡沫”迟早要破灭。

四、资本主义信用及其作用

（一）信用的产生与发展

信用是以偿还为条件的商品或货币等价值物的贷与借的运动，即借贷活动。信用是商品经济体系中的一种关系，是在社会生产和商品经济发展中，随着商品生产和交换的矛盾不断变化而产生的。

货币支付手段的职能是信用产生的直接基础。货币作为支付手段是因为商品交换 W—G 与 G—W 的分离而形成的。商品使用价值与价值的矛盾，要求商品的使用价值的实现必须以其价值的实现为前提，货币的出现，使得这一矛盾得以解决。但矛盾的解决又带来了新的矛盾，货币的出现，使货币具有了独立的价值形式，产生了买卖的分离。由于买者不一定找到卖者，即使找到也不一定有相同数量的供给，即使有相同数量的供给，买者也不一定有相应的货币。为了在这种情况下完成商品交换，商品交换的两极就不是表现为买卖在同一时间发生，而是发生了时间和空间的分离，这样就产生了赊购赊销延期支付现象。在此情况下，货币执行支付手段的职能。因此在简单商品流通中，产生了债务关系，买者作为债务人，卖者作为债权人，使信用关系得以形成。

信用关系在资本主义条件下，得到了充分的发展：一方面由于资本主义真正使得商品流通得以占领社会各个角落，由此形成的商品流通的债务链条规模得到了扩大；另一方面，资本关系的普遍化，使得“资本”这一“特殊商品”的价值具有了信用关系，使得一切债权债务关系都被赋予了信用的色彩；另外，资本的借贷关系又进一步促进了商品流通的充分发展，最终使得信用关系在资本主义生产关系框架内达到了顶点。

（二）信用形式

资本主义信用有两种基本形式：商业信用和银行信用。

（1）商业信用是职能资本家之间以赊销商品或提供服务的形式彼此相互提供的信用。赊销商品时，商品使用价值的转手和价值实现分离，卖者只得到延期付款票据，到约定期限才能取得货币。赊销商品就是贷出商品资本，买卖关系变成借贷关系，即债权债务关系。利息就是赊销商品价格高于现金交易商品价格的差额。

商业信用工具是期票和汇票。期票是债务人向债权人开出的、承诺到约定期限支付现金的债务证书。债权人可到期凭票收取现金，也可在到期前经过背书将期票转让给第三者，转移债权。汇票是债权人发给债务人的向持票人支付现金的命令书，经债务人承兑后方才生效。在商业信用较快发展、商业票据广泛流通条件下，到期结算时一部分债权债务可用商业票据互相抵消，支付差额，以节省流通中的货币量。

商业信用在资本主义社会得到了广泛而充分的发展，成为资本主义生产和流通发展不可缺少的条件。资本主义商业信用的特点是：①它是职能资本家之间相互之间提供的信用；②它的对象是处于产业资本循环销售阶段上的商品资本；③资本主义商业信用的发展与产业资本运动相一致。繁荣阶段扩展，危机阶段萎缩。

商业信用的局限性是：①商业信用规模和期限受单个资本家拥有的资本数量和周转状况的限制；②商业信用受商品使用价值流转方向的限制。商业信用的局限性表明它不能适应资本主义经济发展的需要。于是，银行信用应运而生。20 世纪 80 年代末，商业信用又与银行信用相结合，商业票据成为资本主义企业筹集短期资金的重要工具，并迅速扩展到国际范围。

（2）银行信用是银行资本家向职能资本家提供贷款而形成的信用。特点是：①银行信用能把社会上各种闲置资金集中起来，形成巨额借贷资本，因此不受个别资本数量的限制；②它的对象是货币资本；③银行信用的债权人是银行资本家，债务人是职能资本家。上述特点表明，银行信用突破了商业信用的局限性，从而成为资本主义信用的主要形式。

银行信用工具是货币和银行券。银行发行的银行券是在商业票据的基础上产生的。由于资本主义生产的发展和信用的扩大，银行存款已不能满足票据贴现业务的需要，于是银行便发行银行票据，即银行券，代替私人票据。因为银行财力雄厚和信誉较高，又是全社会的借贷中心，而且银行券是不定期债务证券，可随时到银行兑现，还能代替贵金属货币执行流通手段和支付手段职能，因此比私人票据具有更大流通范围和使用效力，成为真正的信用货币。银行券发行和流通的数量要与商品交易数量相适应。因为它是代替银行贴现商业票据的，商业票据又是商业信用的工具，所以它的发行量要随要求贴现的商业票据的增减而增减。

银行信用在资本主义经济运行中发挥着巨大的积极作用：①促进了资本主义生产和流通，加快了资本周转速度，节省了流通费用；②强化资本竞争，促进生产和资本的集中，有力推动了生产社会化和资本社会化发展过程；③加速资本在不同部门间的转移，有利于社会资本的再分配和调整各经济部门的比例关系，促进了利润率平均化过程，保证了资本的平等权利。但是，银行信用又加剧了资本主义的基本矛盾，它一方面推动生产社会化程度的不断提高；另一方面又促使社会财富日益集中于少数大资本家的过程。由于银行信用促进了生产社会化发展和资本社会化发展，因此为建立社会主义经济制度创造了物质条件。

第四节　资本主义地租

农业是社会生产的基础部门，资本主义农业中的生产关系是考察部门资本运动的重要内容。地租是剩余价值的一种特殊转化形式。

一、资本主义土地所有制和地租的本质

土地所有制是指一定社会制度下人们对土地的所有、使用、收益关系的总和，它是社会生产关系的组成部分，其性质也是由社会生产力发展水平和占主体地位的生产关系的性质决定的。

资本主义土地所有制是一种建立在土地归大土地所有者占有基础上的适应资本运动要求的生产关系。资本主义土地所有制的特征是土地所有权与经营使用权的分离。资本主义农业中，大土地所有者拥有土地所有权，一般不直接从事农业生产经营，而是把土地出租给农业资本家；农业资本家经营农场，雇用和剥削农业工人。这样，资本主义农业中便存在土地所有者、农业资本家和农业雇佣工人三个既互相依存又相互对立的阶级。地租是土地所有权在经济上的实现形式。资本主义地租是农业资本家为取得土地使用权而付给土地所有者的报酬，它是超过平均利润以上的超额利润的转化形式，是农业雇佣工人创造的一部分剩余价值的特殊转化形式。

资本主义地租和封建地租都是土地所有权的经济实现形式，但二者又有区别，分别如下。

第一，前者以资本主义土地私有制为基础，通过土地所有者和租地资本家之间的契约关系事先确定；后者以封建土地私有制为基础，通过对农民不同程度的超经济强制得以保证。

第二，在数量上，前者是农业超额利润，是农业工人创造的一部分剩余价值；后者则包括农民的全部剩余产品，甚至一部分必要产品。

第三，前者既体现土地所有者和租地资本家共同剥削农业雇佣工人的关系，又反映二者共同瓜分农业雇佣工人创造的剩余价值的竞争关系；后者则体现封建地主对农民剩余劳动的

直接占有关系。

为考察资本主义地租的本质，还必须区分地租和租金。真正意义上的地租是单纯为获取土地使用权而支付的金额，租金则是租地资本家向土地所有者支付的全部货币额。在现实生活中，租金除真正意义上的地租外，还包括：土地上的固定资本折旧费和利息；租地资本家的一部分平均利润（一部分中小租地资本家因无力到其他部门经营而不得不接受高额租金，从而将平均利润的一部分作为租金支付给土地所有者）；农业工人的一部分工资。租地资本家为保证获得平均利润，往往克扣和压低农业工人的工资作为租金支付给土地所有者。这三部分都不是真正意义上的资本主义地租。

二、资本主义地租的基本形式

资本主义地租由于形成条件和产生原因不同而分为级差地租和绝对地租两种基本形式。

（一）级差地租

级差地租是与土地的不同等级相联系的地租，它是由农产品个别生产价格低于社会生产价格的差额构成的超额利润转化而成的地租。土地因肥力和地理位置不同，从而形成优、中、劣三种不同的等级差别。等量资本投入生产条件不同的等面积土地，劳动生产率和产量收益就不同。土地总是有限的，优、中等地更有限，由于优、中等地的农产品数量不能满足社会需要，因此农产品社会生产价格由劣等地个别生产价格决定。投资优、中等地的农业资本家，农产品个别生产价格低于社会生产价格，可获得超额利润，这部分超额利润缴给土地所有者便形成级差地租。可见，级差地租形成的条件是土地的等级差别。

土地等级差别不是级差地租产生的原因。级差地租产生的原因是土地的资本主义经营权垄断。所谓土地的资本主义经营权垄断，是指在土地有限条件下，优、中等地作为经营对象被租地资本家使用后所形成的土地经营的垄断性。由于土地的资本主义经营权垄断，经营优、中等地的租地资本家就可以长期稳定地获得超额利润。它不仅使其他资本家在同等投资条件下无法获得同等生产条件，也使经营优、中等地的租地资本家无法扩大优、中等地的面积满足社会对农产品的需要。这样，社会对农产品的需要，就只能且必须通过劣等地加入耕作来得到满足。由于农产品供不应求，价格必然上涨，直到上涨到劣等地能获得平均利润为止。因此，农产品社会生产价格是由劣等地的生产条件决定，垄断经营优、中等地的租地资本家都能长期稳定地获取超额利润，从而转化为级差地租。

土地所有权与作为级差地租价值实体的超额利润的产生毫无关系，但是它是这部分超额利润以级差地租形式从租地资本家手中转到土地所有者手中的原因。超额利润的源泉是农业雇佣工人的超额剩余劳动。耕种优、中等地的农业雇佣工人的劳动，是一种具有较高劳动生产率的劳动，在同一时间内可比耕种劣等地的农业工人创造更多的价值和剩余价值。

级差地租就形成条件不同可分为级差地租Ⅰ和级差地租Ⅱ。

级差地租Ⅰ是指由于土地的肥沃程度和地理位置不同而形成的超额利润转化的地租。等量资本投入肥力不同的等面积地块，劳动生产率和产量收益不同，经营优、中等的土地所获得的超额利润就转化为级差地租Ⅰ。等量资本投入地理位置不同的等面积地块，等量农产品运费就不同，距离市场远的或交通条件差的，运费就高；反之，运费就低。地理位置较好的地块就是优、中等地，其产品运费少，成本价格低，个别生产价格低于社会生产价格，可获得超额利润，从而转化为级差地租 I。

下面以面积相同而肥沃程度不同的三块土地为例，说明级差地租 I 的形成。

土地种类	投入资本（元）	平均利润（元）	产量（担）	个别生产价格（元）		社会生产价格（元）		级差地租 I
				全部产品	每担	每担	全部产品	
A（优）	100	20	6	120	20	30	180	60
B（中）	100	20	5	120	24	30	150	30
C（劣）	100	20	4	120	30	30	120	0
合　计	300	60		360			450	90

级差地租 I 的形成，除了土地肥沃程度不同以外，还和土地的位置不同有关。不同地块与市场、车站、码头的距离是不同的。假设有 A、B、C 三块土地，肥沃程度相同，只是地理位置不同，A 距市场 50 公里，B 距市场 10 公里，C 距市场 5 公里，每担粮食每公里的运费假定为 1 元（为了简化，不计算运费的平均利润），这样就会形成如下所示的级差地租 I。

地　块	和市场的距离（公里）	产量（担）	当地农产品的个别生产价格（元）	运费（元）	市场价格（元）	级差地租 I（元）
A	50	4	480	200	680	0
B	10	4	480	40	680	160
C	5	4	480	20	680	180

级差地租 II 是在同一块土地上连续追加投资的劳动生产率和产量不同，追加投资带来的超额利润转化而成的级差地租。如果在同一块土地上连续追加等量投资，实行集约经营，精耕细作，提高单位面积产量，只要增加的农产品都为社会所需要，且追加投资生产率高于劣等地原始投资的生产率，就会产生超额利润，这种超额利润转化成的地租，就是级差地租 II。级差地租 II 的形成如下所示。

土地等级	投入资本（元）	平均利润（元）	产量（担）	个别生产价格（元）		社会生产价格（元）		级差地租 I（元）	级差地租 II（元）
				全部	每担	每担	全部		
A	100	20	6	120	20	30	180	60	
A	追加 100	20	7	120	$17\frac{1}{7}$	30	210		90
B	100	20	5	120	24	30	150	30	
C	100	20	4	120	30	30	120		
合计				480			660		

对同一块土地进行追加投资所带来的超额利润，是级差地租 II 的实体。但是，这部分超额利润是否转化和以何种程度转化为级差地租 II，则要取决于租地农业资本家和大土地所有者之间的斗争。一般说来，这部分超额利润如果产生在租约缔结之后，那么在租约有效期间内，要归租佃农业资本家占有。在租约期满之后，双方再重新缔结租约，或者把土地另行出

租时，这部分超额利润就会部分或全部地以级差地租 II 的形式落入大土地所有者的手中。

级差地租的两种形态存在着密切的联系，又表现出明显的区别。

两者之间的联系表现在：①从历史上看，级差地租 I 是级差地租 II 的基础和出发点；②从一定时期内级差地租量的变化看，级差地租 II 是以级差地租 I 为基础的。

两者的区别表现在以下两个方面。

（1）投资方法不同。级差地租 I 是通过对不同土地投资，扩大耕地面积而产生的，体现了粗放经营的特点；级差地租 II 则是通过对同一块土地连续投资而实现的，体现了农业集约化经营的特点。

（2）超额利润转化为地租的方式不同。级差地租 I 是在土地所有者和农业资本家订立租地契约时，已经明确规定归土地所有者所有。级差地租 II 在租约有效期内，是归农业资本家所有的（这正是农业资本家连续追加投资的动力所在）；当租约期满，需重订租约时，级差地租II通过土地所有者和资本家之间的竞争往往最后靠提高地租率的办法部分或全部地转归土地所有者。然而，土地所有者仅凭土地所有权就可无偿占有社会经济进步成果，会造成租地资本家进行掠夺性经营，阻碍农业生产发展和技术进步。因此，缩短租约期限百害而无一利。农业生产的特点是周期长，追加投资显效时间更长，因此，延长租约期限，有利于鼓励农业经营者增加对土地的投资，实行集约化经营，有利于农业技术进步和经济发展。

（二）绝对地租

考察级差地租时，假定租种劣等地的资本家获取平均利润，不能获得超额利润，而不支付地租。但是，地租是土地所有权在经济上的实现，如果不支付地租就可获得土地使用权，就等于否定和取消了土地所有权垄断。因此，资本主义土地所有制决定了不论租用任何等级的土地，都必须支付地租。绝对地租是由土地所有权垄断产生的租用任何等级土地都必须缴纳的地租。

绝对地租形成的条件是农业资本有机构成低于社会资本平均构成。由于土地所有权垄断的存在，租用任何等级土地都必须缴纳绝对地租，同时租种劣等地的农业资本家又必须获得平均利润，因此农产品出售价格就必须高于社会生产价格，只有这样，才能保证租种劣等地的农业资本家既获得平均利润，又可获得超额利润，有绝对地租可缴。事实上，这种可能性是存在的。因为在资本主义发展的一个相当长的历史时期内，农业生产技术水平落后于工业，因此农业资本有机构成低于社会资本平均构成，这是不争的事实。由于农业资本有机构成低于社会资本平均构成，等量农业资本就可比等量工业资本推动更多活劳动，因此在剩余价值率相等的条件下生产更多的剩余价值，使农产品价值高于社会生产价格。因此，农产品出售价格高于社会生产价格，完全可以不高于价值。这样，农产品价值高于社会生产价格的余额而形成的超额利润，便可转化为绝对地租。

下面举例说明绝对地租的形成。

（单位：元）

生产部门	资本有机构成（c:v）	剩余价值	平均利润率（%）	产品价值	生产价格	绝对地租
工　业	80:20	20	20	120	120	0
农　业	60:40	40	20	140	120	20

从中可以看出，由于农业资本有机构成低于工业，因而在农业中投资 100 元，其中 40 元的可变资本，在剩余价值率为100%时，获得剩余价值40元，产品的价值为140元；工业部门，同样的投资，可获得 20 元的剩余价值，产品价值为 120 元。根据等量资本获得等量利润的原则，农业资本家和工业资本家都必须按20%的平均利润来获得平均利润，即各获得 20 元的平均利润，这样工业品和农产品生产价格均为120元。但农产品120元的生产价格低于价值140元，且农产品不是按生产价格，而是按产品价值出售，这样，农业资本家就可以获得平均利润以外的 20 元的余额，这个余额就形成了绝对地租。因此，绝对地租即农产品价值和生产价格之间的差额。

在农业中，土地私有权的垄断造成了对农业投资和其他部门向农业部门转移资本的一种障碍。这种情况表明，农业经营资本如果不向土地所有者缴纳地租，那么就不可能在农业部门进行投资。即使在劣等土地上进行投资，也必须缴纳地租。这样，农产品再按生产价格出售，农业资本家就必然会因经营劣等土地不能提供平均利润而退出农业生产，农产品因供不应求，会使其价格上升，一直升到劣等土地农产品价格既能使农业资本家得到平均利润，又能为大土地所有者提供绝对地租为止。

绝对地租产生的原因是土地所有权垄断。因为土地所有权垄断阻碍、排斥、限制部门间竞争和资本向农业的自由转移，因而农业中的利润不参与社会利润率平均化过程。这就决定了农产品能够按高于社会生产价格的价值出售，使租地资本家既可获得平均利润，又可缴纳绝对地租。应当注意的是：租用劣等地的资本家不缴纳级差地租，只缴纳绝对地租；租用优、中等地的资本家，不仅缴纳级差地租，而且缴纳绝对地租，并且各级等面积土地的绝对地租量是相等的，否则就混淆了两种不同的地租形式。绝对地租的源泉是农业工人的剩余劳动。

马克思关于资本主义绝对地租的理论，是以资本主义土地私有制、农业资本有机构成低于工业资本有机构成、完全竞争的市场机制的客观存在为前提的。现在我们从这些因素发生新变化的情况出发，分析其绝对地租形成的影响及其发展趋势。

第一，当代资本主义土地所有制结构中，雇工经营者自由土地的比重在上升，并出现了相当数量的自有自耕的家庭农场等，但资本主义土地私有制绝不会改变。

第二，当代资本主义农业资本有机构成有等同和超过工业资本有机构成的趋势，从而改变了绝对地租形成的条件。

第三，当代资本主义社会在农产品长期大量过剩，销售困难，市场价格下跌的情况下，国家干预不断增强，从而扭曲了市场机制在完全竞争条件下的自发调节作用：国家通过保证价格等措施来阻止市场价格的下跌，从而使农产品的市场价格长期与社会价值背离，并使后者在市场机制运行中的核心作用弱化；在农产品供过于求的情况下，本应退出耕作序列的土地，因国家干预也没有退出，这样使农产品供需矛盾更加激化，使绝对地租这一价值实体的实现条件和分配方式发生变化。

三、城市建筑地段地租

城市建筑地段地租是建筑资本家为取得建筑用地使用权而支付给土地所有者的地租。它的形式、产生条件、原因和源泉与农业地租基本相同。但由于土地在建筑业中具有特殊的功能和作用，建筑地段地租又有自身的特点。

第一，在建筑业中土地位置对级差地租 I 起决定作用，越是接近城市，尤其是大城市，特别是市中心，建筑地段的地租也就越高。

第二，建筑地段地租的主要形式是级差地租 II。为了追求超额利润建筑业资本家千方百计地增加建筑物高度，促使级差地租 II 增加。

第三，建筑地段地租最终由建筑物的使用者支付。建筑物一般是相对永久性的，一旦出租后，地租就会因建筑商转租而强加在建筑物的使用者身上。由于城市工商业的发展和人口的增长，在建筑地租中垄断地租较为突出。

建筑地租不断提高的主要原因是：城市人口的增加对住宅需求增长，建筑地段固定资本的发展，房地产投机促使地租提高等。建筑地段地租的提高，使土地所有者大发其财，他们已经成为一种严重影响社会发展的赘瘤。由于建筑地租的提高，引起了房价和房租的提高，加重了人民的生活负担，城市住宅问题极端严重。

四、土地价格

土地是自然物，不是劳动产品，没有价值，但是可以买卖，具有价格。因此，土地价格不是土地价值的货币表现。土地价格和股票价格类似，实际上是土地所有者凭借土地所有权所获得的地租收入的资本化，或者说是资本化的地租。土地价格相当于把货币资本存入银行所得的利息，等于购买这块土地后将其出租所获得的地租。所以，土地价格是由两个因素所决定的：①地租数量的多少，即地租数量越多，土地价格就越高，因而优等地、距离市场近的土地的价格要高于劣等地，距离市场远的土地；②银行利息率的高低，利息率越高，地价越低，反之，利息率愈低，地价越高。土地价格的计算公式为

$$土地价格=\frac{地租}{利息率}$$

在现实中，土地所有者收取的是租金，因此土地价格应是租金收入的资本化。土地价格公式应是：土地价格=租金量/存款利息率。土地作为买卖对象进入土地市场后，影响土地价格的租金收入是未来的预期租金收入，利息率也以预期利息率的形式起作用。因此，土地价格公式则应为：土地价格=预期租金量/预期存款利息率。

土地价格既没有以价值为基础，又脱离实际地租和现实利息率，是一种虚拟价格。因此土地成为重要的投机对象，从而使社会总价格远离社会总价值，提高经济的虚拟性，它是“泡沫经济”形成的重要原因之一。

从长期发展趋势看，随着经济的发展，土地价格具有提高趋势。原因有以下几方面。

第一，由于经济发展和人口增加，对土地需求的增长大大高于新开发土地数量的增长，因此土地开发成本增加，土地产品价格提高，从而地租额提高造成土地价格上涨。

第二，土地投机活动推波助澜，造成土地价格急剧上涨。对土地的投机性购买，一方面造成了一定时期对土地需求的急剧增加，另一方面造成土地价格刚性，势必导致土地价格的上涨趋势。

第三，平均利息率的下降趋势也使土地价格具有上涨趋势。从长期看，平均利润率具有

下降趋势，所以平均利息率也具有下降趋势。利息率下降趋势必然导致土地价格具有上涨趋势。地租和地价上涨，一方面表明土地所有者和租地资本家对劳动人民剥削日益加强，另一方面也表明土地所有者和资本家之间瓜分剩余价值的矛盾和对立日益加深。

课外阅读

彩电企业的利润率变动

资本在不同部门之间的流动导致了利润的平均化，从长期来看，任何行业维持高利润率都是违背市场机制的。中国的很多行业（竞争程度较高的行业）都经历了由高利润率到低利润率甚至零利润的过程。从传统的家电业到新兴的IT产业，甚至是一向“朝南坐”的电信业，只要有竞争，超额利润就必然面临消失的命运。每个在国家长期保护下不愁吃喝的行业都应该问：下一个该是谁了？

彩电降价到底了没有？记者日前从广东省彩电企业领导座谈会上了解到，目前，彩电业的平均利润为 6%，已经成为名副其实的微利行业。在这个有康佳、TCL、创维等著名彩电企业首脑们参加的企业会议上，这一利润率没有任何一家企业表示异议。据称，现在 25 英寸、21 英寸的彩电已经是“亏本赚吆喝”，不仅无利可图，而且企业还要倒贴成本。能给企业带来利润的是 29 英寸、34 英寸大彩电及新推出的数字电视机。

时间倒退到 10 年前，中国彩电生产企业的平均利润率曾经达到 50%以上，这使中国彩电行业迅速完成了原始资本积累，向规模和质量要效益。

与会者说，是市场经济体制让中国老百姓享受到了既廉价又优质的彩电。然而，也正是因为利润微薄，中国彩电企业，包括那些重量级的大企业，不敢单独投巨资开发关键技术，使中国彩电业长期受制于人，这已经是一个迫在眉睫的问题了。

案例来源：《深圳商报》，2001 年 6 月 3 日。

案例讨论：你怎么看待上述现象？

复习思考题

一、单项选择题

1. 平均利润是（　　）

A. 各职能部门预付总资本获得的利润　　B. 部门内部各企业获得的利润

C. 企业主收入的总和　　D. 部门之间各企业获得的利润

2. 社会预付资本投资在有机构成低的部门比重越大，平均利润率（　　）

A. 就越大　　B. 就越低

C. 保持不变　　D. 不能确定

3. 商业利润是产业资本家让渡给商业资本家的一部分剩余价值，商业利润在数量上（　　）

A. 少于平均利润　　B. 多于平均利润

C. 等于平均利润　　D. 不能确定

4. 土地私有权的垄断是（　　）

A. 级差地租形成的原因　　B. 绝对地租形成的原因

C. 级差地租和绝对地租形成的条件　　D. 级差地租和绝对地租形成的原因

5. 虚拟经济可（　　）

A. 脱离实体经济　　B. 不以实体经济为基础

C. 产生泡沫经济　　D. 不需宏观调控

二、多项选择题

1. 平均利润率是（　　）

A. 社会剩余价值总额与社会预付资本总额之比

B. 一个部门的剩余价值总额与该部门预付资本总额之比

C. 社会平均资本有机构成资本的利润率

D. 各部门利润率平均的趋势

E. 各部门利润率的绝对平均化

2. 资本主义地租是（　　）

A. 农业工人创造的全部剩余价值　　B. 相当于平均利润的那部分剩余价值

C. 超过平均利润的那部分剩余价值　　D. 资本主义土地私有权在经济上的实现

E. 土地所有者凭土地所有权分到的那部分剩余价值

3. 利润和剩余价值的相互关系（　　）

A. 二者本来是同一个东西　　B. 前者是后者的转化形式

C. 后者是前者的本质　　D. 前者掩盖资本主义剥削关系

E. 后者体现资本主义剥削关系

4. 剩余价值的转化形式包括（　　）

A. 利润　　B. 平均利润

C. 利息和地租　　D. 银行利润

E. 垄断利润等

5. 资本主义地租及其本质是（　　）

A. 超额利润的转化形式　　B. 租金

C. 平均利润的一部分

D. 体现土地所有者、农业资本家和农业工人之间的生产关系

E. 农业资本家交给土地所有者的超额利润

三、简答题

1. 剩余价值如何转化为利润？利润的本质是什么？

2. 平均利润率是如何形成的？

3. 试述资本主义商业利润的来源。
4. 影响利息率的因素有哪些？
5. 试述级差地租和绝对地租的区别和共同点。

四、分析题

在市场竞争越来越激烈的今天，企业不仅要与本行业的企业竞争，而且受到行业外企业企图进入分食一杯羹的威胁。于是，在一些行业成立了行业协会（如家电行业协会、零售行业协会等），试图将市场价格维持在较高的水平，并阻击行业外资本的进入。你怎么看待这个现象？

第四章 产业资本与社会资本再生产

教学目标

本章着重考察了资本的运动过程。从单个资本运动看，其过程表现为资本的循环和周转，分析资本的循环过程，揭示了剩余价值得以连续生产的条件；分析资本周转的过程，揭示了资本运动速度对生产剩余价值数量的影响。通过对社会资本再生产矛盾的考察，认识资本主义生产方式所固有的内在矛盾与经济危机。

重点与难点

资本循环；资本周转；经济危机的实质及根源

案例导入

海尔集团 CEO 张瑞敏目光炯炯地看着讲台下的中层干部们，提出了一个像脑筋急转弯的问题：

"石头怎样才能在水上漂起来？"

"把石头掏空"，有人喊了一句，张瑞敏摇摇头。

"把石头放在木板上"，又有人答道，张瑞敏又摇了摇头。

"做一快假石头"，这个回答引来了一片笑声，张瑞敏还是摇了摇头，"石头是真的。"

"速度"，海尔集团见习副总裁喻子达回答道。

"正确！"张瑞敏脸上露出了笑容，"《孙子兵法》上说：'激水之疾，至于漂石者，势也'。速度决定了石头能否漂起来……"

时刻处于循环之中的资本也正是以漂石的速度，才能漂浮于商品经济这片汪洋之上。那么，飞速运作的资本是如何在市场中扩展宏图，又会给经济生活带来何种危机呢？

第一节 产业资本的循环和周转

一、产业资本的循环

(一) 产业资本循环的三个阶段

任何人都知道，只是将货币紧紧地握在手中，永远不可能得到更多的货币，得到价值。而资本家组织生产的目的是为了追求源源不断的剩余价值，满足这一目的的唯一办法是使资本运动起来，因为资本只有在不断的循环运动中才能实现价值增殖，而能够发生价值增殖的资本只有产业资本。产业资本是指投资于物质资料生产部门的资本，包括工业、农业、建筑业等各物质生产部门的资本。

产业资本在循环过程中，依次经过购买、生产、销售三个阶段，分别采取货币资本、生产资本、商品资本等三种职能形式，相应地完成三种职能，最后又回到原来的出发点，最终实现价值增殖。在这个过程中，资本从货币形态出发，经过一定的运动，又回到货币形态，因此这是一个循环过程，我们把这个过程叫做产业资本的循环。

1．第一阶段：购买阶段

所有的生产者在组织生产的过程中，要先到生产要素的销售市场上，作为一个购买者，用货币来购买生产资料和劳动力，备齐生产过程中的三要素。这一阶段是为生产剩余价值作准备的阶段。如果用 G 来表示货币，用 W 来表示商品，用 A 来表示劳动力，用 Pm 表示生产资料，那么购买阶段中产业资本的运动形式可以表示为

$$G\text{（货币）}-W\text{（商品）}\begin{cases}A\\Pm\end{cases}$$

在这一阶段，从形式上来看，资本家手中的货币与普通的货币没有什么区别，都是到市场上买回商品，货币转化成商品是一般的商品流通。但从内容上看，这一阶段的购买活动与普通消费者为获得生活所需消费品的购买活动是有根本区别的。这一阶段的购买活动是为生产剩余价值作准备而进行的购买活动；这一阶段的商品流通也不是简单的商品流通，而是资本的流通，即产业资本循环过程中的一个特定阶段；同时这一阶段中生产者用货币买到的商品也不是普通的商品，而是可以使生产得以进行的生产资料和劳动力。从质的方面看，具有特定用途的生产资料和劳动力，在相互结合的过程中要符合一定的条件：①劳动者的劳动专长与技术水平必须与生产资料的性质相适应；②生产资料和劳动力在量上必须保持一定的比例，即购买到的生产资料的数量和规模，必须使购买到的劳动力得到充分的利用。

在购买阶段，因为劳动力和生产资料按照以上规则进行结合后，可以发挥作用产生增殖价值，所以这里用于购买劳动力和生产资料的货币与一般的货币产生了区别。资本的形态或职能形式是货币资本。所谓货币资本，是指以货币形式存在的资本，其职能是在资本循环阶段购买生产资料和劳动力，为生产剩余价值作准备。

2．第二阶段：生产阶段

经过第一阶段生产资料和劳动力的购买，物质资料的生产条件已基本具备，将进入产业资本循环的第二个阶段——生产阶段。这个阶段是产业资本家以资本主义商品生产者的身份，使用购买到的劳动力和生产资料进行生产，生产出包含剩余价值的商品的阶段。如果用 P 表示生产过程，省略号表示流通过程的中断，W′ 表示包含着剩余价值的商品，那么，生产阶段可用如下公式表示。

$$W\text{（商品）}\begin{cases}A\\Pm\end{cases}\quad P\text{（生产过程）}\cdots W'$$

生产阶段是产业资本运动的全部过程中具有实质性和决定意义的阶段。这一阶段，产业资本执行了生产资本的职能，不仅创造出了等量的生产资料和劳动力的价值，同时也创造出了剩余价值。如果将生产资本的内部结构划分为生产资料和劳动力，那么两者在生产剩余价值的过程中所发挥的作用是截然不同的：劳动力提供活劳动并创造出比它自身更大的价值即剩余价值；生产资料是活劳动的吸收器或物质承担者，是生产剩余价值的物质条件，在整个生产过程当中，生产资料的价值在量上是不会发生改变的，它只转移自身的原有价值。

这一阶段的资本形态或职能形式就是生产资本。所谓生产资本，是指以生产资料和劳动力形式存在并处于生产阶段的资本，其职能是将机器、厂房、原材料等生产资料和劳动力相结合，生产出带有剩余价值的新商品。经过生产阶段的蜕变，生产资本创造出含有剩余劳动的商品后，在形态上就发生了变化，相应的转化成为商品资本，资本的形式由生产要素形式转化为商品形式；同时，资本价值在量上发生了变化，即发生了价值增殖，这是资本家组织生产的意义所在。

3. 第三阶段：销售阶段

在完成了商品的生产之后，产业资本循环进入第三阶段——销售阶段，资本所有者以“推销员”的身份，把他的大量的商品在市场上出售，实现价值与剩余价值，换回货币。用 W′、G′ 分别表示包含着剩余价值的商品货币，则销售阶段可以用公式表示为

$$W'-G$$

这个公式，表面上看与商品流通中的出售差不多，都是卖出商品，换回货币，进行等价交换，但实质上，这里的商品不是简单商品生产的产物。而是资本生产的产物；W′ 从实物形式上看是新制造出来的商品；从价值形式上看，它的量因为包含着新增殖的剩余价值而大于生产过程开始前的 W。因此，这里的售卖阶段不同于一般商品的价值实现过程，而是资本价值和剩余价值的实现过程，是资本循环的一个特殊阶段。这一阶段，关系到资本所有者能否收回预付资本，赚钱的目的能否最终实现。正如马克思所说：“W′ — G′ 商品的第一形态变化或卖，商品价值从商品体跳到金体上……是商品的惊险的跳跃。这个跳跃如果不成功，摔坏的不是商品，但一定是商品所有者。”所以，对于资本所有者来说，这一阶段如果新商品卖不掉，不仅剩余价值不能实现，就连预先垫支的货币资本的价值也不能收回。从本质上讲，售卖阶段是资本循环的致命阶段。

这一阶段的资本形态或职能形式，就是商品资本。所谓商品资本，是以商品形式存在的资本。其职能是通过售卖，把包含剩余价值的新商品转化为货币，实现资本的价值和剩余价值。也就是说，在售卖阶段，商品资本发挥职能作用，成为资本在循环中的第三种职能形式，并通过销售行为，完成由商品到货币的流通过程，实现由商品资本到货币资本的转化。这个过程中，W′ 之所以不是一般商品，在于它是作为资本价值和剩余价值的物质承担者执行资本职能的。商品资本完成其职能后，就转化为包含剩余价值在内的货币资本。这样，资本循环又回到了原来的出发点。

货币资本、生产资本和商品资本是产业资本循环过程中依次采取的三种职能形式，而不是三种独立的资本。它们统一于生产和占有剩余价值这个根本目的之上，只是在剩余价值的生产中起着不同的作用。货币资本的作用是购买劳动力和生产资料，为生产剩余价值准备条件；生产资本的作用是使劳动力和生产资料以资本主义的方式结合，在生产过程中生产出剩

余价值；商品资本的作用则是通过商品的销售，实现包含在商品中的价值和剩余价值。

资本循环的三个阶段是互相承接、互相依赖的。资本循环要正常地进行，就必须依次不断地通过三个阶段。无论在哪一个阶段上受阻，资本循环都会受到影响和中断。如果停顿于第一阶段，货币就不能作为资本发挥作用；如果第二阶段出了问题，生产资料和劳动力就可能被闲置起来，无法完成资本增殖的使命；如果在第三阶段发生停顿，意味着商品成了卖不出去的库存积压品，资本价值和剩余价值不能实现，货币收不回。可见，资本循环的各环节是紧密联系的。

（二）产业资本循环是三种循环形式的统一

产业资本循环是从一种形态出发，依次经过三个阶段，变换三种职能形态，使价值得到增殖，又回到原来出发点的运动过程。用公式表示为

$$G - W\begin{cases} A \\ \\ Pm \end{cases} P \cdots W' - G'$$

从公式可以看到，在产业资本循环中，不仅货币资本要依次经过三个阶段不断地循环，而且生产资本和商品资本都要依次经过三个阶段，不断地循环下去。就是说，产业资本的每一种职能形式都要经过三个阶段再回到原来的出发点，进行各自的循环。因此，产业资本不只有一种循环形式，而是有三种循环形式：货币资本的循环、生产资本的循环和商品资本的循环。

1．货币资本的循环

货币资本的循环是指以货币资本为出发点和复归点的循环，用公式可以表示为

$$G - W \cdots P \cdots W' - G'$$

它是产业资本循环所采取的第一种形式，是以货币资本为出发点和回归点的运动，其特点是：循环的起点和终点都是货币资本。在循环过程中，货币资本顺次经过购买阶段、生产阶段和销售阶段，所以它是以生产阶段为媒介，连接两个流通阶段的循环运动。

应注意的是，循环终点的货币资本 G′，在数量上大于循环起点预付的货币资本 G。这表明预付资本的目的是为了资本价值的增殖，即获得剩余价值。可见，货币资本循环揭示了资本主义生产的本质。但是，货币资本循环又具有片面性，它掩盖了剩余价值的真正来源。因为在这个循环运动中，作为产生剩余价值的生产阶段，只表现为两个流通阶段的中间环节，好像流通过程比生产过程所占的地位更突出。这就造成一种假象，似乎剩余价值是从流通中产生的，货币本身好像能产生出货币，具有增殖价值的能力。

2．生产资本的循环

生产资本的循环是以生产资本为出发点和复归点的循环。用公式表示为

$$P \cdots W' - G' \cdot G - W \cdots P \text{（可简写为 } P \cdots P\text{）}$$

生产资本的循环顺次经过生产阶段、销售阶段和购买阶段，进入下一个生产阶段。因此，它是以流通为媒介连接两个生产过程的循环运动，其循环的特点是循环的起点和终点都是生

产资本。

对生产资本的循环进行深入了解后，可以消除剩余价值是从流通过程中产生和货币价值自行增殖的假象，它揭示了剩余价值的真正来源是直接的生产过程。但是，生产资本的循环也有片面性。在这一循环中，起点和终点是生产过程，这就掩盖了资本主义生产的实质，好像资本主义生产的目的是为生产而生产，而不是为获取剩余价值。

3. 商品资本的循环

所谓商品资本的循环，是指以商品资本为起点和回归点的运动。用公式表示为

W′—G′ ·G—W…P…W′（可简写为 W′…W′）

商品资本的循环是从商品资本开始，最后再回到商品资本的运动。它依次经过销售阶段、购买阶段和生产阶段。商品资本循环的特点是：这一循环是从两个相互独立又相互联系的流通阶段开始的。在第一个流通阶段 W′ —G′ 中，起点是一个包含着剩余价值的商品，它的流通过程就是商品的销售过程，流通的顺利与否，取决于这里的商品是否被社会所消费。在第二个流通阶段 G —W 中，是用货币资本购买生产要素，所以，它要以社会所生产的生产要素能否满足要求为前提。但是，商品资本的循环也有片面性。似乎资本主义生产的目的就是为了满足社会需要，而不是为了榨取剩余价值。

从上面对产业资本循环形式的考察中可以看出，三种循环形式的共同点在于，本质上看，它们都以价值增殖为目的。但是，每一种循环形式又都有各自的特点，分别从不同的侧面反映了产业资本运动的特性，因而又都具有一定的片面性。因此，必须把三种循环形式统一起来进行考察，才能全面认识产业资本的运动过程和实质。

（三）产业资本循环连续进行的条件

前面我们对产业资本循环的考察是基于这样的假定：全部产业资本一定时间内只采取一种职能形式，即首先采取货币资本形式，然后全部转化为生产资本形式，最后又全部转化为商品资本形式。事实上这是不可能的，因为，如果产业资本全部采取货币资本的形式，资本的生产过程就要中断；如果产业资本全部停留在生产资本形式上，资本的流通过程就会中断；如果全部存在于商品资本形式上，下一个资本循环就不可能正常进行。

现实的产业资本循环是连续不断进行的，这是由资本主义生产的技术基础决定的，而且也是资本主义生产目的的要求。社会化的生产要求生产过程和流通过程连续不断地进行，只有这样，才能满足资本家连续不断地榨取剩余价值的要求。

产业资本要实现连续不断的循环运动，必须具备以下两个条件。

第一，产业资本的三种职能形式在空间上必须保持并列存在。也就是说，全部资本不能同时存在于一种形式上，必须根据生产内容、购销条件等，把全部资本按一定比例分割为货币资本、生产资本和商品资本三个部分，使其在空间上同时存在。这样，当一种资本形式依次转化为另一种资本形式时，就有其他的资本形式顺次转化来填充它的位置，以保持资本运动的连续性。在空间上并存的三部分资本该占多大的比例，取决于企业生产的性质、技术水平、购销状况等。如果三部分比例失调，循环运动同样不能顺利进行，甚至中断。

第二，产业资本的三种职能形式在时间上必须保持依次相继转化。也就是说，每一种职能资本，都必须连续不断地通过资本循环的三个阶段，相继进行转化，依次改变它的职能形

式，最后回到货币资本形式。生产资本要不断地转化为商品资本，再转化为货币资本，最后回到生产资本形式；商品资本要不断地转化为货币资本，再转化为生产资本，最后回到商品资本形式。任何一种职能形式的资本都要按照顺序依次转化其形式，顺次经过三个阶段，不论资本循环的哪一个阶段出现问题或发生停顿，都会使整个资本循环发生中断。

产业资本的三种职能形式的并列存在和相继运行，是互为条件、互为前提的。并列存在是继起运行的前提，没有并列存在，就不可能有继起运行；没有继起运行，并列存在也就失去意义。资本只有在连续不断的循环运动中成为一个活跃的经济肌体，才能实现其目的。因此，并存性和继起性是产业资本保持正常连续循环运动的必要条件。但是，在资本主义制度下，由于存在一系列矛盾，使得这种条件经常遭到破坏，因此产业资本的循环只能在不断中断和破坏中进行。

二、产业资本的周转

由于资本对剩余价值的追求是无止境的，因此资本循环也要不断重复、一个循环连着一个循环、周而复始地进行下去。当资本不是当做孤立的行为，而是当做周而复始的、不断重复的过程，就是资本周转。资本循环和资本周转都是产业资本运动的形式，但它们考察的角度不同。考察资本循环，主要是分析资本在运动中必须经过的阶段和要采取的职能形式，从资本运动的连续性方面揭示剩余价值的生产和实现；而考察资本周转，则要分析影响资本周转的因素，揭示资本周转速度对剩余价值生产和实现的影响。

(一) 周转时间和周转次数

产业资本的周转速度，可以从周转时间和周转次数两个方面进行考察。

1. 资本周转时间

资本周转时间，实际上是资本循环一次所需要的时间。时间越短，说明周转速度越快；反之越慢。所以，资本周转时间与速度成反比，它是衡量周转速度的反向指标。

资本周转时间是指产业资本从一定形式出发，经过循环运动，带来剩余价值，然后又回到原来出发点所经历的时间。资本周转时间长短又是由什么来决定的呢？

按照资本周转时间结构来划分，资本周转时间可以分为生产时间和流通时间。

资本的生产时间就是资本在生产领域中的时间。生产时间又可以细分为劳动时间和非劳动时间。劳动时间就是创造价值和剩余价值的时间，生产时间首先取决于生产过程和产品的性质，生产过程和产品的性质越复杂，劳动时间越长；其次，取决于生产技术水平、工艺组织管理水平，这些因素水平越高，生产产品所需要的劳动时间就越短。非劳动时间是指生产资料进入生产领域，但没有和劳动力结合的时间。它包括生产资料储备时间、自然力独立作用于劳动对象的时间和停工时间。生产资料储备时间是指生产资料已经进入生产领域，但还没有投入生产过程的那一段时间。其储存时间的长短，取决于生产状况和原材料供应状况。自然力独立发挥作用的时间，是指依靠自然力作用使劳动对象发生预定变化的时间。停工时间主要是指机器设备在正常维修或工人休息时而停止发挥作用的时间。劳动时间和非劳动时间的比例对于剩余价值创造会有重要影响。当生产时间已定时，非劳动时间越短，劳动时间就越长，生产时间和劳动时间的差距就越小，就可以创造出更多的剩余价值。因此要减少不必要的生产库存、缩短劳动对象受自然力作用的时间、减少生产过程中短的时间等。

资本的流通时间是指资本在流通领域停留的时间。流通时间又可细分为购买时间和销售时间两部分。购买时间是资本由货币形式转化为生产要素的时间；销售时间则是资本由商品资本转化为货币资本的时间。流通时间中对资本周转影响最大的是销售时间。因为现代市场竞争日益激烈，销售商品比购买商品更加困难，而由商品到货币的转化是否成功，是价值和剩余价值能否实现的关键。影响流通时间的主要因素有商品供求状况、企业的地理位置及交通运输和信息条件等。

2．资本周转次数

资本周转速度，可用资本周转次数来表示。所谓资本周转次数，是指预付资本在一年内的周转次数。其公式为

$$n=\frac{U}{u}$$

U 为一年 12 个月；u 为一定量的资本周转一次所需要的时间。

例如，资本甲周转一次需要 2 个月，那么它在一年之内的周转次数就是 12÷2=6，即每年周转 6 次。资本乙周转一次需要 6 个月，它的周转次数就是 12÷6=2，即一年周转 2 次。这说明，资本甲比资本乙的周转速度快。资本周转速度与资本周转次数成正比，它是用来衡量资本周转速度的正向指标。

资本的周转时间与资本的周转次数是按反比例变化的。在一定的时间中，资本周转时间越短，则周转次数越多，资本周转速度就越快；反之，资本周转时间越长，则周转次数越少，周转速度就越慢。可见，资本的周转速度与资本的周转次数成正比，与资本的周转时间成反比。

资本周转速度的快慢关系到一定数量的产业资本所带来的剩余价值量的多少，或者说，同量的资本就能发挥更大的作用。资本周转速度的加快，能给资本家节约大量资本，减少资本的追加，并带来更多的剩余价值，所以资本家总是想方设法提高自身企业的资本周转速度。

（二）固定资本与流动资本

影响资本周转速度的因素，除了前面讲到的决定生产时间和流通时间长短的诸因素外，生产资本的构成也是一个极重要的因素。生产资本的构成主要指固定资本和流动资本各自在生产资本中所占的比例。之前，我们曾经按照生产资本中各个不同部分在价值增殖过程中的不同作用，将生产资本划分为不变资本和可变资本，目的是为揭示剩余价值的真正来源；从考察生产资本周转速度为目的出发，按照生产资本各部分在其价值转移方式和周转方式方面的不同，将生产资本划分为固定资本和流动资本。

固定资本是以机器、设备、厂房、工具等劳动资料形式存在的生产资本。厂房、机器设备等资本的特点是：在一个较长时期内，其物质形态全部参加生产过程，但它们并不是一次生产过程就全部消耗掉，而是可在多次生产过程中发挥作用。这样一种价值周转方式，称为价值逐次转移。以价值逐次转移为周转方式的劳动工具，周转时间长，从物质形态上来看，固定资本全部参加生产过程，持续时间较长，分多次发挥作用直至报废；从价值形式上看，固定资本的价值按照它在生产过程中的损耗程度逐步、一部分一部分

地转移到新产品中去，并随着新产品的出售又一部分一部分地回收，直到它的物质形式报废，价值才转移回收完毕。

流动资本是指生产资本中，全部一次性投入并一次性转移的那部分资本。具体是指用来购买原料、燃料和劳动力的那部分资本。首先，从原材料、燃料等属于劳动对象的这部分资本看，它们每参加一次生产过程，实物形态不仅全部投入，而且全部用光，其价值形态也就一次全部转移到新产品中去。当新产品出售后，一次转移的价值又一次收回。像这种原材料、燃料的价值周转方式，称为价值一次性转移。购买劳动力的这部分资本，严格地说，这部分资本价值不会转移，而是以工资的形式付给工人后，就被工人消费掉了。但是，工人的劳动力在每一次生产过程中都会重新创造出自身的价值，并为资本所有者创造超出自身价值的那部分剩余价值，形成新产品中的新价值部分，其中包括相当于劳动力自身价值的价值。而资本所有者通过商品出售，就可以把购买劳动力的这部分资本价值全部收回。这种劳动力价值的周转方式虽不叫一次转移，但也是一次收回。从中可以看出：作为物的形式的劳动对象（原料）的物质要素经过一个生产过程全部被消费，每一个生产过程都需要不断更新。流动资本的价值实现是通过自身物质形式的一次性消费更新而一次性回收的，所以具有流动的特点；以劳动力形式存在的流动资本虽然不转移到新产品中去，但是工资是劳动者在生产过程中重新创造出来，并以此全部加入新产品价值中，随着产品销售全部回到资本家的手中，它的价值周转方式和流动资本中用于劳动对象的部分相同。

固定资本和流动资本的区别在于：①价值周转方式不同，固定资本是一次预付，分批收回；流动资本是一次预付，一次收回；②周转时间不同，固定资本的价值周转慢，流动资本的价值周转快，流动资本的价值周转多次，固定资本的价值才可能周转一次；③价值回收方式不同，投在固定资本上的价值，是一次全部预付出去，在固定资本整个发挥作用时间内逐渐收回，投在流动资本上的价值，是一次预付出去，一次全部收回；④实物更新方式不同；固定资本一次购买，长期使用，报废时才进行更新，流动资本是不断购买，不断地以实物形式更新。

固定资本和流动资本的划分和之前的不变资本与可变资本的划分是完全不同的。①二者划分的依据不同；②划分的内容不同，不变资本包括用于劳动资料和劳动对象的资本，而固定资本则只包含用于劳动资料的资本，可变资本只包括用于购买劳动力的资本，而流动资本既包括用于购买劳动力的资本也包括用于购买劳动对象的资本；③划分的目的不同，不变资本与可变资本的划分，是为了揭示资本主义生产剩余价值的真正来源，而流动资本与固定资本的划分，则是为了揭示生产资本的不同部分对生产资本周转速度快慢的影响，从而对生产剩余价值数量产生的影响。

（三）固定资本的损耗

流动资本的价值周转方式，是以价值的一次性转移为特征的，随着商品的售卖，流动资本当中被消耗掉的价值可以一次性收回，而固定资本则不同。固定资本的周转方式是价值分批转移，按照它的磨损程度逐渐转移到新产品中去的，固定资本被消耗掉的价值也只能分批回收。

固定资本的损耗可以分为有形损耗和无形损耗。有形损耗也叫物质损耗，是指机器、厂房、建筑物等固定资本的物质要素的损耗。损耗发生在生产过程中，是由固定资本的使用及自然力的作用而引起的，它同资本的物质形态变化相联系，看得见、摸得着，所以称做有形损耗。有形磨损产生的原因，一个是使用，另一个是自然力的腐蚀作用。作为使用引起的磨损，通常与使用强度、使用时间成正比；作为自然力作用引起的磨损，取决于自然力侵袭的程度、状态和时间，如金属工具生锈、木制设备腐蚀等。当然，除此之外它还与机器设备的质量、保养、维护状况有关。

固定资本的无形损耗也叫精神损耗，它是指固定资本在有效使用期内由于生产技术进步、劳动生产率提高而引起的资本价值上的贬值。无形损耗有两种原因：①由于制造部门技术的进步，劳动生产率提高，使得生产同样的机器设备的社会必要劳动时间减少（制造该机器设备或者该固定资本的行业平均成本降低），进而使得原有的固定资本的价值相应降低；②由于制造部门生产出了新的能够提高劳动生产率水平的机器设备以及新技术的发明和应用，从而使原有的机器设备继续使用下去在经济上不合算，只好提前淘汰而导致的贬值。

对于固定资本的损耗，资本家总是千方百计地提高固定资本的利用率。因为固定资本的使用年限总是小于由其物质结构和有形损耗所决定的物质上的自然寿命。所以只有提高利用率，做到物尽其用，才能尽量避免损失。随着当代科技进步的加快，竞争加剧，资本家更是尽可能地提高劳动者的劳动强度，延长劳动时间和增加工作班次，以提高固定资本的利用率，减少和弥补固定资本的无形损耗。

固定资本按照损耗程度逐渐转移到新产品中去的价值，必须在产品销售以后作为折旧基金提取并积累起来，进行价值补偿，以便在固定资本价值全部转移完毕时，用于固定资本的更新。也就是说，资本所有者为了保证机器设备损耗到报废的程度时，有相应的钱购置新的机器、设备，就必须把每次转移到新产品中去的那部分固定资本的价值，从出售商品的收入中提取出来，并以货币形式积累起来，以便到时候进行设备更新。固定资本发生损耗需要进行价值补偿和物质替换，固定资本在物质形式上的替换就是固定资本的更新，即价值补偿和物质替换。固定资本的折旧则是固定资本按照平均损耗程度将每年转移到新产品中去的价值从销售商品的收入中提取并积累起来，用于更新固定资本的做法。根据固定资本损耗程度以货币形式逐年提取的固定资本补偿金叫做折旧费或者折旧基金。折旧基金通常以一年度为单位来提取。折旧费的计算公式是

$$折旧费=\frac{固定资本原始价值}{固定资本平均使用年限}$$

提取的折旧费与固定资本原始价值的比率，叫折旧率。折旧率的计算公式是

$$折旧率=\frac{折旧费}{固定资本原始价值}\times 100\%$$

如某厂家购进一台价值 10 万元的机器，而这台机器使用 5 年后彻底报废。就这台机器来说，该厂家每年应提取的折旧费为 10÷5=2（万元），而这台机器的折旧率为 2÷10 =20%。

折旧率是反映固定资本损耗程度的指标，折旧率高，表明机器、设备等在一次生产过程中磨损厉害；反之则相反。因此，衡量一个企业的固定资本损耗程度和折旧情况，通常以折旧率为标准。固定资本折旧率的高低与固定资本更新密切相关。如果折旧率偏低，固定资本

更新的周期就长，直接影响技术进步和劳动生产率的提高，甚至降低劳动生产率；如果折旧率偏高，固定资本更新过快，就会使劳动资料过早报废，人为地加大产品成本或造成劳动资料紧张。

(四) 预付资本的总周转

预付资本又称垫支资本，是指资本所有者为获取剩余价值用于购买生产资料和劳动力的全部货币资本。所谓预付资本总周转，是指预付资本中固定资本和流动资本的平均周转。生产资本的构成对预付资本总周转速度的影响有两个方面：①固定资本和流动资本的比例；②生产资本中固定资本和流动资本本身的周转速度。那么，如何计算预付资本的总周转速度呢？

生产资本中固定资本周转慢，流动资本周转快，另外，固定资本和流动资本在预付总资本中各自所占的比重也会不断发生变化，那么要考察资本的总周转速度，既不能只看固定资本，也不能只看流动资本，而必须把生产资本的各个组成部分都化为同质的货币形式，将固定资本和流动资本各自在一年中周转的价值额合计起来，除以预付资本总额，即把固定资本和流动资本的周转速度平均起来计算。其计算公式为

$$\text{预付资本一年的总周转次数}=\frac{\text{一年中固定资本周转价值总额}+\text{一年总流动资本周转价值总额}}{\text{预付资本总额}}$$

假定某企业全部预付资本为10000元，其中固定资本为8000元，流动资本为2000元。在固定资本8000元中，厂房价值为3000元，可使用30年，每年周转的价值是100元；机器价值为4000元，可使用10年，每年周转价值是400元；工具价值1000元，可使用5年，每年周转价值是200元，因此固定资本年周转价值总额为100+400+200=700元。而流动资本2000元，每年周转5次，因而年周转价值总额是2000×5=10000元。这样，该企业预付资本年周转次数为（700+10000）/10000=1.07次。

预付资本总周转速度，一是取决于固定资本和流动资本的周转速度。固定资本和流动资本在预付资本中的比重既定时，总周转速度取决于固定资本和流动资本各自的周转速度。固定资本和流动资本本身周转快，预付资本总周转速度就越快；反之就越慢。二是取决于固定资本和流动资本各自在生产资本中所占的比重。在固定资本和流动资本各自的周转速度既定时，预付资本总周转速度取决于固定资本和流动资本的比例。因为固定资本周转慢，流动资本周转快，所以，流动资本所占比重越大，总周转就越快；反之，固定资本所占比重越大，则预付资本总周转速度就会越慢。当然，固定资本和流动资本的比例，不可以随意改变，多少固定资本配多少流动资本，是由产品性质和技术条件决定的。保持合理的比例，资本总周转才能快起来，比例不合理，不是固定资本闲置，就是流动资本积压和浪费，都会延缓资本总周转速度。

(五) 资本周转速度对剩余价值生产的影响

资本周转速度快慢，对剩余价值的生产有很大的影响，主要表现在以下几方面。

第一，加快资本周转速度，可以节省预付资本，特别是节省预付的流动资本。随着资本周转速度的加快，可以减少或避免固定资本的无形磨损，同时也可以使同样生产规模所需的

流动资本减少，节约预付资本量。这样资本家可以将节省下来的资本购置生产效率更高的机器，或进行扩大再生产，获取更多的剩余价值。

第二，加快资本周转速度，可以增加年剩余价值量和提高年剩余价值率。所谓年剩余价值量，就是一年内生产的剩余价值总额，年剩余价值率则是一年内生产的剩余价值总额与预付可变资本价值额之比。如果用 M 表示年剩余价值量，m' 表示剩余价值率，v 表示可变资本，n 表示可变资本的周转次数，则有如下公式

$$M=m' \cdot v \cdot n$$

年剩余价值量的大小，直接决定着年剩余价值率的高低。年剩余价值总量和预付可变资本的比率就是年剩余价值率，以 M' 代表年剩余价值率，其公式为

$$\text{年剩余价值率}（M'）=\frac{\text{一年内生产的剩余价值总量}}{\text{一年内预付的可变资本}}=m$$

预付总资本中的一部分被用来购买劳动力的预付可变资本，在剩余价值率不变的情况下，若可变资本周转速度加快，则增大年剩余价值率，提高年剩余价值量，一年中同样的预付可变资本可以雇用更多的工人，生产出更多的剩余价值。

(六) 资本周转理论的意义

马克思的资本周转理论，不仅对资本主义企业的管理及运行有重要的指导意义，对社会主义企业的资金循环也是适用的。第一，社会主义企业资本运动也必须顺次经过购买、生产、售卖三个阶段，实现价值增长。为了保证企业资金循环的正常进行，必须依据这一原理，将全部资金分成货币资金、生产资金和商品资金，使循环的三个阶段在时间上继起、三种循环在空间上并存，搞好供产销；第二，社会主义企业还必须依据马克思关于资本周转的理论，加速企业资金周转，以节省预付资金，提高经济效益，用同样多的资本生产出更多的产品，以实现利润最大化目标。为了加速企业资金周转，必须努力缩短生产时间和流通时间。生产中广泛使用新的科学技术，对现有企业进行技术改造，提高劳动生产率。

第二节　社会资本的再生产

一、社会资本再生产的核心问题和理论前提

(一) 单个资本与社会资本

在资本主义社会里，资本主义私有制决定了各个企业的资本分别属于不同资本家或资本家集团所有，每个企业的资本在再生产过程中都独立进行循环和周转，实现价值的增殖。这种独立经营并发挥资本职能的资本叫做单个资本或个别资本。同时，各个企业的单个资本又是相互联系相互依存的。这种相互联系、相互依存的单个资本的总和构成社会资本或者社会总资本。

单个资本要不断实现价值增值，就必须进行再生产，连续不断地进行资本的循环与周转运动。由于各个单个资本是相互联系、相互依存的，所以单个资本的运动也是相互联系、彼

此交错、互为条件的。如甲企业销售商品，在他的商品资本转化为货币资本的同时，购买这种商品的乙企业的货币资本就转化为生产资本。资本主义社会里这种相互交错、互为条件的各个单个资本运动的总和构成社会总资本的运动。

社会资本的运动与单个资本的运动既有区别又有联系。其共同之处在于：从运动的内容看，都包含着剩余价值的生产过程；从运动的形式看，都相继采取货币资本、生产资本、商品资本三种职能形式，并完成三种循环形式；从运动的环节和过程看，都要依次经过购买、生产、销售三个阶段，都是生产过程和流通过程的统一；从运动的目的看，都是为了价值的增殖。但是，另一方面，社会资本的运动又与个别资本的运动存在着区别。这种区别主要在于：单个资本运动的内容只包括生产消费以及与此相适应的资本流通，而不包括工人和资本家的个人消费以及与此相适应的一般商品流通，因为这些个人生活消费是在资本主义企业之外进行的，并不属于单个资本运动本身的范围；社会资本的运动则不同，它既包括生产消费以及与此相适应的资本流通，又包括个人消费以及与此相适应的一般商品流通。

在资本运动中，只有商品资本的运动公式既包括一般商品流通和资本流通，又包括生产消费和个人消费。因此，研究社会资本运动必须以社会总商品资本运动公式作为分析的出发点。

（二）社会资本运动的核心问题

社会总资本再生产的核心问题是社会总产品的实现问题。

社会总产品是指物质生产部门在一定时期（通常为一年时间）内所生产出来的全部物质资料的总和。社会总产品的实现问题，就是社会总产品的各个组成部分如何实现价值补偿和替换问题。

所谓价值补偿，是指社会总产品的各个组成部分的价值如何通过商品的出售以货币形式收回，用以补偿生产过程中消耗的不变资本和可变资本，并且获得剩余价值，以便继续进行再生产。

所谓实物替换，是指社会总产品的各个组成部分通过出售转化为货币形式以后如何再转化为所需要的物质资料，其中包括：资本家从哪里买到所需要的生产资料以便进行再生产；工人和资本家用从哪里买到所需要的消费资料以便进行生活和劳动力的再生产。

如果消耗掉的预付资本价值不能收回，消耗掉的生产资料不能用新的实物加以替换，资本家和工人不能买到消费资料，社会再生产就无法正常进行，就会发生中断。所以，社会资本再生产的核心问题是社会总产品的实现问题。

（三）考察社会资本运动的理论前提

为了考察社会总产品的实现及其所需要的条件，首先要分析社会总产品的构成状况以及与此相适应的社会生产的划分。

马克思从实物形式和价值形式两个方面来分析社会总产品的构成。资本主义社会的社会总产品，在实物形式上按其最终用途可分为生产资料和消费资料，其中的生产资料用于补偿生产中消耗掉的生产资料和用于扩大再生产，消费资料则用于资本家和工人的个人消费需要。与此相适应，整个社会生产也分为两大部类：第一部类（用符号Ⅰ表示）是生产生产资料的部类，第二部类（用符号Ⅱ表示）是生产消费资料的部类。资本主义社会的社会总产品从价值形式上分为三个组成部分：不变资本价值（c）、可变资本价值（v）和剩余价值（m）。

其中 c 是生产资料转移过来的旧价值，v+m 是雇佣劳动者的全部劳动创造的新价值。

由于社会资本的运动就是社会资本的再生产过程，因此，社会总产品在价值上由 c、v、m 三部分构成和社会总产品在实物形式上由生产资料和消费资料两部分构成及社会生产分为两大部类，是研究社会资本再生产的两个基本理论前提。马克思以这两个基本原理作为前提，科学地解决了社会总产品按价值和实物实现的一系列问题，为科学揭示社会资本再生产和流通的规律性奠定了坚实的理论基础，解决了资产阶级经济学在再生产问题上长期没有提出也没有解决的问题。

二、社会资本的简单再生产

社会再生产过程是不断重复和经常更新的生产过程。社会再生产过程是物质资料再生产和生产关系再生产的统一。社会再生产按其规模可分为简单再生产和扩大再生产。

(一) 简单再生产的概念及其特点

资本主义的简单再生产就是剩余价值全部被用于资本家个人消费，生产在原有规模上重复进行的再生产过程。例如，某一资本家在第一次生产过程中投入的资本是 5000，其中不变资本 4000，可变资本 1000，假定剩余价值率为 100%，商品价值则为：4000c+1000v+1000m=6000。在再生产中，1000m 全部被用于资本家个人消费，第二次生产过程投入的资本仍为 5000，所生产的商品价值仍为 6000。

资本主义简单再生产虽然只是按同一规模重复进行的再生产过程，但是从这种重复的再生产过程考察中，可以揭示出资本主义生产过程的一些新特点。

首先，可变资本是由工人创造的。从单独一次生产过程来看，工人的工资似乎是由资本家预付给工人的；从再生产的连续过程来看，工人这一次生产过程得到的工资，正是他前一次生产过程所创造的。因此，工人的工资是他自己创造的价值的一部分。

其次，全部资本都是工人创造的。例如，资本家有 5000 元资本，每次生产过程都能获取 1000 元剩余价值。在简单再生产条件下，剩余价值全部用于资本家个人消费，这样，经过不断重复的 5 次生产过程，他所消费的价值总额就和他原有资本的数额相等。换句话说，他现存的 5000 元资本，实际上全部是由剩余价值转化而来的。因此，不管资本家最初的资本是从何而来的，经过再生产的若干周期，原有的资本都会转化为由雇佣工人创造的剩余价值构成。

最后，工人的个人消费只是资本再生产的一个要素。孤立地考察一次生产过程，工人的个人消费似乎是在生产过程以外进行的，似乎与资本的生产过程无关。但是，从再生产过程来考察，工人在一次生产过程中的劳动力消耗得到补偿，只是为下一次生产过程提供了所需要的劳动力。工人的个人消费只是在资本再生产需要的限度内，才是必要的。即使在生产过程以外，工人也是资本的附属物。无论在生产过程之内还是之外，工人的个人消费都只是资本再生产的一个要素。

总之，从对资本主义简单再生产过程的考察中，可以清楚地看到，资本主义再生产就是物质资料再生产和资本主义生产关系再生产的统一。

(二) 资本主义简单再生产的实现过程

根据社会总产品在价值上分为 c、v、m，社会生产按社会总产品的实物构成分为两大部类的原理，假定第 I 部类的不变资本是 4000，可变资本为 1000，剩余价值率是 100%，剩余价值为 1000，第 II 部类的不变资本是 2000，可变资本是 500，剩余价值率为 100%，剩余价值是 500。全年社会总产品的构成可以表示为

I 4000c+1000v+1000m=6000（生产资料）

II 2000c+500v+500m=3000（消费资料）

为使第二年能够按原来规模进行再生产，两大部类的全部产品必须经过交换，才能实现价值补偿和实物补偿。

社会资本简单再生产的实现过程表现为三个方面的交换关系：①第一部类需要的生产资料部分可以在本部类内部实现；②第二部类需要的个人消费资料部分可以在本部类内部实现；③第一部类需要的个人消费资料部分必须和第二部类需要的生产资料部分相交换。因此，在这三个方面的交换关系中，两大部类之间的交换是最基本的交换关系。只有遵循两大部类之间的比例关系以及两大部类内部的比例关系，社会资本简单再生产才能顺利运行、协调发展。

（1）第 I 部类内部的交换。第 I 部类的 4000c，这部分产品的实物形态是生产资料。在年初开始生产的时候，第 I 部类预付价值 4000c 的生产资料，这些生产资料到年末结束生产时，全部被消耗掉，变成社会的现实产品。在下年初社会生产再开始时，必须用本部类内部的产品（即 4000c）进行补偿，具体办法是：4000c 中的一小部分产品直接进入本企业的再生产过程，作为生产资料补偿消耗掉的那些同种不变资本要素；另一部分产品则要通过第 I 部类内部各企业之间的交换来实现补偿。

（2）第 II 部类内部的交换。第 II 部类的 500v 和 500m，从价值上看，是用来支付工人工资和作为资本家个人消费的消费基金，将全部用于购买消费资料；从实物形式上看，是消费资料。因此，第 II 部类这部分产品，可以通过第 II 部类内部工人和资本家购买本部类的各种消费品而得到实现。

（3）两大部类之间的交换。通过上面的两大交换，第 I 部类还有余下的，用于补偿预付可变资本的 1000v 和代表剩余价值的 1000m 要进入资本家和工人的个人消费，但它们存在的实物形式还是生产资料，需要同第 II 部类交换，而第 II 部类用于补偿消耗掉的不变资本 2000c 应由生产资料来替换，但它们的实物形式还是消费资料，需要同第 I 部类交换。两大部类之间交换的结果，使第 I 部类（1000v+1000m）的产品价值得以实现，并使工人和资本家得到了相等的生活资料。这样，第 I 部类的（1000v+1000m）和第 II 部类的 2000c 的产品都得到了实现。

上述两大部类的各个组成部分的交换，可以用下面的图表示（①②③分别代表上述三个方面的交换关系）。

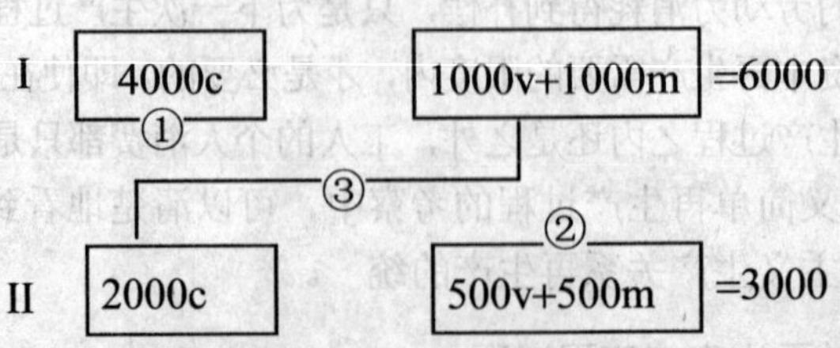

可见，在简单再生产的情况下，如果撇开作为媒介的货币流通，社会总产品的实现就是通过上述三种基本交换关系进行的。

（三）社会资本简单再生产的实现条件

社会总产品的价值补偿和实物补偿，是通过两大部类内部以及两大部类之间的交换实现的，为了使社会总产品全部实现补偿，总产品的各个组成部分必须保持一定的比例关系。这种比例关系，就是社会总资本简单再生产的实现条件。

（1）第 I 部类的可变资本和剩余价值之和应当等于第 II 部类的不变资本。

$$\mathrm{I}(v+m)=\mathrm{II}\,c$$

这一实现条件表明，两大部类互为前提、相互制约的内在联系。这是社会总资本简单再生产的基本实现条件。

（2）第 I 部类的全部产品价值，应当等于两大部类不变资本之和。

$$\mathrm{I}(c+v+m)=\mathrm{I}\,c+\mathrm{II}\,c$$

这一实现条件表明，生产资料的生产要同两大部类对生产资料的需求保持均衡，这是从全社会生产资料供求角度考察社会总资本简单再生产正常进行的一个重要条件。

（3）第 II 部类全部产品价值，要等于两大部类可变资本与剩余价值之和。

$$\mathrm{II}(c+v+m)=\mathrm{I}(v+m)+\mathrm{II}(v+m)$$

上述三个实现条件，第一个是基本的，其余两个是从第一个实现条件派生出来的，反映了简单再生产过程中，两大部类生产所必须遵循的客观比例。

三、社会资本的扩大再生产

（一）扩大再生产的概念及其特点

扩大再生产是指因生产要素数量的增加和生产场所的扩大，或者生产要素质量的改善和使用效率的提高，使生产在扩大的规模上进行的再生产。积累是扩大再生产的重要源泉。

资本主义的生产方式是与商品经济的发展和雇佣劳动联系在一起的，表现为劳动过程和价值增殖过程的统一。既然其表现为劳动过程和价值增殖过程的统一，也就表现为不断扩大的社会消费和社会再生产。

（二）社会资本扩大再生产的前提条件

扩大再生产有内涵扩大再生产和外延扩大再生产两种类型。我们这里着重分析的是外延扩大再生产，同时，所揭示的扩大再生产的一般规律，也同样适用于内涵的扩大再生产。

资本主义生产的特征是扩大再生产。进行社会资本的扩大再生产必须是由资本积累作为追加资本投入生产。资本积累所形成的追加的资本分为两部分：①作为追加的不变资本，用于购买追加的生产资料；②作为追加的可变资本，用于购买追加的劳动力。资本主义制度下，扩大再生产所需要的追加的劳动力可以从庞大的产业后备军中得到补充，主要问题在于，在社会总产品中，必须为扩大再生产的实现提供追加的生产资料以及提供追加的劳动力所需要的消费资料。

第一，社会总产品中必须包含有扩大再生产所要追加的生产资料。由于扩大再生产所追加的生产资料是由生产生产资料的第一部类生产的，因此，第一部类的年产品除了满足两大

部类简单再生产对生产资料的需要外，还必须有一个余额，用于满足两大部类扩大再生产对追加生产资料的需要。用公式表示为

$$\text{I}\,(c+v+m) > \text{I}\,c + \text{II}\,c$$

不等式两边去掉相等的部分，可以简化为

$$\text{I}\,(v+m) > \text{II}\,c$$

这是社会资本扩大再生产的第一个基本前提条件，表明第一部类向第二部类提供的生产资料，必须满足两大部类扩大再生产对追加生产资料的需要。

第二，社会总产品中还必须为扩大再生产所需要追加的劳动力提供足够的消费品。扩大再生产需要追加劳动力，而劳动力所需要的消费品又都是由生产消费资料的第二部类生产出来的，因此，第二部类一年中所生产的全部消费资料，除了满足两大部类简单再生产过程中工人和资本家对消费资料的需要外，也必须有相当一部分多余的消费品，用于满足两大部类扩大再生产对追加消费资料的需要。如果用 m/x 表示剩余价值中供资本家个人消费的部分，那么 m–m/x 就表示剩余价值中积累用的部分。用公式表示为

$$\text{II}\,(c+v+m) > \text{I}\,(v+m/x) + \text{II}\,(v+m/x)$$

不等式两边去掉相等的部分，可以简化为

$$\text{II}\,(c+m-m/x) > \text{I}\,(v+m/x)$$

这是社会资本进行扩大再生产的第二个基本前提条件，它表明第二部类向第一部类提供的消费资料，还必须满足两大部类扩大再生产对追加消费资料的需要。

（三）资本主义扩大再生产的实现过程

满足上述两个条件之后，资本主义社会的扩大再生产进行就具备了可能性。但是，要使简单再生产转化为扩大再生产，资本主义还要通过资本积累，使社会总产品和社会生产结构按照扩大再生产的上述两个条件进行调整和重新组合，而且要使社会总产品的各个组成部分全部得到实现。根据扩大再生产两个前提条件的要求，马克思设定了社会资本扩大再生产条件下全年社会总产品的构成如下

$$\text{I}\ 4000c+1000v+1000m=6000$$

$$\text{II}\ 1500c+750v+750m=3000$$

在这一组公式当中，可以明显地看到，I（1000v+1000m）>II 1500c，符合 I（v+m）>II c 这个扩大再生产的基本前提条件，具备了资本积累和扩大再生产的可能。为了进行扩大再生产，必须从社会总产品中提供出追加的生产资料和追加的消费资料，因此，上述社会总产品 9000 就必须按照扩大再生产的用途重新进行调整和组合。

假定第一部类的资本积累率是 50%，就是说，资本家把剩余价值 1000 中的一半即 500m 用做追加的资本，另一半 500m 作为资本家个人的生活消费。又假定社会资本的扩大再生产按照原有的资本有机构成 4∶1 进行，因而追加资本 500m 按照 4∶1 的比例转化为追加的不变资本 400Δc 和追加的可变资本 100Δv。这样，第一部类的全部产品的价值按照扩大再生产的用途就重新组合为如下

$$\text{I } 4000c+400\Delta c+1000v+100\Delta v+500m=6000$$

$$\text{即 I } 4400c+1100v+500m=6000$$

重新组合的第一部类的社会总产品中，不变资本 4400c 代表用于维持可扩大第一部类再生产的生产资料的价值，而其实物形态就是生产资料，因此这部分产品可在本部类内部通过各部门和各企业之间的交换得到实现和替换。剩下的可变资本和剩余价值 1600（1100c+500v），在价值上代表第一部类工人和资本家用于个人消费的部分，而它在实物形态上却是生产资料，因此这部分产品只有与第二部类的消费资料进行交换才能得到实现和替换，同时，也只有通过这个交换，才能使第二部类消耗掉的生产资料得到补偿。但是，由于第二部类需要在实物上替换的不变资本价值只有 1500c，比第一部类需要与他交换的 1600c 少 100c。因此，第二部类资本家有必要从剩余价值 750m 中提取 100m，用做追加扩大再生产的不变资本；假定第二部类在扩大再生产过程中同样地保持资本有机构成不变，仍然保持为 2:1，那么就必须在从剩余价值中提取 50m 用做追加的可变资本，从而使第二部类的生产规模相应的扩大。这样，第二部类的全部产品的价值按照扩大再生产的要求就重新组合如下：

$$\text{II}（1500c+100\Delta c）+（750v+50\Delta v）+600m=3000$$

$$\text{即 II } 1600c+800v+600m=3000$$

重新组合的第二部类的社会总产品中，800v+600m 的可变资本和剩余价值，代表用于第二部类工人和资本家的消费资料的价值，而它在实物形态上也是消费资料，因此这部分产品可通过第二部类内部的部门和企业之间相互交换得到实现和替换。剩下的 1600c 在价值上代表着第二部类已消耗掉的和即将追加的生产资料，但它在实物形态上却是消费资料，因此，这部分又通过同第一部类的消费资料进行交换才能得到实现。

社会总产品经过资本积累进行重新组合，就为社会资本扩大再生产进行和实现创造了条件。从上面的分析可以看出，社会资本扩大再生产的进行和实现同简单再生产的情况一样，也是需要通过三方面的交换才可以实现的：①第一部类的 4400c，通过本部类内部的交换得到实现；②第二部类的 800v+600m，也是通过本部类内部交换得到实现；③第一部类的 1100v+500m 和第二部类的 1600c，通过两大部类之间的相互交换得以实现。这一实现过程可表示为。

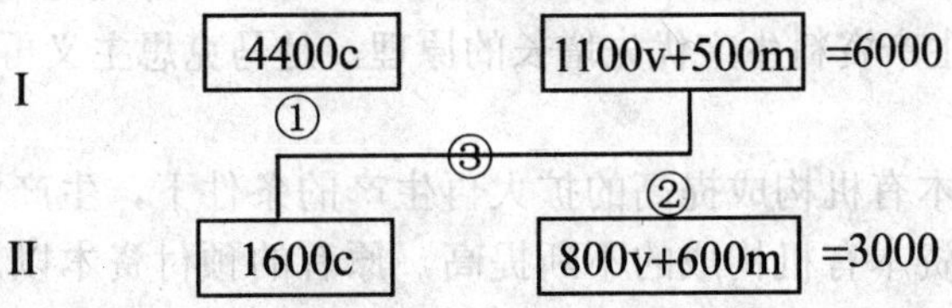

通过上述三个方面的交换，社会总产品得到全部实现，下一年的社会资本扩大再生产就能够顺利进行。在下一轮的扩大再生产过程中，如果剩余价值仍然为 100%，那么，到年末两大部类生产出来的社会总产品的价值构成如下：

$$\text{I } 4400c+1100v+1100m=6600$$

$$\text{II } 1600c+800v+800m=3200$$

到下一年的年末，社会总产品的总价值由上一年的 9000 扩大为 9800，实现了扩大再生产。上述过程循环往复地往下进行，以后各年的社会资本扩大再生产的实现过程可以作类似的分析。

(四) 社会资本扩大再生产的实现条件

从上述分析中，可以揭示出社会资本扩大再生产的基本实现条件，同样必须使两大部类相互交换的产品之间保持一定的比例关系，即第一部类原有的可变资本价值，加上追加的可变资本价值，再加上本部类资本家用于个人消费的剩余价值，三者之和应等于第二部类原有不变资本价值和追加不变资本价值之和。这个基本实现条件用公式表示为

$$\text{I}(v+\Delta v+m/x)=\text{II}(c+\Delta c)$$

从社会资本扩大再生产的基本实现条件，同样可以引申出另外两个实现条件：一个条件是，第一部类全部产品的价值，必须等于两大部类原有的不变资本价值和追加的不变资本的价值之和。用公式表示为

$$\text{I}(c+v+m)=\text{I}(c+\Delta c)+\text{II}(c+\Delta c)$$

另一个条件是，第二部类全部产品的价值，必须等于两大部类原有的可变资本价值、追加的可变资本价值以及资本家用于个人消费的剩余价值之和。用公式表示为

$$\text{II}(c+v+m)=\text{I}(v+\Delta v+m/x)+\text{II}(v+\Delta v+m/x)$$

社会资本扩大再生产的实现条件，反映了在扩大再生产过程中，社会生产和社会消费之间同样存在着密切的内在联系，表明两大部类的积累和扩大再生产是相互依赖、互相制约的。第一部类积累和扩大再生产的规模，决定第二部类的积累和扩大再生产的规模；第二部类积累和扩大再生产，对第一步类的扩大再生产也有制约作用。

(五) 生产资料生产的优先增长

上面对社会资本扩大再生产现实问题的分析，是以社会生产技术没有进步，从而资本有机构成不发生变化的假设为条件的。但实际上，资本主义的扩大再生产往往是在技术进步，从而资本有机构成不断提高的条件下进行的。在以技术进步为特征的扩大再生产过程中，随着资本有机构成的不断提高，就会发生第一部类生产比第二部类生产增长快的现象，即生产资料生产优先增长。生产资料生产优先增长的原理，是马克思主义再生产理论的一个十分重要的组成部分。

在技术进步和资本有机构成提高的扩大再生产的条件下，生产资料生产之所以必然优先增长，是因为随着资本有机构成的不断提高，原有的预付资本以及由剩余价值转化而来的追加资本中，转化为不变资本的比重必然越来越大，转化为可变资本的比重必然越来越小，也就是不变资本的增长，必然快于可变资本的增长。因此，社会对生产资料需求的增长，必须快于用以保证劳动力再生产的消费资料需求的增长。这样，在其他条件不变的情况下，生产资料生产的增长必然快于消费资料生产的增长速度。只有这样，才能使社会总产品的各个组成部分在价值上和物质上得到补偿。而且，从第一部类内部来看，要使生产资料的生产增长快于为第二部类制造生产资料的生产增长。列宁曾出："增长最快的是制造生产资料的生产资料生产，其次是指在消费资料的生产资料生产，最慢的是消费资料的生产。"因此，生产资料生产优先增长是有条件的，这个条件就是技术进步而引起的资本有机

构成的不断提高。

列宁认为，在技术进步条件下进行扩大再生产时，生产资料生产优先增长是一个普遍规律。这一规律已为机器大工业产生以来许多国家经济发展的历史所证实。但这也只是表明经济发展中一种必然的趋势，并不意味着生产资料生产的增长在每个场合和每时每刻都毫无条件地快于消费资料生产的增长。实际上，在每个具体的历史时期内，生产资料生产和消费资料生产在发展速度上的对比关系，往往决定于各种具体的政治、经济条件。其次，生产资料生产的优先增长，只是在技术进步的扩大再生产条件下两大部类按比例协调发展的客观要求，并不意味着生产资料生产可以脱离消费资料的生产而孤立、片面地发展，更不是说生产资料生产发展得越快，越是超过消费资料生产增长的速度，就越能实现扩大再生产。

生产资料生产的增长，归根到底要依赖于或受制于生活资料或者说是消费资料生产的增长，具体表现在：首先，第一部类扩大再生产所追加的劳动力对消费资料的需要要依靠第二部类生产的增长来提供；其次，第一部类为第二部类制造生产资料的生产，是为满足第二部类生产发展的需要，如果没有第二部类生产的发展，第一部类的部分产品就无法实现；最后，第一部类为本部类制造生产资料的生产，最终也受第二部类生产发展的制约，因为制造第一部类自身用的生产资料的生产，最终是为了给第二部类提供更多的生产资料，以生产更多的消费品。

第三节　资本主义经济的运行周期

一、经济危机的实质和根源

(一) 资本主义经济危机的实质

生产过剩的经济危机是资本主义生产方式的必然产物，研究经济危机的主要目的在于认识资本主义经济危机的深刻根源以及社会资本再生产的周期性质。

资本主义经济危机是指资本主义经济发展过程中周期性爆发的生产过剩危机。资本主义世界第一次经济危机是 1825 年在英国爆发的。此后，几乎每隔十年左右就要爆发一次经济危机。资本主义经济危机的主要表现是：商品大量积压，商业停顿，市场盈溢，物价猛跌；信用关系遭到严重破坏，现金紧缺，利率猛降，股票、债券等有价证券行市暴跌；工厂、商店和银行纷纷破产倒闭；失业人数剧增，实际工资下降，工人和其他劳动群众生活状况严重恶化。它如一场瘟疫，给社会造成痛苦不堪的灾难。资本主义生产过剩不是绝对过剩，并不是生产的商品过多超出了人民生活的实际需要，而是相对过剩，与劳动人民的购买力相比，是超过了有支付能力需求的过剩。因此，资本主义经济危机的实质是生产的相对过剩。

经济危机是在资本主义生产方式确立之后才爆发的，然而它产生的可能性已经包含在以货币为媒介的简单商品流通之中。

首先，危机的可能性来自商品形态变化本身，来自货币充当流通手段时产生的买卖两个阶段时间和空间上的分离，买卖脱节包含着危机的第一种可能性。

其次，危机的可能性来自货币作为支付手段而产生的债务支付连锁关系的破坏。信用交易进一步造成商品出售和付款在时间和空间上的分离，使商品生产者之间形成错综复杂的债务连锁关系，一旦债务链条的某个环节出现不能如期支付的情况，就会引起整个债务链条的断裂，导致经济危机的第二种可能性。

在简单商品经济条件下，经济危机仅仅具有可能性，并不具备现实性。危机可能性变成现实性以简单商品经济发展为资本主义经济，即以资本主义生产方式在社会生产中占据统治地位为条件。

（二）资本主义经济危机的根源

资本主义经济危机是资本主义制度特有的产物，是由于社会制度造成的生产相对过剩的经济危机。资本主义经济危机的产生原因和表现形式与其他经济危机不同，而且，资本主义经济危机有着明显的周期性。

马克思主义经济学认为生产和占有剩余价值是资本主义生产方式的根本目的和出发点，而实现这个目的的根本途径是通过资本积累和资本集中发展社会生产力。资本积累和资本集中一方面使扩大再生产成为资本主义生产的主要趋势和特征，从而使生产具有无限扩大的趋势；另一方面使财富越来越集中在少数资本家手中。伴随着资本积累和资本集中的是资本有机构成的不断提高，而资本有机构成的提高，造成了劳动力的相对过剩，直接导致了可供雇佣的劳动阶级消费的价值总量相对地减少，即其表现为资本主义生产与消费的矛盾。

资本主义经济危机的根本原因是生产社会化和资本主义私人占有的资本主义基本矛盾，这是产生经济危机的深层次原因。马克思再生产理论表明，社会再生产的正常进行要求按照社会需要的比例把社会总劳动和经济资源分配到各个部门中去。然而，资本主义私有制市场经济的性质，使其不是也不可能完全自觉地按照社会生产所需要的比例关系来安排生产，而是完全受市场价格和竞争的引导和支配，而市场的自发作用会导致社会总产品的实现条件遭到破坏，生产的供给和需求之间发生脱节，这种比例关系遭到严重破坏时就会以经济危机的形式表现出来。

资本主义经济危机的根源在于资本主义生产方式本身所包含的基本矛盾，即生产社会化和资本主义私人占有形式之间的矛盾。它是简单商品经济的基本矛盾长期发展的必然结果，是生产力和生产关系的矛盾在资本主义社会的具体表现。

资本主义基本矛盾在经济上具体表现为：①资本主义生产无限扩大的趋势与劳动人民有支付能力需求相对缩小之间的矛盾，它的激化会导致生产和消费的脱节，是引起经济危机爆发的直接原因；②个别企业内部生产的有组织性和整个社会生产无政府状态之间的矛盾，它会导致资本主义社会各生产部门之间比例关系的严重失调，发展到一定程度，社会资本再生产的实现条件就会遭到破坏，从而使危机爆发。

二、经济危机的周期性

由于资本主义基本矛盾贯穿于资本主义制度的始终，因此资本主义经济危机成为资本主义制度的必然产物，成为一种周期性的、每隔若干年爆发一次的经济现象，这就是经济危机的周期性。资本主义经济危机强制性地暂时恢复破坏了的平衡，而不能根本解决资本主义基本矛盾。当矛盾重新尖锐化，新的危机又必然爆发，因此经济危机便具有了周期性。

固定资本更新是经济危机周期性的物质基础。

首先，它是由固定资本的物质要素即生产设备，特别是机器体系，在资本主义社会再生产过程中的地位决定的。由于机器大工业阶段，机械性劳动资料成为生产的骨骼系统，因此，固定资本物质要素的再生产，可以影响和带动整个社会再生产的发展变化。

其次，它是由固定资本的周转特点即价值补偿的多次性和实物补偿的一次性决定的。这一特点使整个社会固定资本更新呈现为波浪式的周期性形式。危机总是大规模新投资的起点，固定资本大规模更新从上一次到下一次的周期，主要基于固定资本的自然寿命或有形损耗。危机阶段，资本家为摆脱困境并在竞争中获胜，在加强剥削工人的同时，必然要更新固定资本，从而推动了危机过后社会生产的恢复与发展，为经济复苏和高涨提供了物质条件。然而这一条件又使社会生产重新超过有支付能力的需求，造成生产与消费严重脱节，成为下一次经济危机发生的物质基础。

资本主义经济危机的周期性爆发，使社会资本再生产过程也具有了周期性质。从一次危机到另一次危机爆发之间的时期就是一个再生产周期。它一般包括危机、萧条、复苏和高涨四个阶段。

危机是周期的决定性阶段，它既是新周期的起点，又是前一周期的终点。在危机阶段生产和消费的矛盾以空前严重的破坏形式表现出来，它使资本主义国家全部社会活动陷入一片混乱之中。萧条是周期的停滞阶段。这时，社会生产不再下降，失业不再增加，价格停止下跌，商品销售困难，游资充斥，利率下降，社会生产停滞，整个社会经济生活呈现一片萧条景象。复苏是周期的经济恢复阶段。这时，资本家开始大规模投资，就业人数增加，购买力提高，物价回升，利润增加，信用事业发展，社会生产逐渐恢复到危机前的水平。高涨是周期的经济繁荣阶段。这时，生产高速发展，就业迅速增加，市场兴旺，物价上涨，信用关系普遍发展，贷款扩大，资本主义经济又呈现出一派“繁荣”景象。但生产的猛烈扩张，产品的日益增多，又迅速超过了劳动群众的购买力，整个社会生产又会重新陷入严重的过剩状态。当生产和消费的矛盾积累到极其尖锐的程度时，经济危机又重新爆发。

资本主义再生产周期的四个阶段互相联系，其中危机是周期的基本阶段或决定阶段，是再生产周期的基础，决定周期的性质。资本主义再生产周期不一定都经历四个阶段，但危机总是周期的必经阶段。经济危机是社会资本再生产的强制均衡机制。

第二次世界大战后，新的科技革命引起的生产力社会化程度的提高，新的生产技术基础和竞争加剧，固定资本更新周期缩短，国家资本主义对社会经济生活干预的加强，资本主义各国经济发展不平衡的加剧，使得现代资本主义经济危机和社会资本再生产周期具有了一些新的特点。其主要特点是：社会资本再生产的周期缩短，战后经济危机发生频繁；周期各阶段界限和特点变得不如战前明显；经济危机的程度和破坏程度不如战前那样严重；经济危机与通货膨胀结合在一起；世界各主要资本主义国家经济危机的同步性和非同步性交替出现。

三、新历史条件下资本主义经济危机的特点

自 19 世纪 70 年代初开始，世界资本主义已经进入了一个新阶段，这个阶段不同于自由

资本主义阶段，也不同于列宁在《帝国主义论》中所分析的帝国主义阶段。因为在这两个阶段，资本主义经济的核心仍然是发展物质产品生产，但在 1956 年，以美国的“白领工人”超过“蓝领工人”为标志，美国完成了工业化，进入到所谓“后工业化时代”，20 世纪 70 年代，英、法、德、意、日等世界其他主要资本主义国家也相继完成了工业化，进入后工业化时代，产业资本开始具有从物质生产领域向外游离的趋势，再加上货币脱离黄金的条件，就使虚拟经济逐步成为世界资本主义经济的主体，从而改变了传统资本主义经济中的许多基本运行规律，也使世界资本主义经济危机的特点发生了变化。

在资本主义发展新的历史阶段，资本主义世界的主要矛盾已从一战、二战时争夺生产物质产品的资源与销售市场，转变为争夺国际资本，因为只要有了货币霸权，就可以“锦衣玉食”。欧盟的统一从欧元开始，也是要与美国争夺货币权，而美国在欧元启动初期就发动“科索沃战争”，目的就是打压欧元的势头，用美国的军事霸权维护美元的世界霸权。从这点讲，帝国主义战争的性质在现阶段也具有了新特点，就是为了争夺国际资本而打。

脱离物质经济的货币与不断膨胀的资产价格都不是正常状态，从日本的经验看，是泡沫总有爆裂的时候，而一旦到了爆裂的时候，就会对金融体系造成巨大破坏，反过来形成信用紧缩效应，导致经济进入长期萧条，这就是资本主义经济危机的新特点。泡沫经济破灭会打击一国的金融体系，会在银行体系内部形成不断增加的巨额坏账，这与泡沫经济的膨胀正好是相反的过程。

本世纪初，美国发生的次贷危机就是一个很好的案例。美国次贷危机的成因始于 2007 年初的次级抵押贷款危机。随着美国经济的持续走软，逐渐演变成金融危机，致使数家国际知名的贷款机构、投资银行和商业银行因为资金链条受到巨大损伤，面临严重危机甚至倒闭。

课外阅读

美国次贷危机发生的直接根源在于资本家对利益无止境的追逐。在整个次级贷款的利益链条中，只要美国房地产市场保持繁荣，房价持续上升，链条中的各个主体就都可以享受到由于房价上升带来的好处。但随着美联储不断地加息和房地产市场不断走向萧条，次级贷款者还款的压力逐渐加大，贷款人违约的比例不断增加，从而次级贷款利益链条从源头开始断裂。贷款的风险也随着这个链条蔓延开来，由房地产金融机构逐渐转移给了资本市场上的机构投资者。2007 年 7 月，美国贝尔斯登旗下的两家对冲基金濒临瓦解；2007 年 8 月，澳大利亚麦格理银行宣布旗下两支高收益基金面临 25%的损失；法国最大的银行巴黎银行也宣布暂时停止旗下三支对冲基金的赎回，全球的大部分股指暴跌，美国次级贷款危机在其他国家蔓延开来。

市场的失灵已将世界经济领航到崩溃边缘，各国政府一致行动挽救危机爆发的行为也表明了问题的严重性。当权威的经济人士将已经爆发的次贷金融风暴归咎于伯南克的前任格林斯潘时，人们才发现这场危机不是来源于经济发展本身，而是政府失灵所致。这正好说明：市场的失灵并非市场原因。人类在理性中成长，但理性仅仅局限于某个时期，而非永远。

无论是上世纪中期以后发生的金融危机，还是本世纪初的金融危机，美联储及其他西方国家联手借助货币贬值、注资、降息等方法化解危机扩大，恢复了世界经济增长的稳定。但此次危机可能会导致全球各国政府的行为并不会像以往一样如愿，因为，此次危机的背景已不同于过去任何年代的金融危机。在危机爆发深化过程中，各国政府的挽救行为会延迟危机爆发的进程。在全球房价尤其是美国虚高房价下跌过程中，经济衰退需要一段时间。从已有的历史危机经验来看，这个时间大概为三到六个月。

在本次世界性危机发生过程中，危机会经历以下各阶段：第一阶段，就是目前大家已经看到的世界各国政府的拯救行为。当各国政府无力挽救这场危机且危机深化时，危机就会转入第二阶段；第二阶段，大约在2008年3月左右，危机开始大规模扩散，各国政府开始自救，抛售美元资产，维护本国货币稳定，克服内在经济危机或政治震荡，个别国家为了摆脱经济危机动荡，可能会发动对外战争；第三阶段，2009年全球经济陷入萧条，各国开始实施振兴经济的新经济政策，在振兴经济的同时，各国政府开始联络协商，重构全球金融体系；第四阶段，2013年，全球区域经济联合体构建，对美元结算体系依赖性逐步减小，世界完全呈现出多极化发展趋势，人民币完成世界化货币进程。

问题：1. 通过对次贷危机的解读，分析资本主义危机的根源。

2. 通过对案例中有关危机的分析，回答我们应该如何应对次贷危机？

复习思考题

一、单项选择题

1. 社会资本是（　　）
   - A. 相互依存、相互联系的所有个别资本的总和
   - B. 许多个别资本的总和
   - C. 产业资本、商业资本、借贷资本的总和
   - D. 各生产和流通部门资本的总和
2. 研究社会资本再生产的出发点和目的是为了说明（　　）
   - A. 剩余价值的来源
   - B. 个别资本循环所必需的内部条件
   - C. 剩余价值率怎样才能提高
   - D. 社会总产品的实现和社会资本再生产的实现条件
3. 社会资本的扩大再生产要求（　）
   - A. 第I部类有资本积累，第II部类可以没有
   - B. 两大部类都要有资本积累
   - C. 第II部类有资本积累，第I部类可以没有
   - D. 两大部类都不必有资本积累
4. 从发展趋势上看，在技术进步的扩大再生产过程中（　　）
   - A. 资本的技术构成会提高，资本的价值构成不变
   - B. 资本的价值构成会提高，资本的技术构成不变
   - C. 随着资本技术构成的变化，资本有机构成会不断降低
   - D. 随着资本技术构成的变化，资本有机构成会不断提高
5. 社会总产品是（　）

A. 当年新创造价值的总和

B. 一定时期社会各物质生产部门生产的物质资料的总和

C. 当年生产的全部生产资料

D. 当年生产的全部消费资料

6. 各个个别资本相互联系、相互依存是通过（ ）

A. 生产过程发生关系的　　B. 分配过程发生关系的

C. 消费过程发生关系的　　D. 流通过程发生关系的

7. 经济危机是（ ）

A. 社会化大生产共有的经济现象

B. 商品经济共有的经济现象

C. 以私有制为基础的商品经济特有的经济现象

D. 资本主义商品经济特有的经济现象

8. 资本主义再生产周期的决定阶段是（ ）

A. 危机阶段　B. 萧条阶段　C. 复苏阶段　D. 高涨阶段

二、多项选择题

1. 社会资本再生产的基本理论前提是（ ）

A. 整个社会生产都是资本主义生产　　B. 不变资本价值一次全部转移

C. 产品按价值出售并且没有对外贸易　　D. 社会生产分为两大部类

E. 社会总产品价值由 c+v+m 组成

2. 社会资本简单再生产的实现条件是（ ）

A. I（v+m）=IIc　　B. I（v+Δv+m/x）=II（c+Δc）

C. II（c+v+m）=I（v+m）+II（v+m）　　D. I（c+v+m）=Ic+IIc

E. I（c+v+m）=I（c+Δc）+II（c+Δc）

3. 社会资本扩大再生产的前提条件是（ ）

A. I（v+m）>IIc　　B. II（c+m−m/x）>I（v+m/x）

C. I（v+m）+II（v+m）>II（c+v+m）　　D. I（c+v+m）>Ic+IIc

E. II（c+m−m/x）>I（v+m）

4. 社会资本扩大再生产的实现条件是（ ）

A. I（v+Δv+m/x）=II（c+Δc）　　B. I（c+v+m）=I（c+Δc）+II（c+Δc）

C. I（c+v+m）=Ic+IIc　　D. II（c+v+m）=I（v+m）+II（v+m）

E. II（c+v+m）=I（v+Δv+m/x）+II（v+Δv+m/x）

5. 随着科技的进步，资本有机构成提高会出现（ ）

A. 剩余价值率有提高趋势　　B. 利润率有下降趋势

C. 利润量有增加趋势　　D. 利息率有下降趋势

E. 生产资料生产有优先增长趋势

6. 资本主义经济危机是（ ）

A. 生产绝对过剩的危机　　B. 生产相对过剩的危机

C. 社会大生产的必然趋势　　D. 资本主义基本矛盾尖锐化的结果

E．资本主义制度的必然产物

7．资本主义经济危机的根源在于（　　）

A．固定资本的大规模更新　　B．资本主义基本矛盾

C．发达的资本主义市场经济　　D．社会化大生产

E．资本主义经济制度本身

8．固定资本大规模更新是（　　）

A．克服经济危机的根本手段　　B．经济复苏和高涨的物质条件

C．经济危机周期性的原因　　D．经济危机周期性的物质基础

E．在再生产周期的高涨阶段发生的

三、判断题

1．资本循环的连续性就是资本的三种循环同时不间断地在各种职能形式上和各个阶段上的运动。（　　）

2．资本的周转速度和周转时间成正比，资本周转时间越长，资本的周转速度越快。（　　）

3．产业资本只有并列处在三种职能形式上，又同时处在三种循环形式上，才能有循环过程的连续性。（　　）

4．流动资本中的物质要素的价值是一次全部转移到新产品中去，同样，购买劳动力的那部分资本价值也转移到新产品中去。（　　）

5．社会生产的两大部类之间及其内部，都必须保持一定的比例关系，社会资本再生产才能顺利进行。（　　）

6．可变资本的周转速度既同年剩余价值量成反比关系，也同年剩余价值率成反比关系。（　　）

四、简答题

1．什么是产业资本？产业资本连续进行循环的条件是什么？

2．加快资本周转对剩余价值生产有什么影响？

3．资本主义经济危机的实质和根源是什么？

第五章 垄断资本主义经济

教学目标

本章主要论述垄断的形成和发展、垄断资本主义的基本特征和实质、国家垄断资本主义的基本形式以及资本主义国家对社会经济的调节。通过学习，要求懂得资本主义如何从自由竞争资本主义发展到垄断资本主义，学会运用所学的基本知识分析当代资本主义，正确理解当代资本主义的发展趋势。

重点与难点

资本集中；垄断；国家垄断资本主义的实质和作用；资本主义国家对经济调节的内容及主要方式

美国华盛顿地区联邦法院 2002 年 11 月 12 日作出裁决，对微软公司与美国政府及 9 个州达成的和解协议的主要内容表示认可，同时驳回另外 9 个州要求对微软进行更严厉处罚的要求。根据和解协议，微软将面对至少为期 5 年的惩罚性措施。这些措施包括微软不能达成有害于其他竞争者的垄断交易，应允许电脑制造商自由选择视窗桌面，向其他软件开发商开放部分内核技术，使微软的竞争者也能在视窗操作系统上编写应用程序等。微软遭到如此严厉的处罚，仍有 9 个州嫌不够，微软究竟做错了什么？从技术和经营上说，微软不仅没有做错什么，而且做得非常出色。然而，也正因为它做得“太出色”了，以致于把竞争对手打得丝毫没有还手之力。本来竞争对手输得心服口不服，幻想可以利用政府的诉讼手段来干扰对手，甚至达到击败对手的目的。虽然微软已经而且正在为美国做出巨大的贡献，但也正酝酿着潜在的危机，那就是垄断是否会导致竞争的消失。

那么，什么是垄断？垄断的出现究竟会给整个世界带来何种影响？

第一节　垄断资本主义的形成和发展

一、垄断资本主义的形成和特征

资本主义发展先后经历了自由竞争资本主义和垄断资本主义两大发展阶段。

资本主义生产方式始于 16 世纪，最终确立是在 18 世纪中期至 19 世纪中后期。以纺织机和蒸汽机的发明和运用为标志的第一次工业革命的完成，使资本主义生产由工场手工业逐步转变为机器大工业，为资本主义生产方式奠定了物质技术基础。这个时期的资本主义处在自由竞争阶段。所谓自由竞争，即商品生产者之间为争夺有利的生产和销售条件而进行的无限制的竞争。它以分散的资本和企业为主体，其手段主要是通过改进技术和扩大生产规模，以提高生产率和降低产品成本，增加利润；国家对经济活动基本上采取自由放任政策。其竞争形式包括生产同类商品的部门内部的竞争和生产不同商品的部门之间的竞争。

19 世纪末 20 世纪初，随着生产力的发展，特别是科学技术的进步，主要资本主义国家相继从自由竞争阶段过渡到垄断阶段，垄断成为全部经济生活的基础，自由竞争资本主义开始转变为私人垄断资本主义（或称一般垄断资本主义）。垄断逐渐代替自由竞争，由此导致资本主义社会经济、政治和社会生活等方面发生了一系列重大变化。列宁科学分析了这一转变过程，并把垄断资本主义称为“帝国主义”，在 1916 年写作的《帝国主义是资本主义的最高阶段》一书中，全面概括了垄断资本主义阶段的主要经济特征和表现：“（1）生产和资本的集中发展到这样高的程度，以致造成了在经济生活中起决定作用的垄断组织；（2）银行资本和工业资本已经融合起来，在这个金融资本的基础上形成了金融寡头；（3）与商品输出不同的资本输出有了特别重要的意义；（4）瓜分世界的资本家国际垄断同盟已经形成；（5）最大资本主义列强已把世界上的领土分割完毕。”（列宁：《列宁选集》，第 2 卷，第 808 页，北京，人民出版社，1972）。在这些特征中，垄断是其中最重要的经济基础，其他特征都由垄断产生，是垄断统治的表现与结果。

生产领域垄断的形成来自于生产集中。在生产领域，自由竞争导致生产集中，而生产集中发展到一定阶段，就会引起垄断。这是资本主义发展的“一般的和基本的规律”。生产集中，是指资本主义社会的生产（包括生产要素和产品）日益集中在少数大资本家掌握的企业手中，它们在社会生产中所占据的份额不断增大。

生产集中包括行业范围内的集中与全社会范围的集中两种形式。这是由生产力和生产关系两方面的原因引起的：一方面，随着生产力的发展（第二次工业革命的发生）和科学技术的进步，不断涌现出各种大型的高效率的机器设备，这既为社会化大生产提供了可能，也对大生产提出了更高要求，因为这些技术装备只有在大企业中才有可能加以推广和应用；另一方面，为获取更多的利润，自由竞争也迫使资本家不断地扩大生产规模，以使自己在竞争中处于有利的地位，大企业往往凭借经济上的优势，排挤和吞并中小企业，并对新企业的创办设置重重障碍，导致生产和资本日趋集中。加之，这一时期信用制度的快速发展，也使社会分散的闲置货币资本和游资得以集中成为巨额借贷资本，在一定程度上促进了生产的集中和规模的扩大。股份公司和“联合制”企业的出现以及资本主义经济危机的周期性爆发，导致大量中小企业的破产和被兼并，也在客观上促进了生产和资本的集中，从而在各个部门形成了少数拥有巨额资本的大企业、大公司。“联合制”是指在生产上有联系的处在不同生产部门的一些企业联合成为一个大企业，或生产主要产品的企业与辅助性企业联合成为一个大企业。如在 1907 年，德国不到企业总数 1%的大企业，却拥有全部工业动力的 75%；1909 年，在美国不到企业总数 1%的产值在 100 万美元以上的大企业，其产值却占全国总产值的 43.8%。

当生产和资本集中发展到一定程度的时候，少数集中了巨额资本的大企业为了避免在竞争中两败俱伤，并提高规模效益，共同获利，就会由自由竞争自然而然地走向垄断。所谓垄断，是指少数资本主义大企业为获取高额垄断利润，通过协议、同盟而联合起来，控制或独占一个或几个经济部门的大部分商品的生产和销售市场。这种占据垄断地位的大企业或大企业联盟，叫垄断组织。

从历史上看，垄断组织的形成和发展，大体经历了以下三个时期：19 世纪 60～70 年代，生产集中有了相当发展，垄断组织开始出现，但还处于萌芽状态，仅是个别现象；19 世纪 70～90 年代，垄断组织有了广泛发展，但不稳固，只是一种暂时现象；19 世纪末～20 世纪初，生产集中加速发展，垄断组织的发展势不可挡，成为全部经济生活的基础，在主要资本主义国家先后居于统治地位。

垄断组织的形式，在各个国家和不同时期的表现不尽相同。最初形式是若干个企业通过签订临时的短期价格协定，要求参加协定的企业在规定的期限内，按照协定所规定的价格销售商品。随着垄断程度的进一步发展，资本主义各国相继出现了更为复杂的垄断组织形式。

（1）卡特尔（Cartel），是指生产同类产品的大企业，通过签订商品价格协定、划分销售市场、规定生产规模等形式而组建的垄断组织。这种形式曾在德国最为流行，所以德国有“卡特尔”国家之称。

（2）辛迪加（Syndicate），是指同一生产部门中的少数大企业，通过签订销售商品和采购原材料协定而建立的垄断组织。参加辛迪加的企业，在生产上仍保持其独立性，其商品销售、原料采购都由统一的组织机构来办理，具有松散型的特点。这种形式曾在西欧国家较为流行。

（3）托拉斯（Trust），是由生产同类商品或与之相联系的许多大企业联合起来组成的垄断组织或集团。其特点是参加托拉斯的各企业的业务活动，都由托拉斯理事会及其所属机构统一办理，原来的企业主则变成托拉斯的股东，只按持有的股份取得股息和红利，具有紧密型的特点。如在 20 世纪初，美国各大托拉斯就掌握了石油生产的 95%，化学工业的 81%，金属加工业的 77%，钢铁工业的 66%，制糖工业和烟草工业的 80%。

（4）康采恩（Konzern），是由不同经济部门的一些大企业联合组成的垄断组织，也叫财团。参加康采恩的既有单个企业，也有垄断组织；既有工业企业，又有商业、银行、交通、保险等企业，其中居统治地位的是作为核心的大工业企业或大银行。

第二次世界大战后，垄断统治进一步扩展。在新的科学技术革命推动下，资本主义生产的物质技术基础发生了新的变化，资本进一步集中，垄断程度不断提高。现代科学技术在生产中的应用，大大提高了劳动生产率，使垄断资本家的利润急剧增长，大垄断组织由于获取了大量的垄断利润而投资量剧增，企业规模不断扩大。特别是电子计算机的应用、现代化的通信设备和交通运输工具的出现，为垄断资本家管理巨大规模的企业提供了可能。同时，由于大企业获得了巨额利润，也为其兼并其他中小企业、加速生产和资本的集中提供了有利条件。垄断组织日益向综合性、多元化经营的方向扩展，出现了许多大型的混合联合公司。

多元化经营或混合联合，是指一个企业不仅生产和经营某一种产品，而且同时产销若干种相关或者不相关的产品。对混合联合公司发展具有特殊重要意义的是 20 世纪 60 年代以来兴起的混合合并，即跨行业的企业购并或重组。这种做法不仅可以有效地规避风险，而且也可持久地保持企业垄断地位和获得高额利润。如美国国际电话电报公司，原来只经营电信业务，战后合并了 100 多家与电信无关的公司，经营业务迅速扩展到交通运输、煤炭、石油、化工、稀有金属、食品、卫生用品、肥料乃至酒店、旅游、金融、保险等。混合联合公司已成为发达国家中普遍的占主导地位的垄断组织形式。

二、垄断利润和垄断价格

垄断统治的实质或目的在于追逐高额的垄断利润。追求高额垄断利润是剩余价值规律在垄断资本主义阶段的具体表现形式，它支配和制约着垄断资本主义社会经济生活的各个方面和社会再生产的各个环节。垄断利润是指垄断组织凭借其在生产和流通中的垄断地位而获得的超过平均利润的那部分利润。垄断利润是垄断统治在经济上的实现形式。

（1）垄断利润的来源，就其本质来说，同其他形式的资本主义利润一样，仍然是雇佣劳动者和其他劳动人民在生产过程中创造的剩余价值。具体来说，其来源主要有以下几方面。

1）加强对本国工人阶级和其他劳动人民的剥削。在生产领域，垄断组织采用各种手段，特别是通过垄断新技术，提高劳动生产率来强化对工人的剥削；在流通领域，通过规定垄断价格而占有工人和其他劳动者的一部分收入。

2）垄断组织通过向非垄断企业低价购买产品和高价出售自己的产品，占有非垄断企业获得的一部分利润。

3）加强对国外劳动人民的剥削。垄断资本家把经济落后国家作为自己的商品销售市场、原料产地和投资场所，通过不等价交换等手段对这些国家的人民进行剥削。

4）垄断组织利用所控制的国家机器，通过政府对企业的国家采购、财政补贴、减免税等手段，对国民收入进行有利于垄断资本的再分配。

（2）垄断利润主要通过垄断组织制定垄断价格来实现。垄断价格是指垄断组织依靠自己在经济上的垄断地位规定的、旨在保证获取最大限度利润的市场价格。垄断价格等于成本价格加垄断利润。垄断价格体系包括垄断高价和垄断低价。垄断高价，是垄断组织销售商品时规定的高于商品价值或生产价格的垄断价格；垄断低价，是垄断组织购买原材料和其他初级产品时规定的低于商品生产价格或价值的垄断价格。无论是垄断高价或垄断低价，其目的都是为了获取垄断利润。但是，垄断价格的制定也不是随心所欲决定的，而是依据垄断企业的实力、市场的容量、非垄断企业的经营情况以及保证获取最大限度利润的产量等诸多因素制定的。

垄断价格的出现，使市场上一些商品的价格有时高于或低于商品的价值或生产价格。这种情况并不意味着垄断统治可以否定价值规律，只是改变了价值规律的作用形式，是价值规律在垄断资本主义阶段发挥作用的具体体现。因为垄断价格的确定，不能完全脱离开商品的价值，而仍须以价值为基础。从全社会来看，整个社会的商品价值，仍由生产它们的社会必要劳动创造。垄断价格既不能增加也不能减少整个社会所生产的价值总量，它只是对商品价值和剩余价值作了有利于垄断资本的再分配。

（3）垄断是在自由竞争的基础上成长起来的，在其初期起过促进生产、巩固资本统治的作用，但垄断统治的确立并没有消除竞争，而是垄断与竞争同时并存，原因有以下几方面。

1）垄断没有消除竞争产生的经济条件。竞争是商品经济发展的必然产物，垄断的出现并没有消灭资本主义商品经济，因此就不可能消除竞争。

2）垄断资本主义各企业、各部门的发展，由于技术和经济方面的原因是不平衡的，某一种商品的生产和销售不可能全部集中到某一个垄断组织手中，它们的实力对比经常发生变化，彼此间依然存在不同形式的竞争。

3）垄断资本主义时期，除占统治地位的少数大垄断组织外，还存在不少没有加入垄断组织的“局外”企业，这些企业之间仍然存在着自由竞争。

垄断资本主义阶段不仅没能消除竞争，而且使竞争更加复杂多样。从形式上看，既存在垄断组织内部不同资本所有者之间的竞争，各垄断资本集团之间的竞争，又存在垄断组织和非垄断的中小企业之间的竞争；从性质上看，既有垄断竞争，又有非垄断的自由竞争。不过，在垄断占统治地位条件下的自由竞争，不仅范围上受很大限制，而且在资本转移、原料来源、价格调节等方面，都不同程度地受到垄断组织的限制和影响。

（4）与自由竞争时期的竞争相比，垄断时期的竞争具有一些新的特点。

1）垄断时期的竞争主体，既包括各种垄断组织，又包括大量的“局外”企业，竞争的目的是获取大大超过平均利润的垄断利润。

2）竞争的手段日趋多样化，除改进生产技术、提高劳动生产率、降低生产成本外，还凭借其经济实力和政治上的统治力量，规定垄断价格，控制原材料、技术、信息和熟练劳动力等有关生产和销售条件，甚至通过暴力手段来打压和扼杀竞争对手。

3）垄断时期的竞争更加激烈，更具有持久性、破坏性，并且竞争的范围也由国内扩展到国外市场，由经济领域扩展到政治、军事、文化等诸多领域。正如列宁所说：“从自由竞争中成长起来的垄断并不消除竞争，而是凌驾于竞争之上，与之并存，因而产生许多特别尖锐特别剧烈的矛盾、摩擦和冲突。”（列宁：《列宁选集》，第2卷，第807页，北京，人民出版社，1972）

三、金融资本对经济和社会的全面统治

垄断资本的运行导致市场经济规律发生了某些变形，使经济运行的机制发生新的变化。在垄断条件下，金融资本的形成是与银行业的集中和垄断紧密相联的。随着资本主义经济的发展，私人资本的联合，不仅发生在工商业领域，同样也在银行业中进行。工业生产和资本的集中是银行业集中和垄断的基础，二者相互制约、相互促进，竞争是其强有力的杠杆。大银行因为资本雄厚，信用程度高，地位稳固，在竞争中往往能吞吐大量的货币资金，不仅可以排挤兼并小银行，而且还通过参股控股等形式控制小银行，从而使银行业的集中程度不断提高。当银行业集中发展到一定程度时，少数几家处于统治地位的大银行为避免在竞争中相互损害和保证获得高额利润，就会彼此联合起来结成垄断同盟。

银行业的集中和垄断使银行的作用发生了根本的变化，银行于是“由普通的中介人变成了万能的垄断者”，几乎支配着所有资本家和小业主的全部货币资本以及本国和许多国家大部分生产资料和原料。在垄断形成之前，银行只是充当货币资本借贷的中介，主要通过存贷业务获取银行利润。但是，银行垄断形成以后，情形就大不相同了。具体表现在以下几方面。

（1）银行与工商企业之间的信贷关系趋于稳定，二者利益紧密结合，银行通过信贷关系对企业实行监督和干预，甚至决定企业的发展命运。这就使工商企业越来越依赖少数大银行。

（2）银行和工业企业相互持有对方的股票。银行通过购买工业企业的股票，直接进入企业内部，控制企业的经营活动，与此同时，工业资本也千方百计地打入银行业，购买银行的股票，成为银行的股东。

（3）在银行资本和工业资本相互渗透的基础上，双方互派人员参加对方的领导机构，担任要职，实行人事结合，以便相互影响和控制。

银行新作用的产生过程，也就是金融资本的形成过程。所谓金融资本，就是银行垄断资本和工业垄断资本相互融合生长而形成的一种新型垄断资本。在此基础上，掌握大量金融资本，控制国民经济命脉和国家机器的少数最大资本家或垄断财团，就是金融寡头。金融寡头支配了大量的社会财富，控制着经济、政治、文化等社会生活和各个领域，是当代资本主义国家中的真正统治者。

金融寡头在经济领域的统治，主要通过参与制来实现。所谓参与制，就是垄断资本家通过掌握一定数额的股票来支配和控制企业的制度。金融寡头先是通过自己掌握的总公司作为“母公司”，投资收购其他公司一定数额的股票，使之成为自己控制的“子公司”，“子公司”又以同样的方法继续发展控制其他更多的公司，使之成为“孙公司”。如此逐级参与控制，在经济上就会形成像金字塔式的上小下大控制体系，金融寡头据此可以支配比自己资本大几倍、几十倍甚至上百倍的他人资本，从而实现在经济领域的统治。

金融寡头在政治上的统治，主要通过人事参与或同政府进行“个人联合”来实现，其主要途径有：①金融寡头亲自出马或者委派代表到政府机关担任各种要职，为其垄断统治服务；②通过各种渠道收买决策人和高级官员，影响政府内外政策的制定。正如列宁所说，这些人“今天是部长，明天是银行家，今天是银行家，明天是部长。”（列宁：《列宁全集》，第 24 卷，第 97 页，北京，人民出版社，1985）。此外，金融寡头还通过建立各种咨询机构和政策研究机构，对政府的有关决策施加影响，并通过控制报纸、出版、通信、广播、电视等相关机构，实现对上层建筑和社会生活各方面的全面统治。

四、生产社会化和资本国际化

（一）生产社会化和资本国际化的客观必然性

商品生产以社会分工为基础和前提，商品经济活动反过来推动社会分工的发展。在资本主义生产发展过程中，社会分工不断深化，生产社会化程度不断提高，当社会分工超越了国界，就进一步发展为国际分工。国际分工与生产国际化是垄断资本主义经济向国际范围扩展的基础，科学技术进步推动着生产社会化和资本国际化的发展。国际分工的发展，使得世界各国的经济联系日益紧密，各国经济的孤立性和闭关自守状态被打破，资本主义的生产朝着国际化生产和交换的方向发展。

16 世纪上半期“地理大发现”之后，资本主义生产由手工业过渡到工场手工业，促进了国际分工的产生和发展，在此过程中，国际贸易开始出现。18 世纪中期至 19 世纪中期，以蒸汽机的发明和使用为重要标志的第一次工业革命，使资本主义生产由工场手工业过渡到机器大工业，工农业生产和交通运输业由此获得了空前的发展。这次工业革命把经济发展水平不同的国家纳入到国际分工之中，形成了以机器大工业为中心和基础的国际分工体系，其基本特点是部门之间的分工，即工业生产和农业生产的分工，工业国和农业国的分工。19 世纪后半期发生的以电力和电动机的发明和应用为主要标志的第二次工业革命，有力地推动了社会生产力的发展，对资本主义国际分工体系的最终形成起了十分重要的作用。其重要影响因素包括交通运输工具的飞跃性发展、环球铁路网、海洋航线、电报电话的建成开通和在垄断基础上产生的资本输出。

20 世纪 50 年代以来发生的以电子计算机、核能、空间技术为重要标志的第三次科技革命，将资本主义国际分工体系、生产国际化推进到一个新阶段。现代科技革命释放出来的巨大生产力，进一步突破了民族、国家的界限，使科技发展和生产进步日益国际化；产业资本大规模国际化和跨国公司的兴起，则把企业内部和部门内部的分工发展为国际专业化分工；以自然资源为基础的传统国际分工发展为以产品专业化、零部件专业化和工艺专业化为基础的新的国际分工。旧的殖民体系的瓦解也在一定程度上改变了国际分工的格局，发展中国家日益卷入到世界工业分工体系之中，以技术密集、资本密集、劳动密集产业划分的分工格局突出地表现出来。

随着生产国际化的发展，资本的国际化也同时在发展。在自由竞争阶段，资本主义进行对外扩张的初期，资本国际化主要通过国家与国家、国家与地区之间的商品交换形成的国际市场和国际分工体现出来。进入一般垄断资本主义阶段，资本国际化步伐加快，主要通过资本输出并带动商品输出，形成国际垄断同盟，从经济上瓜分世界，最终形成殖民体系等体现出来。二战以来，随着科技进步和国家垄断资本主义的发展，资本国际化进程加速，具体表现为私人和国家垄断资本扩大在国外投资，兴建生产性企业。

资本无限增殖的本性，是资本国际化发展的内在动因。资本是能带来剩余价值的价值，无限地增值是其本性所在。资本运动的目的在于追逐利润，没有利润，资本的生命就会终止。因此，作为资本人格化的资本家，一方面要不断地积累资本，改进机器设备，扩大生产规模，使生产呈现出无限扩大的趋势；另一方面，采取各种措施强化对广大劳动群众的剥削，从而极大地抑制了市场的扩大，最终导致资本主义经济危机周期性地爆发，这就迫使资本家为转嫁危机不得不极力地向海外拓展市场。此外，资本主义发展到垄断阶段后，资本有机构成不断提高，平均利润率呈下降趋势，大量“过剩资本”需要向外寻求出路而导致资本输出。

(二) 资本国际化的表现形态

资本主义再生产的进行，表现为资本在运动中发生增殖。资本国际化是指资本的运动超越国界，在国际范围内的延续和发展、增殖和积累。资本国际化的表现有三种形态，即商业资本国际化、借贷资本国际化和产业资本国际化。

1. 商业资本国际化

资本主义企业生产的商品是包含着剩余价值的产品，商品输往国外，意味着商品资本走向世界。商品输出，从资本国际化角度看，表现为商品资本在国际范围的活动，形成商业资本的国际化。

在资本主义自由竞争阶段，商品资本的国际运动是资本国际化的主要形式。当时的国际分工，是通过国际贸易形成和联系起来的，商品输出成为这一时期国际经济关系的主要内容。二战以后，随着科技革命的发展，特别是信息技术和国际分工的进一步加深，国际贸易发展速度持续超过工业生产增长速度。从 1953 年到 1990 年，世界商品出口量年均增长 5.8%，而同期世界工业年均增长 4.4%（均以 1970 年不变价格计算）；国际贸易总额中工业制成品比重超过初级产品比重，行业内贸易占据优势；与商品结构变化相适应，国际贸易的地区结构转向发达国家之间的相互出口为主；无形贸易，特别是技术贸易发展迅猛，商品资本国际化的广度和深度都提高到空前水平。

2．借贷资本国际化

进入垄断阶段后，资本输出具有特殊重要意义。资本输出是指资本主义国家的政府或垄断组织，为了获取高额利润和利息以及谋求其他经济利益而对国外进行的直接投资或贷款。资本输出早在资本主义自由竞争时期就已出现，但当时数量较少，并不占重要地位。直到20世纪初，资本主义发展进入到垄断阶段后，资本输出才在各主要资本主义国家迅速发展起来，并成为资本主义对外经济关系中的一个重要经济特征。在1870年前后，英、法、德、美、日等主要资本主义国家的对外投资只有50亿美元，1914年已增加到440亿～490亿美元。资本输出的增长速度大大超过商品输出，对外投资取得的收益大大超过对外贸易获得的收入。

垄断时期，资本输出的必要性有两点。①过剩资本是资本输出的物质基础和必要前提。垄断资本通过加强对本国劳动者的剥削和非垄断企业的掠夺，积累了巨额的货币资本，虽然国内仍存在需要投资的经济部门，但由于收益较低，因此资本家不愿去投资。加之，在垄断组织控制的部门，其他资本很难挤入创办新企业，使得国内资本显得相对过剩。②国际竞争的加剧，迫使垄断资本主义国家对外输出资本，以扩大市场和垄断原料来源。资本输出不仅可以直接带动商品输出，而且可以越过对方的贸易和关税壁垒，在国外就地生产就地销售，直接占领市场，尤其是对经济落后国家进行资本输出，既可以获得廉价原材料和劳动力，又可借此控制这些国家的资源，获取较高的投资回报，增强国际竞争能力。

资本输出不仅有必要而且也具备输出的可能性。因为，资本主义的发展已经把当时世界上许多经济落后的发展中国家卷入了资本主义的世界市场，这些国家或地区自然经济的逐步瓦解，商品经济的一定发展，为垄断资本提供了大批廉价的劳动力和广阔的商品销售市场。现代科技和生产力的发展，如主要的铁路线已经建成或已经开始兴建，客观上又为资本主义生产向世界范围的扩张创造了交通运输、邮电通信等方面的便利。此外，国际信用机构和国际资本市场的出现和扩大，也为垄断组织进行资本输出提供了充裕的资金来源。

资本输出的形式，从资本形态看主要有两种：①借贷资本输出，又叫间接投资，即由资本主义国家的政府、私人银行或企业对别国政府、私人银行或企业提供高利贷款；②生产资本输出，又叫直接投资，即资本主义国家的政府或资本家在国外直接投资开办工厂、矿山、银行等企业或控股当地企业。

从资本输出的主体看，可分为私人资本输出和国家资本输出，前者是由私人资本家向外国贷款或直接投资；后者则是由政府对外国进行贷款或直接投资，一般采取对外“援助”的形式，包括经济援助和军事援助方面的贷款与“赠与”。无论采取何种形式，资本输出在本质上都是垄断资本加强国际剥削、获取高额垄断利润、争夺经济霸权、巩固金融资本对世界统治的重要工具，是国际垄断的基础。

资本输出对资本输出国来说，可以获得高额利润，带动和扩大商品输出，在一定程度上缓和国内矛盾或危机，但同时，又使得输出国食利者阶层扩大，给这些国家打上寄生的烙印，往往引起国内经济发展的停滞趋势，加速发达资本主义国家经济发展的不平衡，使它们之间的矛盾趋于深化。

资本输出对资本输入国的经济发展，具有双重影响。一方面，大量过剩资本的涌入和外国资本企业的建立，客观上加速了这些国家自然经济的解体，刺激了商品经济的发展。某些现代生产技术和管理经验的输入，会对输入国的经济发展起一定的促进作用。另一方面，外国资本的输入，又会造成对输入国国民收入和自然资源的掠夺，导致这些国家的经济单一或畸形发展，增强对外的依赖性，甚至影响到本国经济和政治的独立。当然，如果资本输入国是一个完全独立的主权国家，能够坚持独立自主的原则，也可避免上述不利影响，从而促进本国经济发展。

二战前，资本输出主要表现为借贷资本输出，即将货币资本以按期还本付息为条件借贷给他国，并导致金融资本对全球的统治，成为这一时期国际经济关系的主要内容。二战后，资本输出量剧增并出现了一些新的特点：①资本流向由原来的主要是发达国家向经济落后国家输出，发展到当代的多方向输出，特别是发达国家间相互投资大幅度增加；②私人国际借贷资本数额膨胀，登上新兴起的欧洲货币市场和债券市场，现代跨国银行成为国际借贷资本的行为主体，虚拟经济（金融经济）扩张迅速；③垄断资本主义加强对国内和国际的经济调节，国家借贷资本输出比战前显著增加，日益成为占重要地位的资本输出形式。国家借贷资本输出，按其执行主体可分为两种：①双边政府信贷和一国政府对另一国私人机构提供的进出口信贷；②国际金融机构对有关国家政府和私人企业的信贷。

3. 产业资本国际化

产业资本国际化，是指产业资本超越国界不断扩大对国外的直接投资，从事商品的生产和经营，在国际范围内生产和实现剩余价值。它是在商品资本和借贷资本输出的基础上逐步发展起来的。二战前，虽然也出现了产业资本国际化现象，但所占比重很小，主要是为促进和扩大商品输出服务。战后，随着科技的进步和国家垄断资本主义的发展，产业资本国际化进程大大加快了。

产业资本国际化集中表现为垄断资本对外直接投资的增加，战后主要发达资本主义国家的私人对外直接投资累计额中，产业资本所占比重高达 80%～90%；1960～1984 年，发达资本主义国家的私人对外直接投资增长了 8.4 倍，大大超过了同期这些国家国民生产总值的增长速度，并且投向以发达国家之间的相互投资为主。在投资的产业结构上，发达资本主义国家之间主要投资在第二、三产业，尤其是与科技进步密切相关的技术部门，如电子、信息、汽车制造、金融等，对发展中国家则主要投在传统的、劳动密集型产业甚至污染大的部门，以获取丰厚的国际利润。

4. 跨国公司的产生及作用

跨国公司是生产资本国际化在二战后的主要表现，是垄断资本对外直接投资的主体。跨国公司又称多国公司、国际公司，是指资本主义国家中那些通过对外直接投资或非股权安排，在国外设立子公司和分支机构，从事跨国界的生产、销售和其他业务活动，以获取高额利润的现代企业组织。根据联合国对跨国公司的划分标准，在本国设有母公司，并在国外有广泛的子公司，年营业额在 10 亿美元以上者，称跨国公司。跨国公司的基本特征包括：①在不同的国家内和不同的国家之间，能够协调并控制某个生产链条的不同阶段；②拥有跨国、跨地区分配生产要素的潜在能力；③拥有在区域、国际甚至在全球范围内转移资源和生产经营的潜在能力。跨国公司作为国际垄断的一种主要组织形式和实现形式，是社会生产力发展到国际化阶段的结果。国家垄断资本主义的形成则为跨国公司的巨大发展创造了必要的条件。

二战前，主要资本主义国家就有一些大公司在国外设立子公司，对外投资以间接投资为主要方式。但是，跨国公司的大发展并对国际经济产生重大影响，则是战后出现的新现象。据联合国有关资料统计，1968 年全球跨国公司仅有 7000 多家，子公司 2.7 万多家，到 2000 年全球共有 6.3 万家跨国公司，拥有海外分支机构 70 万家，遍及世界 160 多个国家和地区，形成了一个庞大的全球生产网络和销售体系，1997 年对外直接投资累计额高达 3.5 万亿美元，比上年增长 10%。

从投资领域看，20 世纪 50 年代跨国公司的直接投资集中于农业、矿业，60～70 年代主要集中于制造业，80 年代以来，投资的重点集中于服务业和高新技术产业。跨国公司多是大型、超大型的垄断企业，到 20 世纪 90 年代中期，世界最大的 200 家跨国公司年销售额达 7 万亿美元。目前，全球贸易额的 1/3 是跨国公司内部产品、原材料、中间产品和劳务方面的贸易，另外的 1/3 与跨国公司活动有关，4/5 左右的技术流动是在跨国公司内部进行的，约 1/4 的世界生产为跨国公司所控制。世界上最大的跨国公司的海外销售额已经超过一些中等收入国家的国内生产总值。

跨国公司的发展不仅改变了各国经济联系的内容，使国际分工进一步深化，推动了国际贸易的地区结构和商品结构的变化，而且也有力量推动科技进步、资源流动和生产力的较快发展，知识型投资成为了主流，如西方发达国家 500 家最大的跨国公司控制和集中了这些国家 90%的生产技术和 75%的技术贸易，美国全部专利的 75%～85%为美国跨国公司所拥有。跨国公司的生产经营不是从一国一地局部的市场和需要出发，而是用全球战略的眼光制定发展战略、考虑生产布局、营销渠道、长远发展等问题，它们通过“全球化的思考，本土化的行动”，极大地巩固着其母国的经济竞争力。1998 年世界 500 强大企业中，美、日等发达国家就占 94.8%，其中美国的大企业占全部企业的 37%，营业额占总营业额的 36.9%，利润额占 58%。

跨国公司大多采用内部交易的方法，这样既可以为剩余资本找到出路，加深了生产全球化的程度，左右国际金融市场，又成为影响世界资源配置的重要力量，它可以使生产最接近原材料、能源和销售市场，以世界为工厂，以各国为车间，利用工资的国民差异在低工资国家安排劳动密集型产品或零件生产，转移经营风险，获取高额垄断利润等。当代跨国公司的快速发展加剧了世界经济发展的不平衡，跨国公司的直接投资一般流向条件好的国家，使得国际直接投资的地理分布不平衡；跨国公司在海外的生产，往往是将劳动密集型生产转移到发展中的东道国，以便利用其廉价劳动力和其他原料，扭曲了发展中国家的经济结构、布局。

战后，产业资本国际化的根本原因在于现代科技革命推动下的生产力和国际分工的大发展，这是世界经济发展的必然产物。在后危机时代，日、美等主要国家的跨国公司主导的产业重组凸显两大新特点：①是缩小均衡型重组，主要做法是压缩库存，消化负债，积极利用现有设备，控制产能扩张，以最小的“战略成本”获得最大的重组红利。据汤姆森路透调查，截至 2009 年 12 月 16 日，世界重组并购累计金额仅达 1.97 万亿美元，为 2004 年以来最低。②全球产业调整突出了新兴产业主导权竞争。新能源、新材料、新型家电、新型汽车等环保产业以及生物医药等产业成为各家追逐利润的新领域。跨国公司在积极追求成本的同时，不惜重金抢占产业布局制高点，大举挺进亚洲，给发达国家带来了巨大红利。据《日本经济新闻》评估，2009 年日本主要上市公司纯利润平均膨涨 5.5 倍；美国 500 强企业纯利平均增长 2～3 倍，美国劳动生产率也大幅回升。作为产业资本国际化的组织形式和载体——跨国公司的日益兴起，表明战后资本国际化不仅在国际流通领域而且在国际生产领域获得了巨大发展，标志着国际垄断已提高到一个新的高度。

第二节 国家垄断资本主义

一、国家垄断资本主义的产生和发展

19 世纪末 20 世纪初，垄断已在主要资本主义国家的经济生活中占统治地位，垄断凌驾于自由竞争之上并与之并存的局面造成剧烈的矛盾和异常的混乱，私人垄断资本越来越暴露出其内在的局限性，从而产生国家干预经济的必要。国家垄断资本主义，就是资本主义国家政权和私人垄断资本相结合而形成的垄断资本主义。由一般的私人垄断发展为国家垄断资本主义，是资本主义各种矛盾发展的必然结果，是一般垄断资本主义的继续和更高的发展阶段。

国家垄断资本主义的发展大体可分为以下三个阶段。

（1）19 世纪末到第一次世界大战前，国家垄断资本主义处于萌芽状态。各资本主义国家相继走上了国家垄断资本主义道路，都空前地增加财政预算和军事采购，国有化有了很大发展，建立起一系列经济管理机构。当时，国家经营的铁路、兵工厂及某些公用事业和基础设施等早就是国家财产，私人垄断确立后它们才转变为国家垄断资本主义的一种早期形式。

（2）第一次世界大战至第二次世界大战结束初期，是国家垄断资本主义不稳定发展时期，并带有特殊性。这一时期，国家垄断资本主义的发展与 20 世纪 30 年代初的经济大危机和两次世界大战相联系，即在危机和战争期间，资本主义国家普遍对经济实行管制和调节，使国家垄断资本主义有了显著发展。主张由国家对经济进行干预的思潮由此兴起，其实际运用是美国的“罗斯福新政”。但是，危机和战争过后，国家又取消了经济管制并减少了对经济的干预，使得国家垄断资本主义又出现了回落。

（3）从 20 世纪 50 年代至今，为国家垄断资本主义广泛、迅猛、持续的发展时期。战后，在现代科技革命和工业革命的基础上，生产社会化高度发展，适应社会化资本再生产的需要，国家垄断资本主义在生产、分配、交换和消费各个领域获得了普遍发展，并且在资本主义经济运行中越来越居主导地位，从而使垄断资本主义进入到国家垄断资本主义的发展阶段。

二次大战后，国家垄断资本主义得到迅速而持续的发展，从根本上说是资本主义基本矛盾加剧的必然产物，主要表现在以下几方面。

（1）大规模生产建设所需要的巨额投资与私人垄断资本数量相对不足发生了矛盾。战后，随着第三次科技革命的发展，一系列新兴工业部门和社会化、现代化程度很高的公共设施如道路交通、邮电通信等的建立，部门经济结构和地区经济结构的调整，许多重大科研项目的开发（如基础科学研究）以及对生态平衡的保护和环境污染的防治等，都需要巨额的长期投资，而其中一些由于周期长、赢利小、风险大，私人资本或者无力承担，或者虽有力量进行投资但又不愿承担，这就要求作为“理想的总资本家”的国家垄断资本来从事和承担。

（2）生产社会化的发展，使生产力和生产关系的矛盾空前加深。战后，经济危机频繁爆发，劳资矛盾、阶级矛盾、社会矛盾不断加深，这些矛盾是私人垄断资本所不能解决或缓和

的。这就促使垄断资本与国家机器结合起来，凭借国家的强制力来干预和调节社会再生产过程和劳资关系，以缓和市场矛盾，保证资本主义再生产的正常进行和高额垄断利润的获得，给生产力发展创造一定的余地。

(3) 战后的国际环境发生了很大变化。旧殖民体系逐步瓦解，生产向国际化发展，国际市场竞争更加激烈，在这种情况下，单靠私人资本的实力已难以维持对经济落后国家的统治，主要资本主义国家发展的不平衡性也加剧了在国外争夺投资场所、原料产地和商品销售市场的斗争，这些都要求由凌驾于私人垄断资本之上的国家出面予以协调解决。国家垄断资本主义作为垄断资本对外扩张的主要依靠力量和工具，因此在战后有了空前广泛的发展。

二、国家垄断资本主义的主要形式

国家垄断资本主义在不同的国家有不同的表现形式。国家垄断资本主义既然是国家与私人垄断资本相结合的资本主义，那么从结合的方式上可分为三种基本类型或组成部分：国有垄断资本；国私共有垄断资本；国有垄断资本和私人垄断资本在社会范围内的结合。

(一) 国有垄断资本

国有垄断资本是国家财政资金中转化为资本的部分，其组织形式是国家所有制企业，即国有企业。国有企业一般通过两个途径建立起来：①通过“国有化”形式，由资本主义国家出资收购或用其他补偿方式，把那些技术设备陈旧、亏损多、濒临破产的基础工业，如煤炭、钢铁、电力、铁路等部门或企业收归国有；②通过国家财政拨款，直接投资兴办新企业，这里的国家是国有垄断资本的人格化。国家投资，在战争期间主要是创办军事工业，服务于战争需要。战后，主要投向有两个方面：一方面是投资于生产部门的资本，如制造业、采矿业、运输业等部门；另一方面投资于公共工程，如金融、通信、道路、港口、水坝、城市交通、生态平衡、环境保护、尖端科技研究与开发、传统工业部门的技术改造和落后地区的经济开发等，投在这些部门的国家垄断资本虽然自身一般不能增殖，但却为私人垄断资本增殖创造了必需的社会经济条件和物质基础。国有企业的各种经营活动由国家调节，这里的国有企业实质上仍然是资本主义企业。

二次大战后，法国铁路的电气化、英国采煤业和钢铁工业的技术改造、意大利电力工业的改造、瑞典钢铁和造船工业的改造等，都是通过国有化来实现的。目前，大多数资本主义国家的中央银行及其股东已属国有，法国、意大利等国还对一部分商业银行实行了国有化。一个国家是否实行国有化，主要取决于国有化能否保证垄断资本的利润。国有垄断资本的形成和发展说明，随着生产社会化和资本主义基本矛盾的发展，资产阶级国家愈来愈把更多的生产力据为已有，承担起对生产的领导。

(二) 国私共有的垄断资本

国私共有的垄断资本，是国有垄断资本与私人垄断资本在一个企业范围内直接结合而形成的垄断资本。其组织形式一般为股份公司或合资企业，这类公司的形成方式，既可以是国家以“参与制”的方式购买私人垄断企业的股票，又可以是私人垄断组织购买国有企业的部分股票，或国家和私人垄断企业共同出资建立新企业。无论是以何种方式建立起来的国私共有垄断资本，它们都包含了国家资本和私人资本的结合。

国私共有垄断资本运动的特点主要有两方面。一方面，国家凭借其资本所有者的身份，可以直接对公司的生产经营活动进行调节、控制和监督，使其符合国家宏观经济的调控目标，也可以利用这类公司对整个社会经济活动进行调控。当然，这里一般要求国家掌握该公司的控股权。另一方面，私人垄断资本可据此享受国家所提供的各种优惠，如获得国家补贴和优惠贷款、减免税、优先订货等，从而增强自己的经济实力和竞争能力，使获取高额垄断利润更有保证。因此，这种国私共有的垄断资本成为国家和私人垄断资本都乐于接受的形式。

（三）国有垄断资本与私人垄断资本在社会范围内的结合

国有垄断资本与私人垄断资本在社会范围内的结合是指国有垄断资本与私人垄断资本在企业外部发生密切的联系，是国家与私人垄断资本相结合的主要形式。具体包括：国家向私人垄断企业订货或购买产品，如政府采购；通过国家控制的金融机构，向私人企业提供贷款和实行差别利率；国家通过财政拨款向私人垄断企业提供补贴，包括直接补贴（资金）和间接补贴（如减免税、加速折旧）；国家提供科研费用，将科研成果提供给私人垄断企业享用，美、英、法等国的政府拨款占全部科研经费的比重均在60%以上；国家通过实行“经济计划化”和福利国家制度来干预和影响社会经济的运行，等等。在这种形式中，资本运动的主体是私人垄断资本。私人垄断资本并未改变它的资本占有形式，但却从过去的单独运动变为与国有垄断资本的结合运动。

无论是国有垄断资本，还是国私共有的垄断资本，或是与国家有密切联系的私人垄断资本，都是国家垄断资本主义生产关系体系的有机组成部分。如果仅用国有企业所占的比重来衡量一国国家垄断资本主义发展的程度和水平，是片面的。应当强调的是，和国家有密切联系的私人垄断资本仍是国家垄断资本主义的基础。这是因为私人资本需要的是借助国有垄断资本的力量来帮助其解决资本运动中遇到的困难，壮大自己的力量，而不是否定自己。20世纪80年代后，一些西方国家出现的国有企业“私有化”浪潮，实际上只是把国有企业的垄断资本转变为国私共有的垄断资本或与国家有密切联系的私人垄断资本，是国家垄断资本主义生产关系体系中不同资本形态之间的转移，而不是国家垄断资本主义的削弱，私有化浪潮决不等于否定国家垄断资本主义。

三、国家垄断资本主义的实质和作用

国家垄断资本主义的出现，是生产力与资本主义生产关系矛盾运动的客观结果，体现了国家与私人垄断资本的结合，这种结合使资本社会化的发展达到了一个新的高度。但这种资本社会化的高度发展并没有也不可能触动生产资料的资本主义私人占有制，没有改变资本主义生产关系的本质。垄断资产阶级已不是一般地占有生产资料，而是通过借助国家政权机构，掌握国家的经济命脉，左右着整个社会的经济生活。

国家作为“理想的总资本家”，虽然并不能保证每一个垄断资本家在每个时期都能获取高额利润，但却能保证他们具有获得垄断利润的条件和环境。为了垄断资产阶级的整体利益和长远利益，国家垄断资本主义有时也会与某些个别的私人垄断资本集团发生矛盾和冲突，甚至会暂时牺牲某些私人垄断资本集团的利益。这正是国家垄断资本主义与私人垄断资本主义所不同的地方。

国家垄断资本主义的实质概括起来就是：私人垄断资本为维持垄断统治和获取高额垄断利润而和国家政权相结合的一种垄断资本主义形式，是资产阶级国家在直接参与社会资本的再生产过程中，代表垄断资产阶级总体利益对社会经济进行调节的一种有效形式。

国家垄断资本主义的发展，是战后适应生产力社会化高度发展，资本主义生产关系在其自身范围内进行的一次较大的局部调整，它在相当程度上缓和了资本主义社会的基本矛盾，因而推动了资本主义经济比较迅速的发展。但是，国家垄断资本主义又是垄断资产阶级利用国家机器干预社会经济生活，保证其获得高额垄断利润的一种形式，并没有改变资本主义生产关系和垄断资本主义的实质，因而不可能解决资本主义制度固有的各种矛盾。由此决定了国家垄断资本主义对经济发展具有双重作用。

国家垄断资本主义对促进生产力的发展，具有一定的积极作用，同时也为新社会制度的建立创造了物质条件。具体表现为：①资产阶级国家运用所掌握的巨额资本，投入社会资本再生产过程，兴建现代化基础设施，投资进行科学技术研究和开发，从垄断资本的整体利益、长远利益考虑资本主义经济和社会发展问题，从而在相当程度上克服了私人垄断资本社会化程度相对较低，资本数量相对不足和只顾眼前利益、局部利益的局限性，促进了经济的较快发展；②国家垄断资本主义对社会经济的宏观调节和计划管理，一定程度上适应了生产社会化的客观要求和经济结构调整的需要，对于克服或抑制私人垄断资本运动的无政府状态和盲目性，有一定的缓解作用；③垄断资产阶级国家通过财政、金融调节对国民收入进行再分配，建立社会保障制度，制定保护和扶植中小企业发展的政策，在一定程度上缓解了国内的阶级矛盾；④国家垄断资本主义通过国际经济调节，使国际经济协调逐步地发展与增强，适应了经济生活国际化的要求，从而有助于一些矛盾得到暂时的缓解，构造较为有利的国际经济环境来促进国内经济的较快发展。

国家垄断资本主义对社会经济发展的负面影响和阻碍作用，集中表现在它使垄断资本主义的某些内在矛盾更加发展和复杂。因为国家垄断资本主义既是适应生产社会化发展而产生和发展的，又使国民收入的分配和再分配有利于私人垄断资本，从而加深了资本主义社会的基本矛盾和阶级矛盾。它的产生并没有超出资本主义的生产关系，丝毫没有改变垄断资本主义的实质，日益庞大的社会化大生产仍然要服从于垄断资产阶级狭隘利益的追求，使资本主义的固有矛盾进一步加深。其自身有不可克服的历史局限性，它既没有改变资本主义生产资料私有制和资本对雇佣劳动的剥削，而且还要强力维护，同时也不可能摆脱资本主义客观经济规律，如剩余价值规律、资本积累规律等的支配，更不可能从根本上解决资本主义社会的基本矛盾和其他矛盾，如通货膨胀、贫富悬殊等。

四、资本主义国家对经济活动的调节和干预

资本主义国家对经济的调节和干预，虽在二次大战前就已出现，但当时基本上是被动的、临时的和局部的。依靠国家对整个社会经济实行经常的、全面的客观调节，则是二战后随着国家垄断资本主义和市场经济的高度发展而逐步扩大、深化和完善的，并逐步建立和形成了较为完备的经济调节体系，成为资本主义国家现代市场经济体制和运行机制的重要组成部分。

资本主义国家对经济活动进行调节和干预的客观必然性在于：①社会生产力的高度发

展，必然要求国家参与和干预社会经济活动；②资本主义基本矛盾激化，导致出现周期性经济危机的爆发，给社会的经济、政治等方面造成巨大的破坏和危害，要求借助于国家的力量出面有效干预；③矫正单纯依靠市场机制调节存在缺陷的需要。市场缺陷的主要表现是：①市场促进资源优化配置的过程通常伴之以资源的浪费，使配置结果不合理；②竞争导致垄断，使市场效率下降，而市场本身无力消除垄断，需要国家出面干预，限制垄断，保护竞争；③市场调节具有短期性、微观性特征，不能展示社会经济发展的长期方向，对于特殊的社会发展目标，如充分就业、缩小贫富差距等，也显得乏力；④市场运行具有自发性和盲目性，容易导致无序和混乱，进而引起经济震荡。

国家调节经济活动的目的在于缓和社会经济矛盾和阶级矛盾，维护资本主义制度和垄断资本的统治，保证实现垄断高额利润。资本主义国家宏观经济调节的总任务，是促进社会总供给和总需求的平衡，这里的平衡包括社会总量平衡和结构平衡两方面。社会总供给，从价值形式看，是一定时期社会提供的进入市场可供购买的商品和劳务总额；从实物形式看，是社会提供的进入市场可供购买的商品和劳务总量。社会总需求，从价值形式看，是一定时期社会对商品和劳务需求的有购买力的价值总额；从实物形式上看，指有货币支付能力的社会要购买的商品和劳务总量。如前所述，社会再生产必须按客观要求的比例进行，而资本主义条件下，社会再生产的比例是通过不断的经济波动和危机的方式强制地实现的。如果市场上供求总量经常不平衡，势必造成价格信号的扭曲，市场机制不能正常发挥作用，市场经济不能顺利运行。

国家调节经济活动的目标主要包括：促进经济增长，增加就业，稳定物价和保持国际收支平衡。促进经济增长，就是国家通过宏观调节，保持国民经济的相对稳定，维持一定的经济增速；增加就业，就是国家通过调控，创造就业机会，保持较高的就业水平，力求实现充分就业；稳定物价，就是政府通过各种手段，约束价格主体，资本主义国家除根据通货膨胀的类型及发生的原因采取相应的物价稳定政策外，还对垄断性商品和关系国计民生的重要产品实行直接价格管制，防止价格水平的剧烈波动，以抑制物价的上涨，保持物价总水平的基本稳定；保持国际收支平衡，就是要防止出现国际贸易逆差，保持经济的平稳运行。值得注意的是，上述目标有时存在相互矛盾、相互制约的情况，如促进经济增长的措施，可能会带来通货膨胀；扩大就业的政策，又会导致财政赤字的产生，等等。

资本主义国家对经济活动的调节，一般采取经济、法律、计划等手段。

经济手段主要是依据价值规律的要求，通过经济政策等措施来引导经济主体的经营活动，以达到国家宏观调控的目标，如国家经常通过制定和实施有关的财政政策、货币政策、社会福利政策，影响企业、个人的经济活动等。

法律手段就是通过法律的制定和执行，使私人企业的活动纳入国家法制的轨道，促进国民经济有序运行，主要起规范经济秩序的作用，具有权威性、强制性和相对稳定性等特点。

计划手段就是政府通过周期不等的社会经济发展计划，对国民经济活动作出预先安排，并据此对社会经济的运行发展进行调控。如法国、日本和北欧一些国家编制的3～5年计划或6～10年中长期计划。美国虽不制订国民经济计划，但总统在竞选时都要提出经济发展的目标和措施，就任后每年1月要向国会提交一份经济报告，这些经济报告与法国和日本的计划有相同之处。计划管理的内容包括：制订一定时期的国民经济增长计划、财政收支计划、货币发行计划、科教发展计划、主要产业发展计划等有全局性、前瞻性、指导性的计划或规划。当然这些计划对资本主义私人企业没有法律约束力，但可以通过一定方式，如各种经济措施等，去诱导和影响私人企业，进而把私人企业的生产经营活动纳入国家计划的轨道。

第三节 资本主义发展的历史进程

一、当代资本主义的新变化和新特点

资本主义经济的物质基础是以机器大工业为特征的社会化大生产，这种社会化大生产是从分散的孤立的小生产转化而来。资本主义的基本矛盾表现为生产社会化与资本主义私人占有形式之间的矛盾，生产社会化随着资本主义生产方式的产生而出现，产业革命的爆发和机器大工业代替工场手工业，使生产社会化得以最终确立。

资本主义生产社会化，主要表现为：①生产资料的集中与劳动的社会化，由于资本积累的发展，资本主义企业把原来由个人分散使用的生产资料逐步结合为劳动者共同使用的生产资料，从而生产过程从纯粹个人行为变为一系列社会行为，产品也从个人劳动的产物变为许多人共同劳动的社会产品；②在机器大工业基础上，形成了各部门和各个企业之间分工协作的高度发展和相互联系的日益密切；③狭隘分散的地方市场逐步汇合成为统一的国内市场，并进而发展成为世界市场。生产社会化的不断发展，客观上要求由社会共同占有生产资料和劳动成果，唯有如此，才能按照社会需要对社会各生产部门实行有计划的调节，以保障社会生产的协调发展。

生产社会化标志着生产力的巨大发展，但却同资本主义私有制形成尖锐冲突和矛盾。资本主义基本矛盾在经济上主要表现为以下两个方面。

（1）个别企业生产的有组织性同整个社会生产的无政府状态之间的矛盾。资本主义私有制决定了有组织和有计划的生产可以在资本主义企业内部实现，但就整个社会来说，社会上的各家企业因分属不同的资本家所有，而各行其是。“谁也不知道，他的那种商品出现在市场上的会有多少，究竟需要多少；谁也不知道，他的个人产品是否真正为人所需要，是否能收回它的成本，或者是否能卖出去”。(《马克思恩格斯选集》，第3卷，第312页，北京，人民出版社，1972）因此，整个社会生产处于竞争和无政府状态之中。

（2）资本主义生产无限扩大的趋势与劳动人民有支付能力的需求相对缩小的矛盾。由资本对剩余价值的追逐而形成的内在动力，由普遍的竞争产生的对各资本企业的外在压力，以及伴随资本积累和资本集中而形成的企业越来越大的自我扩张要求和能力，造成了资本主义生产呈无限扩大的趋势。但另一方面，由资本主义私有制决定的对抗性的分配关系，使广大群众有支付能力的消费需求，始终被限制在相对狭小的范围之内，再加上资本家的消费需求受资本积累欲望的限制，也与无限扩大的生产趋势不可避免地发生冲突。这些矛盾的变化和发展，导致资本主义经济在周期性的波动中增长。

由此不难看出，资本主义基本矛盾，实际上是生产力与生产关系的矛盾在资本主义生产方式下的具体反映。生产社会化是社会生产力高度发展的必然结果和表现，生产资料资本主义私有制是资本主义生产关系的基础和最重要的内容。资本主义基本矛盾在资本主义发展的

不同阶段，有不同的表现形式。如自由竞争阶段，直接表现为生产社会化与资本主义私人占有形式之间的矛盾；私人垄断阶段，表现为生产进一步社会化与私人垄断组织之间的矛盾；在国家垄断资本主义阶段，又表现为高度生产社会化与国家垄断资本主义形式之间的矛盾。

二战以后，特别是20世纪80年代以来，资本主义经济关系出现了许多令人瞩目的新变化，呈现出一系列前所未有的新特点。概括起来，主要表现在以下几个方面。

第一，经济保持较长时期的相对稳定发展。在二战后的50多年间，尽管资本主义经济发展的波动性依然存在，但这种波动性在明显减缓，经济增长的时间在延长。资本主义国家获得了相对稳定的发展，有时还呈加速发展趋势，劳动生产率和经济发展水平有了很大提高，经济实力大为增强。现在，西方发达国家创造的生产力，远远超过以往数百年间资本主义所创造的一切纪录，其国内生产总值约占世界的3/4，仅美国的国内生产总值就约占世界的1/4。1950～1988年，美国的国民生产总值增长了15.9倍，而同期日本则增长16.8倍。

第二，产业结构和劳动力结构趋向信息化、服务化和高科技化。由于科学技术的进步和劳动生产率的提高，西方发达国家中以金融、信息和其他服务为主要内容的第三产业迅速崛起，在国民经济中所占比重已上升到 2/3，而第一产业和第二产业所占比重则大幅度下降。与此同时，劳动力结构也发生了较大变化，直接从事物质产品生产的工人数量在下降，从事服务业的工人在增多；以体力劳动为主的“蓝领工人”迅速减少，而以脑力劳动为主的“白领工人”急剧增多，成为工人阶级的主导力量。此外，还出现了数量庞大的中间阶级或阶层。目前，在多数发达国家，传统意义上的产业工人已不到工人总数的30%，劳动者队伍出现了知识化、脑力化和多层次化的新趋势，其整体的科学技术和文化素质日益提高，如1989～1998年，德国企业中受过高等教育的雇员人数增加了20%。

第三，高新技术及其产业有了长足进步，出现了新的经济运行方式。20世纪中期后，以信息技术、原子能技术、材料科学、宇航技术和生物工程为标志的新科技革命，使科技与生产力发展的关系日益密切，创造了大量新产品和新的生产经营方式，使市场经济的运行模式大为改进。日新月异的电子和网络技术，促进了贸易的发展，使生产、流通、消费连为一体，有效地解决了产供销脱节的问题。电子商务的发展方兴未艾，网上购物、网上学习开始流行。资本、货物、技术和劳务等生产要素在全世界范围内流动和配置，各国日益被纳入“地球村”，从事国际化的经济运转。

第四，社会矛盾和阶级矛盾有所缓和。20世纪50年代以来，西方发达国家通过广泛实施限制贫富差距扩大的税收政策和社会再分配政策，一定程度上提高了工人和其他劳动者的物质生活水平，缓和了阶级矛盾和社会矛盾，为经济的持续发展和社会稳定提供了条件。发达资本主义国家所有制结构日益多元化，私有成分虽仍占相当比例，但存在着国家所有制、合作所有制、职工所有制等经济成分。目前，西方国家通过税收集中起来的国民收入，占国内生产总值的1/3以上，其中欧盟国家已经接近50%，并且有一半以上用于贫困救济、失业补贴、医疗补助等社会福利开支，有的甚至实现“从摇篮到坟墓”的社会福利体系，从而使工人的生活状况得到较大改善，劳动力再生产有了一定保障，开始转向相对贫困。

资本主义作为一个社会形态的历史过程，在二战后出现的新发展和变化，是由其特定的历史条件和因素所决定的。这些条件和因素来自多个领域，主要包括以下几方面。

（1）科技革命的迅猛发展是促使当代资本主义发生重大变革的主要动因。马克思主义认为，科学技术是人类社会变革的伟大杠杆。一切能够为资本家带来利润的因素，都会受到资本所有者的关注和青睐。二战后，面对日益激烈的市场竞争，西方发达国家比较充分地利用新科技革命的机遇，注重科学技术与生产的结合，使科技革命的成果最大限度地直接作用于财富的创造，形成现实的生产力。发达国家对科技开发投入不断增强，建立了国家、企业、私人和国际联合等多层次科研机构，制订各种科学发展计划，抢占科技制高点，促进了新技术、新材料的发明和应用，科技进步对经济增长的贡献率由20世纪初的5%～20%上升到20世纪80年代以后的60%～80%。

（2）对资本主义生产关系的某些环节和资本主义经济社会的运行、管理机制作了不少自我调节和改良。为维护资本主义制度的生存与发展，西方发达国家在税收、福利政策、企业组织结构等方面采取了不少调节措施，努力限制过高收入和过度垄断；同时，劳动管理上采取允许部分工人参加企业管理、“工人持股”、带薪休假、最低工资标准等形式，改善劳资关系，在一定程度上缓解了生产资料私人占有对生产力发展的制约，使得资本主义生产关系不仅能容纳现实的生产力，而且生产力还有新的发展。

（3）加强了国家对经济的干预和调控。在总结以往经验的基础上，资本主义国家开始重视对经济计划的作用，加强国家干预，重点是社会总供给和社会需求，将“看不见的手”与“看得见的手”结合起来，放宽政府对企业的限制，反对自然垄断，国家（政府）承担起越来越多管理经济和社会公共事务的职能，如对高科技、教育、环境保护等领域予以重点倾斜等。此外，在上层建筑方面，西方国家在国家政权结构、社会管理形式、法制建设方面也作了一些调整。这些都在相当程度上减缓了市场经济的波动性、自发性和破坏性，促进了现代市场经济的发展，带来了资本主义经济的稳定增长。

二、当代资本主义发展的历史走向

人类社会发展的历史表明，每一种社会经济形态都有自己产生、发展和向更高形态过渡的客观历程，这是不以人们意志为转移的历史必然性。资本主义私有制是对以个体劳动为基础的私有制的否定，而资本积累过程又成了对资本主义私有制自身的否定。资本主义制度像以往社会制度一样经历了产生、发展的过程，也将不可避免地逐步走向灭亡。

资本主义自从产生后，不断调整改良，先由原始积累发展到自由资本主义，再到私人垄断资本主义。资本主义在当代已发展到国家垄断阶段，经历了一系列的历史时期和阶段。国家垄断资本主义的确立，是资本主义生产关系适应社会化生产力发展的要求而作的自我调整。国家垄断资本主义对国民经济的调整，说明资产阶级国家越来越成为理想的总资本家，归根到底是为资产阶级特别是垄断资产阶级服务的。它不可能从根本上顺应社会化大生产的客观要求，从全社会，特别是广大劳动者的愿望和利益出发，去组织、计划、协调生产和其他经济活动。股份社会化只是意味着股权越来越从少数个人手里分散到众多人手里；财产的社会化，并不等于消除了雇佣劳动与资本的对立，更不能解决生产社会化和生产资料的资本主义占有方式之间的矛盾，相反，资本的关系不但没有被消灭，反而把矛盾推到了顶点。

资本主义生产方式的发展，生产社会化和资本社会化，尽管为社会主义准备了物质条件，但绝不意味着资本主义会自行灭亡。国家垄断资本主义不是资本主义矛盾冲突的解决，而只是包含着解决冲突的形式上的手段和线索。国家垄断资本主义的发展，一方面为社会主义准备了充分的物质前提和必要条件，如高度发达的社会生产力和社会化大生产，无产阶级与资产阶级、发达国家之间及发达国家与发展中国家之间的矛盾日益激化，便于代表先进生产力的无产阶级在取得政权以后实行生产资料公有制；另一方面，也指出了要解决资本主义的矛盾冲突，就必须改变生产资料的资本属性的客观要求。“资本的垄断成了与这种垄断一起并在这种垄断之下繁盛起来的生产方式的桎梏。生产资料的集中和劳动的社会化，达到了同它们的资本主义外壳不能相容的地步。这个外壳就要炸毁了。剥夺者就要被剥夺了。”（《马克思恩格斯全集》，第 23 卷，第 831—832 页，北京，人民出版社，1972）

事实上，在资本主义社会，资本主义的基本矛盾是始终存在的，现代资本主义的发展并没有因西方国家经济、科技等方面的变化而改变资本主义基本矛盾，“其实，社会主义现在已经在现代资本主义的一切窗口中出现，在这个最新资本主义的基础上前进一步的每项重大措施中，社会主义已经直接地、实际地显现出来了。”（《列宁选集》，第 3 卷，第 267 页，北京，人民出版社，1995）只是矛盾的运动是波浪式发展、螺旋式上升的，只要资本主义还是资本主义，其内在矛盾运动终将导致资本主义为社会主义所取代。

经济、政治发展不平衡是资本主义的绝对规律。在资本主义社会，由于剩余价值、竞争和无政府状态规律的作用，各个企业、生产部门、各个国家的发展不可能是平衡的，有的发展快，有的发展慢，有的先进，有的落后。在资本主义自由竞争时期，经济政治发展不平衡已经存在，但总的说，表现还不那么充分。到了垄断资本主义时期，经济政治发展不平衡的矛盾突出了，不平衡现象大大加剧。这种不平衡表现为跳跃式的，一些后起的资本主义国家通过迅速发展新兴的产业部门，使自己的经济实力跳跃式地赶上和超过老牌的资本主义国家，从而在经济实力的对比上发生急剧的变化。

由于资本主义各国经济政治发展不平衡规律的作用，使得资本主义世界体系内各国的矛盾发展和尖锐程度出现极大的差别，因此无产阶级的革命觉悟、组织程度和领导水平也有很大的不同。在自由竞争资本主义时期，马克思和恩格斯曾认为社会主义革命将在全世界或者至少是几个主要资本主义国家同时取得胜利，这是符合当时资本主义发展状况的论断。当资本主义发展到垄断阶段，列宁根据当时资本主义经济政治发展不平衡规律作用加剧的新情况，提出社会主义不能在所有国家同时获得胜利，而可能首先在一个或几个国家中获得胜利的理论。20 世纪初，俄国十月革命的胜利和后来中华人民共和国等一批社会主义国家的建立，证明列宁的论断是完全正确的。

规律是客观事物本质的反映和揭示，任何事物的产生和发展，都有其自身的规律性，不论其发展的具体进程如何，最终都不可能摆脱客观规律。社会主义制度必然代替资本主义制度，这是人类社会历史发展的客观规律。这一规律在资本主义历史发展进程中，正在逐渐地和愈来愈深刻地发生着作用。但是，历史的必然性是一回事，历史的事实又是另一回事。在向社会主义过渡或转化过程中，必然要遭到资本主义的阻挠和反抗。从马克思主义诞生至今的世界社会主义运动发展的曲折过程表明，在全世界范围内，实现社会主义代替资本主义，并不是直线式的，而是一个漫长、曲折的复杂历史过程。

科学社会主义在世界上的出现从理论上来看，自 1848 年《共产党宣言》发表以来才一个半世纪多一点；从实践来看，自“十月革命”算起，社会主义制度的建立至今才 90 多年。而资本主义从 1640 年英国资产阶级革命算起，至今已在世界上存在了近 400 年，目前它仍有较大的发展空间。只要当代资本主义在自身范围内，还能够暂时或局部地适应生产社会化所提出的要求，它所固有的矛盾尚未出现新的极端激化状态，就不会自动退出历史舞台，正如马克思所说："无论哪一个社会形态，在它们所能容纳的全部生产力发挥出来以前，是决不会灭亡的。"(《马克思恩格斯选集》，第2卷，第83页，北京，人民出版社，1972)

当代资本主义是一个庞大的世界体系，这就决定了资本主义最终灭亡是一个长期的历史过程。就当前情况来说，这个体系中不仅有一批发达的资本主义国家，而且有为数众多的正在走资本主义道路的发展中国家。在发达资本主义国家，虽然国家垄断资本主义的发展陷入深刻矛盾之中，但还有调整回旋的余地，它们的灭亡还将经历比较长的时间。正在走资本主义道路的发展中国家，资本主义的发展还刚起步，其中多数成为发达资本主义国家的附属，从而增强了资本主义体系的力量。

工人阶级力量的积聚和革命觉醒，也将有一个过程。社会主义革命的胜利实现绝不是一个单纯的经济过程，而必须取决于各国基本矛盾的发展程度、阶级力量的对比以及工人阶级政党的领导水平等许多客观和主观、经济和政治、内部和外部条件。已经取得社会主义革命胜利建立起社会主义制度的国家，也将在一个相当长的历史时期中与资本主义国家并存。两种不同社会制度的国家间，既有矛盾和斗争，又要彼此和平共处。历史经验证明，只有当被统治阶级已经高度觉醒，不愿照旧生活下去，而统治阶级也不能照旧生活和统治下去的时候，革命才能获得胜利。无产阶级革命的条件是逐步形成的，要充分估计它的长期性。

同以往历次社会变革相比，社会主义代替资本主义具有根本不同的特点：它不是一种剥削制度向另一种剥削制度过渡，而是从私有制社会向公有制社会过渡，由此决定其社会变革的广度和深度，是以往任何一次社会变革所无法比拟的。社会主义制度越是巩固和发展，其优越性越是充分体现，则越能证明资本主义制度的弊病，越能吸引资本主义国家的人民，促使其从两种制度优劣的对比中增强自己的革命意识。但是，由于现有的社会主义制度都是在经济相对落后的国家建立起来，其生产力发展水平比较低，需要一个长期的时间来建立社会主义的物质技术基础；另一方面，这些国家在其自身的发展过程中由于种种原因，也不是一帆风顺的，还存在许多未被认识的"必然王国"，能够充分发挥社会主义制度优越性的经济体制还在建立和完善中，因此难免出现种种曲折。这就使社会主义制度优越性的充分发挥不能不是一个长期的过程。正如毛泽东同志所说："社会主义制度的建立给我们开辟了一条到达理想境界的道路，而理想境界的实现还要靠我们的辛勤劳动。"

20世纪80～90年代东欧剧变、苏联解体，无疑是社会主义发展过程中的巨大挫折，加之，西方国家利用社会主义国家在前进中遇到的暂时困难，加紧推行"和平演变"战略，发起一场"没有硝烟的战争"，以经济力量为政治手段，或从经济上施压，以压促变，或从经济上进行收买，以援促变，矛头直指社会主义制度，使世界社会主义运动陷入低潮。但是，社会主义必然代替资本主义是社会历史发展不可逆转的总趋势。

马克思和恩格斯创立的科学社会主义，认为资本主义必然灭亡和社会主义必然胜利，不是出于"空想"，也不是出于对资本主义制度下丑恶现象的简单憎恨以及建筑在无产阶级必须夺取政权的美好愿望上，而是运用辩证唯物主义和历史唯物主义的世界观和方法论，深刻分析资本主义社会不可克服的内在矛盾，总结工人运动的实践经验，批判地汲取人类历史上的优秀的思想文化遗产所得出的科学结论。东欧剧变和苏联解体，并不能说明社会主义制度没有生命力，而恰恰是这些国家在一些重大原则问题上偏离了社会主义方向的结果。

对于建设社会主义这样伟大的事业，在探索前进过程中出现失误和挫折并不可怕，重要的是真正弄清和正确对待造成失误和挫折的原因。中国改革的成功，使处于低谷的社会主义运动在世界的东方迸发出新的曙光。从奔腾不息的历史长河来看，社会主义运动所经历的曲折，丝毫不值得大惊小怪。我们应辩证地全面认识和对待社会主义运动的曲折，认清历史发展的总趋势，坚信社会主义必将取代资本主义，坚定社会主义必然在全世界取得胜利的信心。未来的社会主义将以多姿多彩的内容与多元化的实现方式展现在世人面前。

课外阅读

在20世纪80年代中期，美国三大汽车公司（通用、福特、克莱斯勒）在本部门的市场占有率为85%～95%，两大重型电力设备公司（通用电气、西屋电气）的市场占有率为55%～60%，五大炼油公司（埃克森、莫比尔、德士德、印第安纳美孚）的市场占有率为50%～55%，四大钢铁公司（美国钢铁、伯利恒、国民国际集团公司、麦道公司、通用动力公司）的市场占有率为75%～85%，三大玻璃公司（PPG工业公司、利比-欧文斯-福特、科宁玻璃）的市场占有率为80%～90%，三大铝品生产公司（美国铝公司、雷诺兹金属公司、凯塞铝和化学公司）的市场占有率为70%～80%，三大炼钢公司（爱麦克斯公司、福尔普斯-道奇、肯尼克特公司）的市场占有率为80%～90%，两大初铝生产公司（弗鲁尔、阿萨特）的市场占有率为95%～100%，四大药品公司（强生公司、阿莫-豪产品公司、菲泽、默克）的市场占有率为45%～55%，两大肥皂公司（普罗克特-甘布尔、爱芳产品公司）的市场占有率为65%～75%，四大工业化学公司（杜邦、道化学公司、孟山都公司、联合碳化物公司）的市场占有率为55%～65%，两大冰箱、洗衣机公司（沃尔普尼、怀特联合公司）的市场占有率为80%～90%，一大照相器材公司（伊士曼柯达公司）的市场占有率为70%～80%，四大轮胎公司（古德伊尔轮胎橡胶公司、古德里奇、尤里罗亚尔、费尔斯通）的市场占有率为80%～90%，等等。

与此同时，美国大公司和他们所占的资产、产值、销售额、利润的份额也在不断增加提高。9家美国资产在10亿美元以上的工业大公司所占的公司资产总额的比重，从1960年的23%提高到1970年的48.8%和1990年71.2%。美国制造业最大的200家公司创造的增值额在全部制造业增值总额中所占的比重，从1947年的30%提高到1967年的42%和1982年的44%。1984年美国3%的公司控制了制造业全部增值额的80%。美国收入在100万美元以上企业占美国企业总收入的份额，从1970年的75%提高到1988年的90%。

（资料来源：高峰：《现代资本主义的经济关系和运行特征》，天津，南开大学出版社，2000）

问题：1．上述材料说明了什么问题？

2．案例中提及的公司，哪些已进入中国市场或对中国经济产生了影响？

复习思考题

一、单项选择题

1．垄断利润是（　　）

A. 垄断资本家所获得的利润
B. 垄断资本家获得的超额利润
C. 垄断资本家凭借垄断地位而获得的超过平均利润的高额利润
D. 垄断资本家获得的平均利润

2. 垄断价格形成的基础是（　）
A. 自由竞争　　B. 垄断利润
C. 垄断统治　　D. 资本主义私有制

3. 私人垄断资本的形成是由于（　　）
A. 资本家通过资本积累扩大再生产规模的结果
B. 资本家追求剩余价值的直接结果
C. 资本对外扩张的结果
D. 生产高度集中的必然结果

4. 当代资本主义国际垄断组织的主要形式是（　）
A. 国际卡特尔　　B. 混合联合公司
C. 国际托拉斯　　D. 跨国公司

5. 垄断利润的来源是（　　）
A. 垄断资本家的垄断地位
B. 垄断资本家使用先进设备
C. 资产阶级政府提供的高额补贴
D. 工人及其他劳动人民创造的剩余价值和一部分价值

6. 金融寡头在经济上实现其统治的形式是（　）
A. 参与制　　B. 个人联合
C. 国公司　　D. 合联合公司

7. 国家垄断资本主义是（　　）
A. 私人资本和垄断资本相结合的资本主义
B. 产业资本和金融资本相结合的资本主义
C. 职能资本和非职能资本相结合的资本主义
D. 私人垄断资本同资产阶级国家政权相结合的资本主义

8. 资本输出的实质是（　　）
A. 为了带动商品输出
B. 发达国家与发展中国家互助互利的形式
C. 发达国家帮助其他国家经济发展的手段
D. 垄断资本主义国家掠夺和控制其他国家的手段

二、多项选择题

1. 垄断价格是（　　）
A. 垄断资本家取得垄断利润的主要手段
B. 垄断资本家凭借垄断地位规定的垄断价格
C. 资本价格加平均利润

D. 资本价格加垄断利润

E. 受价值规律制约

2. 资本输出按输出主体不同可划分为（　　）

A. 资产资本输出　　B. 借贷资本输出

C. 私人资本输出　　D. 国家资本输出

E. 商品资本输出

3. 垄断与竞争并存的原因是（　　）

A. 垄断不能消除商品经济的竞争基础

B. 科技进步和创新不断激发新的竞争

C. 发展不平衡规律导致企业资本实力的变化

D. 垄断组织不能囊括一切商品生产

E. 中小企业仍然大量存在

4. 随着生产社会化发展比较重要的垄断组织形式有（　　）

A. 卡特尔　　B. 辛迪加

C. 跨国公司　　D. 托拉斯

E. 康采恩

5. 垄断利润的主要来源是（　　）

A. 垄断企业内部工人创造的剩余价值

B. 垄断企业工人创造的一部分剩余价值

C. 生产者创造的一部分价值

D. 战后国家劳动人民创造的一部分价值

E. 国内劳动人民必要劳动创造的一部分价值

6. 战后国家垄断资本主义迅速发展的原因是（　　）

A. 资本主义基本矛盾的尖锐化

B. 生产关系适合生产力规律的作用和要求

C. 战后主要资本主义国家恢复和发展经济的迫切需要

D. 资本主义各国防止和逃脱经济危机的需要

E. 为了在国际市场竞争中取得优势地位

7. 国家垄断资本主义的基本形式包括（　　）

A. 国家所有并直接经营的国有企业　　B. 国家财政拨款直接兴办企业

C. 私人企业国有化　　D. 国私共有合营企业

E. 国家以多种方式参与私人垄断资本主义的再生产过程

8. 资本主义生产关系在其自身范围内调整的表现形式是（　　）

A. 从自由竞争到垄断　　B. 从私人垄断到国家垄断

C. 股份公司的出现　　D. 经济计划化的实行

E. 国民经济的全面社会化

三、简答题

1. 简述垄断资本主义的基本经济特征。

2. 金融寡头如何实现经济上和政治上的统治?

3. 垄断为什么不能消除竞争而是与竞争并存?

4. 战后国家垄断资本主义迅速发展的原因是什么?

5. 试比较平均利润和垄断利润的主要区别。

四、分析题

美国最大的电力、天然气销售和交易商—— 安然公司,在2001年11月重新公布了1997～2000年的年度财务报表，累计利润减少5.91亿美元，而债务却增加了6.28亿美元。上述情况，作为安然的审计公司—— 安达信，不可能不知道。为什么安达信要隐瞒安然的财务真相?因为安然是安达信的大客户，每年安达信可从安然公司获取5200万美元，其中超过一半的钱款不是来自财务审计，而是来自其所提供的咨询等服务项目，这种制度使隐藏财务真相成为必要。

对安然提供支持的还有美国政府和国会两院。安然对布什父子、克林顿都提供过大量的政治捐款。安然公司前副董事长巴克斯特曾在辞职前提出对做假账的不同看法，但却在2002年1月自杀身亡。该公司29名高级主管利用内线在公司股票暴跌前抛出，获利11亿美元，目前被集体起诉。

从这段资料中我们可以得到什么启示?

第六章 社会主义生产关系的实质与经济制度

教学目标

本章重点考察社会主义经济制度的建立及其本质，社会主义初级阶段的所有制结构，个人收入分配和社会主义生产的实质，全面认识我国社会主义基本经济制度的性质和特征。

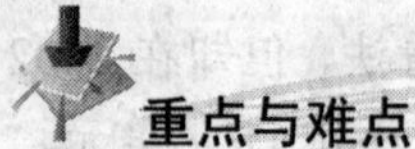

重点与难点

社会主义初级阶段的所有制结构；社会主义初级阶段条件下的个人消费分配方式

多种经济成分并存是当代资本主义和社会主义共有的经济现象。当代资本主义经济中不仅有私有制经济成分，也有公有制经济成分以及其他经济成分；社会主义经济中不仅有公有制经济成分，也有私有制经济成分以及其他经济成分。但是资本主义和社会主义的基本经济制度的性质是根本不同的。在分析我国社会主义初级阶段生产资料所有制结构问题时，有人以"八宝饭"为例做了形象的比喻：八宝饭中的糯米是主要成分，没有糯米就不是八宝饭，但糯米本身并不是八宝饭；八宝饭里还有其他成分，红枣、莲子、核桃、花生、红豆、砂糖等，没有这些成分也不是八宝饭，但这些东西本身也等不同于八宝饭。只有把糯米和其他成分组合在一起，并以糯米为主才是八宝饭。

根据以上资料，你认为判断一个社会基本经济制度性质的根本标准是什么？我国社会主义初级阶段公有制经济和其他经济成分之间是什么关系？

第一节 社会主义生产关系的实质

一、社会主义生产关系的产生

（一）社会主义生产关系产生的政治前提

马克思和恩格斯从考察资本主义经济的运动过程中指出，资本主义基本矛盾运动的结果，使得以公有制为基础的社会主义经济制度取代以私有制为基础的资本主义经济制度是不以人的意志为转移的客观规律，这也是社会生产力发展的必然结果。

在以私有制为基础的社会经济制度的更迭中，往往是以一种新的私有制取代旧的私有制。在这些社会制度更替前，新的生产关系已经在旧社会内部适应生产力发展的客观要求而自发地产生并，得到一定程度的发展。代替新生产关系的新兴阶级的革命，是在已经有了适合自己利益的新的生产关系条件下进行的。革命胜利后，他们依靠政权力量的帮助，使新的生产关系迅速在社会经济中成长为占统治地位的生产关系，从而建立起新的经济制度。历史上封建社会经济制度取代奴隶社会经济制度、资本主义经济制度取代封建社会经济制度都经历了这样的过程。

社会主义经济制度的产生，同以往经济制度的产生有着根本的不同。社会主义经济制度是以生产资料公有制为基础的，是不能在资本主义社会内部自发产生的。资产阶级绝不会把生产资料无偿地交给无产阶级和劳动人民以建立社会主义公有制，他们必然要动用国家机器保护资本主义私有制。因此，社会主义公有制的建立只有通过无产阶级革命剥夺资产阶级所占有的生产资料才能实现。从国际共产主义运动的实践来看，各国无论走向社会主义的具体途径有何不同，都是无产阶级通过革命掌握政权，上升为统治阶级，进而“利用自己的政治统治，一步一步地夺取资产阶级的全部资本，把一切生产工具集中在国家即组织成为统治阶级的无产阶级手里。”这是社会主义经济制度建立的政治前提和根本保证。

社会主义制度取代资本主义制度是历史的必然，但是由于各国的历史条件和经济发展水平不同，各国出现社会主义革命的时机和采取的具体方法不尽相同。以我国为例，旧中国是一个半殖民地、半封建性质的社会，经济相当落后，以大机器生产为代表的现代工业在国民经济中仅占10%左右，资本主义并没有得到充分发展。占统治地位的是帝国主义、封建主义和官僚垄断资本主义等腐朽生产关系，严重阻碍着社会生产力的发展，使国民经济长期处于停滞不前的状态。所以，推翻原有的政治统治和经济制度已是民心所向。鸦片战争后，多少仁人志士经过多次奋斗试图建立资产阶级共和国，却都以失败而告终。分析其原因，一是帝国主义不允许旧中国走资本主义道路，帝国主义入侵的目的是把旧中国变成他们的殖民地或半殖民地，变成他们的原料产地和商品销售市场；二是民族资产阶级的两面性使得它不可能担当起资产阶级民主革命的领导责任，去建立资产阶级共和国。那么，唯一的出路就是在工人阶级先锋队的领导下，经过新民主主义革命走向社会主义。

（二）社会主义生产关系建立的途径

在我国，无产阶级夺取政权后，就进入了从新民主主义社会到社会主义社会的过渡时期，即革命的转变时期。无产阶级在过渡时期的基本任务就是把资本主义私有制和农业、手工业中的个体私有制转变为社会主义公有制，建立社会主义经济制度。

我国建立社会主义经济制度的基本途径有如下三种。

1. 没收官僚资本，建立社会主义全民所有制

对官僚资本采取没收政策，是由这种资本的经济性质及大资产阶级对待无产阶级革命的态度决定的。旧中国的官僚资本依附于帝国主义并和封建主义相勾结，成为买办的封建国家垄断资本主义，代表着旧中国最落后、最反动的生产关系，垄断了旧中国的经济命脉，严重阻碍了生产力的发展。官僚资产阶级在政治上又是最反动的阶级。所以，中华人民共和国成

立以后，立即在全国范围内接管和没收了全部官僚资本，把它变成社会主义的国营经济，使无产阶级国家掌握了国民经济的命脉，为建立社会主义经济制度奠定了基础。

2．改造民族资本，壮大社会主义全民所有制

我国的民族资本在民主革命和社会主义革命时期都具有双重作用，既有积极的一面，又有消极的一面。根据民族资本主义经济的这些特点，我国在消灭资本主义私有制的过程中对它采取了不同于官僚资本的政策，不是立即无偿剥夺，而是采取利用、限制和改造的政策，利用它对国计民生的积极作用，从活动范围、税收政策、市场价格、劳动条件等方面限制其消极作用，通过赎买逐步把它改造成为社会主义全民所有制经济，同时对民族资本家实行团结、教育和改造的政策，逐步把他们由剥削者改造成为自食其力的劳动者。

我国对民族资本主义的改造是通过国家资本主义的形式实现的。它经历了一个从初级形式（在工业方面是加工、订货、统购、包销，在商业方面是经销、代销）到高级形式（个别企业的公私合营和全行业的公私合营）的发展过程。

3．改造个体经济，建立社会主义集体所有制

个体私有制包括个体农民和个体工商业户。个体私有制不同于资本主义私有制，个体劳动者既是私有者又是劳动者，他们是无产阶级可靠的同盟军。因此，对他们不能采取“赎买”的办法，更不能实行没收，只能按照自愿互利、典型示范和国家帮助的原则，将个体劳动者组织起来，引导他们走合作化道路。我国对个体农民的改造是通过建立农业互助组到初级农业生产合作社再到高级农业生产合作社这样三个互相衔接、逐步前进的形式和步骤实现的。到 1956 年底，社会主义劳动群众集体所有制经济基本建立起来。对个体工商户的改造，首先从流通领域着手，采取了“从供销着手，实行由小到大，由低到高”的方针，先组织供销小组、手工业供销合作社，在此基础上发展到生产领域，组织起手工业生产合作社，从而建立起社会主义集体所有制经济。1956 年底，全国绝大部分地区基本完成了对生产资料私有制的社会主义改造，建立起社会主义全民所有制和劳动群众集体所有制，社会主义的经济制度得以建立。

二、社会主义生产关系的实质

生产资料公有制是指全体劳动者或部分劳动者共同占有生产资料的所有制形式。它是社会主义生产关系的基础，是消灭剥削、消除两极分化的制度性保证，是社会主义制度区别于资本主义制度的根本所在。

社会主义生产关系的实质是以生产资料公有制和按劳分配为基础，消灭剥削，消除两极分化，实现共同富裕。共同富裕是社会主义生产关系的实现目标，共同富裕不是同步富裕，而是允许一部分地区一部分人先富起来，最终实现共同富裕。①允许一部分人先富起来，从理论上和政策上否定了把平均主义和社会主义混同起来的错误观念和政策。②先富起来的手段是诚实劳动和合法经营，不能用非法手段牟取暴利。③允许一部分人先富起来是为了实现共同富裕，先富要帮助和带动后富，不搞两极分化。④实现共同富裕有两个条件：一是社会主义经济持续发展，社会财富不断增加；二是社会财富在社会成员中进行合理分配。

第二节　社会主义初级阶段的基本经济制度

一、社会主义初级阶段

社会主义初级阶段，是指我国在生产力落后、商品经济不发达条件下建设社会主义必然要经历的一个社会发展阶段。从20世纪50年代生产资料所有制的社会主义改造基本完成，到社会主义现代化基本实现至少需要上百年时间，在这个阶段里，我国处于社会主义初级阶段。社会主义初级阶段有两层基本含义：①我国社会已经是社会主义社会，我们必须坚持而不能离开社会主义；②我国的社会主义社会还处在初级阶段，我们必须从这个实际出发，而不能超越这个阶段。我国社会已经是社会主义社会，是对我国现在社会制度基本性质的总概括和总规定；社会主义还处于初级阶段，是对我国社会主义社会发展程度、发展水平的总认识和总判断。

我国还处于社会主义初级阶段，从根本上说是由我国的社会发展现状决定的。改革开放以来，中国的面貌发生了日新月异的变化。以生产资料公有制为基础的社会主义经济制度、人民民主专政的社会主义政治制度和马克思主义在意识形态领域中的指导地位已经确立，社会主义经济建设和教育文化建设有了很大发展，许多主要工农业产品的总产值居于世界前列。但人均国民生产总值仍处于落后地位，大部分人口从事农业，主要是靠天吃饭；部分现代化工业同大量落后工业同时存在；部分经济比较发达的地区同广大不发达地区和贫困地区同时存在；少量具有世界先进水平的科学技术同普遍的科技水平不高同时存在；文盲半文盲人口较多的状况同时存在等。这种状况决定我国还将处在社会主义初级阶段。这个阶段是一个逐步摆脱不发达状态，最终实现社会主义现代化的历史阶段。

我国社会主义初级阶段的主要矛盾，是人民日益增长的物质文化需要与落后的社会生产之间的矛盾。这一矛盾将贯穿于整个社会主义初级阶段和社会生活的各个方面。由此决定我国社会主义现阶段的根本任务是发展生产力。

二、社会主义初级阶段的基本经济制度

(一) 社会主义初级阶段基本经济制度建立的客观依据

以公有制为主体，多种所有制经济共同发展，是我国社会主义初级阶段的一项基本经济制度。这一制度确立的依据是：我国是社会主义国家，必须坚持公有制作为社会主义经济制度的基础。

发展多种所有制经济是由我国生产力状况决定的。我国生产力的现状是总体水平比较低，层次比较多，发展不平衡。与这些社会化程度差别很大的不同层次的生产力相适应，客观上要求发展多种所有制经济。

发展多种所有制经济是缓解我国现代化建设中各种矛盾的需要。我国是发展中国家，资金短缺和就业压力大是现代化进程中的难题。从我国实际出发，需要发展多种所有制经济调动各方面的积极性，充分利用社会资金及引进外资，弥补建设资金不足，多渠道增加就业岗位，扩大就业。

发展多种所有制经济是社会主义市场经济体制的客观要求。市场经济的充分发展，不仅需要完善的市场体系和市场机制的形成，而且还要有自主经营、自负盈亏的市场竞争主体。我国各种所有制经济实体是在进行市场化改革的过程中发展起来的，它们的一切生产经营活动都是通过市场实现的。它们的发展一方面促进了市场机制和市场体系的发展，另一方面加强了市场经济的竞争格局，促进了各种所有制经济效率的提高和技术的进步。一切符合“三个有利于”的所有制形式都可以而且应该用来为社会主义服务。

（二）公有制经济的含义及其实现形式

1. 公有制经济的含义

党的十五大报告明确指出，要全面认识公有制经济的含义。公有制经济不仅包括国有经济和集体经济，还包括混合所有制经济中的国有成分和集体成分。

（1）国有经济。

国有经济即社会主义全民所有制经济，是指由全体社会成员共同占有生产资料的公有制形式。它同较高的社会化生产力相适应，基本上实现了劳动者在生产资料所有制关系上的平等。现阶段，我国社会主义全民所有制的实现形式是国家所有制，即由国家代表全体劳动者行使生产资料所有权，所以全民所有制经济也称国有经济。

社会主义全民所有制采取国有制形式，并不等于国家机构直接占有、支配和使用属于全民所有的生产资料，或直接参与国有企业的经营活动。实践证明，由于国有企业数量众多，内部情况各不相同，市场需求变化莫测，国家不可能准确、及时、全面地了解情况，直接参与企业经营管理，极有可能导致决策失误，使企业错失发展良机。同时，由于全民所有制内部存在国家、集体和个人三者的利益关系，国家直接参与企业经营管理，也不利于调动各方面的积极性。

随着社会主义市场经济体制的建立，我国全民所有制经济的所有权和经营权已实现了分离，国有企业成为相对独立的商品生产者和经营者。国有经济在国民经济发展中起主导作用：①它掌握着国民经济的命脉，是国民经济的主导力量；②它掌握着社会化程度较高的现代化大生产，代表着社会生产力发展的趋势和方向，是我国进行现代化建设的重要物质基础；③它是国家运用经济手段引导其他所有制经济，进行宏观经济调控的重要物质条件。在改革和发展中，国有经济的主导作用必须加强，其主导作用主要体现在控制力上。

（2）集体经济。

集体经济即社会主义集体所有制经济，是指由部分劳动群众共同占有生产资料的一种社会主义公有制形式。它是劳动群众根据自愿互利的原则组织起来的，实行独立经营，自负盈亏的合作经济组织。它在集体组织范围内实现了劳动者生产资料所有关系的平等。与全民所有制相比，它的公有化程度较低，生产资料、劳动成果只属于集体范围内的劳动者所有，在这一范围内，人们在生产资料的占有、劳动成果的分配上是平等的，但在不同的集体经济之间是不平等的。

我国现阶段的集体所有制经济存在着多种具体形式。我国农村中普遍实行的家庭承包经营，是由农户承包集体经济组织的土地等生产资料，实行联产计酬的经营形式，是我国农村集体所有制经济的主要经营方式。我国的城镇集体所有制经济，广泛存在于轻工业、手工业、建筑业、运输业、商业服务等领域，形成了企业劳动者集体所有制、联社集体所有制、社区共同所有制、社团共同所有制等多种具体形式。在发展市场经济、转移农村剩余劳动力、缓解就业压力、增加公共积累和国家税收、满足人民物质文化生活需要等方面发挥着重要作用。

（3）混合所有制经济中的国有成分和集体成分。

混合所有制经济是指在同一经济组织中，不同的产权主体多元投资、互相渗透、互相贯通、互相融合而形成的新的产权配置结构和经济形式。其主要特点是：以资本为纽带，实行多渠道、多成分的资本联合，使资本进一步社会化；政企完全分开，企业经营追求效率和效益。由于参与混合所有制的各方保持原有的所有制性质不变，所以混合所有制并不具有独立的性质，它的基本性质是由其中占控股地位的所有制性质决定的。

我国混合所有制经济有三类：公有制经济与私有制经济或外资联合组成的混合所有制经济；公有制经济与个体经济联合组成的混合所有制经济；国有经济与集体经济联合组成的混合所有制经济。这种经济的具体形式有：股份制经济、股份合作制经济、中外合资合作经济、跨所有制组成的企业和企业集团。随着市场经济的发展，产权主体多元化、企业组织形式多样化日趋加剧，混合所有制经济将具有十分广阔的发展前景。

十五大对公有制经济含义的确定，打破了公有制经济只包括国有经济和集体经济的传统理论，第一次正式把混合所有制经济中的国有成分和集体成分划归为公有制经济的范畴，拓展了公有制经济的范围。十七大报告进一步指出，坚持和完善公有制为主体、多种所有制经济共同发展的基本经济制度，优化国有经济布局和结构，增强国有经济活力、控制力、影响力。推进集体企业改革，发展多种形式的集体经济、合作经济。

2. 公有制经济的实现形式

所有制与所有制实现形式是两个既有联系、又有区别的概念。生产资料所有制是指在社会生产过程中人与人在生产资料占有方面的关系体系，它包括人们对生产资料的所有、占有、支配和使用等方面的经济关系。所有制的实现形式是指这些经济关系借以实现的具体形式，主要指资产或资本的组织形式和经营方式。同一所有制经济可以有不同的实现形式，一种具体实现形式中也可以容纳不同的所有制经济。一种所有制的实现形式如何，直接影响到这种所有制所容纳的生产力能否或在多大程度上发挥出来。

在改革开放的实践中，我国出现了公有制的多种实现形式，如股份制、股份合作制以及承包制和租赁制等。根据我国的改革实践，党的十五大报告指出："公有制的实现形式可以而且应当多样化。一切反映社会化生产规律的经营方式和组织形式都可以大胆利用。要努力寻找能够极大促进生产力发展的公有制实现形式。"

股份制是现代企业的一种资本组织形式。股份制企业的性质，关键看控股权掌握在谁的手里，由国家和集体控股，就具有明显的公有性质。发展股份制企业的重要作用：发展由国家和集体控股的股份制企业，有利于扩大公有经济的支配范围，增强公有制的主体地位；国有企业实行股份制，有利于实现政企分开，有利于增强企业自我约束、自我激励的机制，从而提高企业和资本的运作效率；实行股份制有利于解决企业发展资本不足的问题；实行股行制有利于建立跨地区、跨行业、跨所有制和跨国经营的大企业集团。

股份合作制是我国经济改革中产生的一种新的公有制实现形式，它集股份制和合作制的特点为一体，实现了劳动者的劳动联合和劳动者的资本联合的有机结合。它一方面保持了联合劳动的互助合作性质，另一方面允许职工持股，实现了资本的联合。劳动者除按劳动取得报酬外，还按投入的资本额取得相应的收益。股份合作制企业中的职工，既是劳动者，又是投资者，共同劳动，共担风险，共享利益，使劳动者的利益和企业的利益结为一体。

3. 坚持公有制的主体地位

在社会主义初级阶段的所有制结构中，必须坚持以公有制为主体。这是因为：社会主义公有制与社会化大生产相适应，同社会发展方向一致；公有制经济是社会主义制度的根本特征，是社会主义社会的经济基础。它能依靠经济力量和经济手段引导非公有制经济沿着有利于社会主义的方向发展；公有制经济控制着国民经济命脉，拥有现代化的物质技术力量，控制着生产和流通。它是国家进行建设的主要支柱，国家财政收入的主要来源，国家宏观调控的主要物质基础；公有制经济占主体是实现我国现代化建设目标的保证。社会主义公有制的生产资料不再是剥削的手段，而是用来不断发展生产，满足社会成员日益增长的物质文化需要的条件。

在我国现阶段的所有制结构中，公有制居于无可争辩的主体地位。公有制的主体地位主要体现在公有资产在社会总资产中占优势；国有经济控制国民经济命脉，对经济发展起主导作用。因此，要准确地理解坚持社会主义公有制的主体地位的含义，必须从以下方面去把握。

第一，坚持公有制的主体地位，必须使公有制的资产在社会总资产中占优势，既要有量的优势，更要注重质的提高。这种质的提高主要表现在，公有制经济的布局更加合理，管理更加科学，技术更加先进，创新能力不断提高，在市场经济中的竞争、获利、增值能力进一步增强，在国民经济运行中表现出更多的活力，更好地发挥对国民经济的引导和推动作用。

第二，坚持公有制的主体地位，必须使国有经济控制国民经济命脉，对整个国民经济的发展起主导作用。国有经济的主导作用，主要体现在控制力上，即在国民经济总量中，国有经济在保持必要的数量和比例的基础上，在质上有较强的市场竞争力，在结构上有合理的产业分布，能够控制更多的社会资本，对社会经济的发展具有较强的支撑、引导和带动作用。

在社会主义市场经济条件下，国有经济在国民经济中的控制力，既要通过国有企业来实现，更要大力发展股份制，探索通过控股和参股来实现。发挥国有经济的主导作用，提高国有经济的控制力，必须从战略上调整国有经济布局。对关系国民经济命脉的重要行业和关键领域，如涉及国家安全的行业、自然垄断行业、提供重要的公共产品和服务的行业等，国有经济必须占支配地位。其他行业和领域可以通过资产重组和结构调整，加强重点，提高国有经济的整体质量，从而对整个国民经济发挥出更大的影响和控制作用。

第三，坚持公有制的主体地位，必须承认地区差别和行业差别。坚持社会主义公有制的主体地位，公有资产占优势，这是就全国而言的；在经济发展的不同阶段、不同地区、不同产业可以有所差别。现阶段我国生产力发展具有多层次、不平衡的特点，各地区、各部门、各行业的实际情况差异较大。因此，在坚持公有制主体地位上不能搞一刀切。要把国有经济战略调整和完善所有制结构结合起来，坚持有进有退，有所为有所不为。只要坚持公有制为主体，国家控制国民经济命脉，国有经济的控制力和竞争力得到增强，在这个前提下，部分地区和行业国有经济的比重就会减少一些，不会影响我国的社会主义性质。

（三）鼓励、支持和引导非公有制经济的发展

非公有制经济是社会主义市场经济的重要组成部分。社会主义初级阶段的客观经济条件决定了我国现阶段除了占主体地位的公有制经济外还要存在着非公有制经济。这个客观条件是我国生产力总体水平比较低，社会化程度不平衡，经济发展多层次。市场经济条件下，各种所有制成分的企业都是自主经营的商品生产经营者，是市场主体。因此，不论公有制企业还是非公有制企业，作为市场主体，都是社会主义市场经济的重要组成部分。

我国的非公有制经济主要有个体经济、私营经济、港澳台投资经济和外资经济。

个体经济是指生产资料归劳动者个人所有，并由劳动者个人及其家庭成员直接分配和使用的一种所有制形式。在个体经济中，生产资料和劳动成果归生产者所有，劳动者与生产资料直接结合，不存在剥削他人劳动的行为，不具有剥削性质。当前，个体经济主要分布在城乡手工业、农业、商业、交通运输和服务等行业，其分散经营、灵活多样的特点明显，在满足人民群众日常生活需求方面，具有独特优势。在增加税收、扩大就业等方面，发挥着不可替代的作用。

私营经济是指以生产资料私人占有为基础，以雇佣劳动为特征的经济形式。从本质上说，私营经济属于资本主义性质的经济成份，但由于社会主义经济基础和上层建筑的制约，我国的私营经济与资本主义社会中的私有经济又有所差异，它同个体经济一样，也是社会主义市场经济的重要组成部分。

首先，在社会主义初级阶段，公有制经济是主体，私营经济也要依附于公有制经济。离开了公有制经济的支撑和配合，私营经济难以健康发展。

其次，在私营经济中虽然存在雇佣关系、存在剥削，但剥削程度受到国家法律和政策的有效限制，而且，雇主和雇工在政治上是完全平等的，都受国家法律保护。

另外，私营经济处于国家的宏观调控之下，国家通过政策、法律等手段，引导和调控其发展方向和发展程度，监督规范其经营活动，有效地抑制了私营经济的消极作用。因此，在我国社会主义初级阶段生产力水平较为落后的情况下，私有制经济的适度发展，不仅不会导致资本主义，而且有利于社会主义经济的发展，特别是有利于社会主义市场经济的发展。

外资经济主要是指通过引进境外资本，在我国境内建立起来的中外合资经济、中外合作经济、外商独资经济以及港澳台投资经济，通称“三资”经济。中外合资经营企业属于股权式经营企业，一般采取具有独立法人地位的有限责任公司形式，由中外双方共同投资、共同经营、共担风险、共负盈亏。中外双方投资者，将现金、实物、场地、技术专利、商标品牌等各种投资折算成股份，双方按所持股份比例，分享利润或承担风险。中外合作经营企业属于契约式经营的企业，一般由我方提供土地、厂房和其他设施与劳动力，由外商提供资金、商标、技术设备和部分原材料等，在平等互利的原则下，双方共同办厂。合作双方的权利、义务和利润分配、风险分配，不是按出资比例划分，而是经双方协商达成一致后，按双方签订的协议或合同的有关条款执行。外商独资企业，是指在我国境内设立的、全部资本完全由外商投资创办的企业，由外商独立经营、自担风险、自负盈亏。

“三资”企业是根据我国法律、法规经我国政府批准，在尊重我国主权，接受我国政府监督管理的前提下从事生产经营活动的。其中的中外合资经营企业和中外合作经营企业，还由我方掌握部分所有权和经营权。就其性质而言，外资经济应该属于社会主义条件下的国家资本主义经济。当前，允许和鼓励外资经济的存在和发展，既可以利用国（境）外的资金、先进技术和经营管理经验，加快我国生产技术水平和管理水平的提高，缩短与世界先进水平的差距，又有利于增加就业，扩大产品和服务出口，增加外汇收入，提高我国在国际市场上的竞争力。

社会主义公有制的主体地位是社会主义的本质要求，但社会主义公有制的实现形式还需进一步探索和完善，这样才能保证社会主义生产关系与生产力相适应。当前，要积极探索社会主义公有制的有效实现途径，实践证明，在社会主义初级阶段，公有制实现形式过于单一不利于生产力发展，要努力寻找能够极大促进生产力发展的公有制实现形式。

改革开放以来，我国在坚持和完善原有的国有经济、集体经济的同时，在公有制实现形式上作了大量的探索和尝试。继农村家庭联产承包责任制后，又相继推出了租赁制、股份制、股份合作制、委托经营等多种形式，初步形成了多样化局面。另外，以联合劳动为基础、资本联合与劳动联合相结合的股份合作制，也是改革中出现的一种新的经济形式，可以作为集体所有制的一种有效实现形式，应当积极加以引导，使之逐步完善。

要贯彻实施以公有制为主体、多种所有制经济共同发展的方针，破除对非公有企业的歧视，为其公平竞争营造良好的法制环境、市场环境、社会环境。加强对非公有制经济发展的监督、引导。其一，重点产业引导。制定“鼓励、允许、限制、禁止”非公有制经济经营范围；建立为中小企业服务的“生产力促进中心”，促进非公有制企业的技术进步，鼓励它们进行规模经营；鼓励它们为国有大中型企业从事零部件等分包生产和服务；鼓励这些企业通过股份制和股份合作制形式促进资本社会化。其二，鼓励和引导非公有制企业按照国家有关规定以购买、租赁、承包、参股等形式参与国有经济改革。其三，建立社会化服务体系。

第三节　社会主义初级阶段的个人收入分配制度

一、社会主义初级阶段的个人收入分配制度

改革开放以来，我国个人收入分配形式已从传统体制下单一的按劳分配形式，朝着以按劳分配为主体，多种分配方式并存的格局发展。目前，我国个人收入分配形式除按劳分配外，还存在按经营效果分配、按资金分配、按劳动力价值分配等多种分配形式。这是由公有制为主体，多种所有制经济共同发展的生产资料所有制结构所决定的。

1．按劳分配的主要内容

按劳分配是社会主义公有制经济中个人收入分配的基本原则。这一原则的基本内容和要求是：凡是有劳动能力的人，都应尽其所能地为社会劳动。社会在作了各项必要扣除以后，以劳动为尺度分配个人消费品，多劳多得，少劳少得，不劳动者不得食。按劳分配原则体现了劳动者在劳动面前人人平等的分配关系。

第一，按劳分配的物质对象是个人消费品。社会总产品数量是分配的物质基础，但是，社会总产品不应当也不可能全部用于个人消费。马克思在《哥达纲领批判》中，曾经作了科学设想，为了满足社会主义社会发展需要，社会总产品在用于个人消费之前，必须作出一定的扣除。

第二，凡是有劳动能力的人，都必须以参加劳动作为获取消费品的前提条件。按劳分配是在社会主义公有制范围内，劳动者对共同劳动成果进行的分配。因此必须参加劳动，才有资格从劳动总成果中获得应得的部分，不劳动者不得食。

第三，社会以劳动作为分配个人消费品的尺度，劳动报酬与劳动者提供的劳动量成正比。按劳分配所依据的劳动，在质上是符合社会需要的、被社会所承认的劳动。

2．按劳分配的客观必然性

社会主义公有制经济中实行按劳分配具有客观必然性。

第一，生产资料公有制是实行按劳分配的前提条件。生产资料所有制的性质决定分配的性质，在生产资料公有制条件下，人们在生产资料占有关系上是平等的，因而任何人都不可能凭借对公有的生产资料的占有去剥削其他社会成员的劳动成果，而只能按劳动贡献的大小进行分配。

第二，社会主义社会的生产力发展水平是实行按劳分配的决定性物质条件。恩格斯指出："分配方式本质上毕竟取决于可分配的产品的数量。"而可分配产品的数量则取决于生产力的一定发展水平。在社会主义社会，生产力水平还比较低下，社会产品还达不到极大丰富的程度，这就决定了社会不能实行按需分配，而只能实行按劳分配。同时，只有实行按劳分配，才能充分调动劳动者的积极性，促进生产力发展，为过渡到按需分配创造条件。

第三，社会主义社会劳动的特点是实行按劳分配的重要社会条件。社会主义社会劳动者的劳动有两个重要特点：①由于旧的社会分工还存在，使人们向社会提供的劳动质量和数量还存在着重大差别；②劳动依然是谋生的手段，还没有成为生活的"第一需要"。这两个特点决定了社会必须承认劳动差别是劳动者的天然特权，并在分配上予以体现，使劳动者获得的生活资料的多少与他们向社会提供的劳动的数量和质量紧密联系起来。

按劳分配是社会主义的分配原则，体现着国家、集体、劳动者个人根本利益相一致的社会主义经济关系，既是对一切剥削制度的否定，又不同于共产主义阶段将实行的按需分配。按劳分配同不劳而获是根本对立的。它要求每个有劳动能力的社会成员，要想获得收入就必须参加社会劳动。所以，按劳分配是人类历史发展迄今为止最进步的分配制度。

按劳分配要求等量劳动领取等量报酬，体现着劳动者在个人消费品分配方面的平等权利。但是，这种平等权利对于不同的劳动者来说，实际上又是一种不平等的权利。这种事实上的不平等是按劳分配的历史局限性，在社会主义历史阶段上是难以避免的，只有到了共产主义社会，社会生产力高度发展了，具备了按需分配的条件时，这种事实上的不平等才能消失。所以，按劳分配不是资本主义性质的分配原则，也不是共产主义的分配原则，而是社会主义性质的分配原则。

3．现阶段按劳分配的特征

第一，生产力的低水平、多层次不仅要求公有制区分为不同形式，而且要求多种非公有制形式与之长期共同发展。在社会成员不能真正平等和无差别地占有全部生产资料和劳动成果的条件下，按劳分配并非是单一公有制基础上的按劳分配。

第二，多种所有制经济的共存，意味着各种要素收入索取权的共存。因此，按劳分配也并非个人收入的唯一分配形式，而只能与各种按生产要素分配的形式同时存在。

第三，多元化的所有制结构，使人与人之间的经济关系表现为商品货币关系，因此，现阶段的按劳分配是市场经济条件下的按劳分配，也即要借助商品货币关系，通过市场机制的调节作用实现。

4．现阶段按劳分配的形式

社会主义工资是全民所有制企业和城镇集体所有制企业实现按劳分配的基本形式，体现着国家、企业、个人三者根本利益一致基础上的社会主义经济关系。工资的基本形式有计时工资和计件工资，并附有奖金、津贴等劳动报酬的补充。

计时工资是直接依据劳动时间计算劳动量和报酬的工资形式，也就是按照劳动者的劳动时间和劳动的复杂程度、技术水平、劳动强度和劳动熟练程度来支付劳动报酬的形式。计件工资是根据劳动者完成的产品数量和作业量来支付劳动报酬的工资形式。这种工资是根据生产产品或完成一定作业量的平均劳动耗费，先确定单位产品和作业量的劳动报酬即计件单价，然后再按照劳动者完成的合格产品和作业数量付给工资。

奖金是对劳动者提供的超额劳动报酬。为贯彻按劳分配原则，对劳动者超额劳动应给予奖金这种额外报酬，以补充工资的不足。津贴也是劳动报酬的一种补充形式，是对特定条件下劳动强度大甚至有损劳动者健康的劳动岗位上工作的职工所给予的补充劳动报酬。

我国农村集体经济的劳动报酬形式，改革开放以前是实行工分制。自 1978 年党的十一届三中全会以来，在坚持土地集体所有制不变的基础上，广泛实行了多种形式的农业生产责任制，主要形式是家庭联产承包责任制。它克服了过去那种干活“大呼隆”，分配吃“大锅饭”的弊端。以家庭为单位，通过承包合同将国家、集体和农民之间的关系固定下来。2006 年以前实行的是交够国家的，留够集体的，剩下全是自己的。2006 年国家全部免除了农业税，农民的种粮收入不但全归自己，而且国家还给予适当补贴，这样的分配形式大大调动了农民种粮积极性，也大大增加了农民的收入。

二、按劳分配与按生产要素分配相结合

（一）生产要素参与分配的客观依据

生产要素可分为三类：第一类是马克思所说的生产资料和劳动者的劳动力，这些是实体性的生产要素；第二类生产要素主要指科学技术，它包括“人化”于劳动者身上的科学技术，“物化”于生产资料之中的科学技术，以知识、信息形式独立存在的科学技术等等。通常，科学技术附着于实体性要素才能发挥作用，但鉴于它的作用日趋重要，因而又是先导性的生产要素；第三类是管理能力或所谓“企业家才能”。在它的作用下，前两种生产要素才能有效地结合起来，进行现实生产。市场经济的基本前提就是上述各生产要素分别属于不同的产权主体，以便获得相应的产品份额，这些份额的大小最终又通过要素价格决定实现。

党的十六大报告强调：“确立劳动、资本、技术和管理等生产要素按贡献参与分配的原则”。这一分配原则的确立，能“放手让一切劳动、知识、技术、管理和资本的活力竞相迸发，让一切创造社会财富的源泉充分涌流，从而造福于人民。”按生产要素分配不是由哪个人的主观愿望决定的，而是基于社会主义现阶段的实际，具有其必然性和合理性。

从生产力的状况看，现阶段生产力的状况决定了社会成员还要区分为不同的生产要素所有者或权益主体，因此，无论他们是否直接参与价值和使用价值的创造，都拥有相应的收入索取权。如果他们提供生产要素而得不到回报，就不能在全社会范围内形成增加要素有效供给的经济激励。生产要素亦即生产力要素，它的供给不足，意味着从根本上阻碍生产力发展。在市场经济中，能够客观及时反映资源稀缺性的主要是要素价格。一方面，要素价格是要素需求者即生产者的成本项目，生产者要增加利润，就得减少成本，这就迫使他们尽可能经济有效的利用稀缺要素。但另一方面，要素价格也是要素供给者的收入形式。所以说，如果不实行按要素分配，就没有要素的市场供求关系和竞争，要素价格本身就无法形成。

从生产关系的状况看，以“公有制为主体，多种所有制经济共同发展”是我国现阶段生

产关系总体状况的集中概括。要使这种基本经济制度不断发展完善，就必须通过按劳分配为主体的多种分配方式作为它的经济实现形式。这是因为，没有多元化的要素收入索取权，也就否定了多元化的要素所有权。

社会主义市场经济条件下，按生产要素参与分配能有效地发挥各种要素对生产力发展的积极作用。在实行按要素分配的过程中，由于不同要素的主体参与生产和分配的过程是平等的，他们都遵守同一市场规则展开竞争。这样，不同要素所有者就可以按照他们投入的要素数量和质量及对生产经营的贡献大小进行分配，从而充分调动各方面的积极性，实现生产力的极大发展和社会财富的极大丰富。

（二）按生产要素分配的各种形式

我国公有制经济中，个人消费品的基本分配形式是按劳分配，但在现阶段还存在非按劳分配的形式，如福利性分配、职工投入资金取得的收入。

个体经济中，劳动者既是生产资料的所有者，又是直接生产者，他们的生产经营收入是自己劳动创造的，有的是利用少量帮工和学徒，也是以自己劳动为主要的收入来源。个体劳动者的收入虽然是劳动收入，但不属于按劳分配收入，因为它存在的经济条件不同，按劳分配只适用公有制经济中。由于个体劳动者占有生产资料多寡优劣不等，直接影响到他们各自的收入。影响个体劳动者收入多少的因素，从其自身讲，既有其直接生产劳动状况，又有生产资料占有状况。

私营企业主按其占有的资本取得利润，雇佣工人按劳动力价值取得工资。私营企业中的雇佣工人虽然是劳动力商品的出卖者，但他们有社会主义制度为依靠，在政治地位上与私营企业主是平等的，他们的正当权益受到社会和国家的保护。私营企业主在正当经营和自觉遵守国家的法律、政策、法令的前提下，国家对其经营收入依法予以保护。

在社会主义市场经济中，无论私营企业主还是个体劳动者，经济收益高低除了与经营者的经营能力有关，还与市场状况有着密切联系。由于市场状况瞬息万变，往往难以预测，所以盈与亏都带有一定的偶然性，由偶然机遇所带来的收入称为风险收入和机会收入。那些由于捕捉到市场有利机会并利用自己优势的经营者，就会得到较多收入，其中就包含着机会收入。个体劳动者、私营企业主、外商以及公有制企业的承包经营者和租赁者的收入中，都有一部分属于风险收入和机会收入。

风险收入是劳动者和经营者承担风险的报酬。风险机制是市场运行的重要机制之一，任何进入市场的生产者和经营者都会遇到风险的考验，而规避和化解风险能力的强弱，对个人收入的实现程度乃至企业效益的高低至关重要。因此，这种与风险相关的决策成败要求从收入上得到实现。这种报酬的多少往往同所冒风险系数的高低成正比。机会收入是对市场应变能力的报酬。现代市场经济是建立在社会化大生产基础之上的，商品经济关系日益复杂，产品更新换代加速。消费者对市场有更广泛的选择余地，及时捕捉市场提供的每个机遇是增加收入的一条渠道。如果能在复杂多变的市场中作出客观及时的判断和估计，紧紧抓住经营机会，就会产生“先行”效应，获得较多的机会收益。

土地和其他自然资源是生产活动必不可少的因素。它们也要求有收益回报，而且是谁给的收益高，就由谁支配，就为谁服务。土地和其他自然资源的一个突出特征是供给量的有限性，因而价格控制极为重要。

居民的个人资产有两种存在形式，即货币形式和实物形式。前者指存款、债券、股票等，后者指私有住宅和某些固定资产。居民把货币财产变成银行存款或证券，并不放弃货币财产所有权，只是暂时让渡货币财产使用权，并获得相应数量的利息。具有投资倾向的人，如果有了好的直接投资项目，就会直接参与投资经营。当某些企业的股票和债券具有投资意义，就会有人选择进行直接资本市场上的投资活动以获取收益回报。居民把私人住宅等实物资产租给他人使用，也是财产使用权的让渡，并借以获得一定的租金。所有这些都构成按资产分配的内容，也可叫按资分配。

（三）按劳分配与按生产要素分配的结合

党的十六报告强调，完善按劳分配为主体，多种分配方式并存的分配制度。按劳分配和非按劳分配之间的关系是“主体”和“非主体”的关系，这是现阶段生产力和生产关系发展完善的客观要求。

第一，从分配数量上看，按劳分配为主体包含两层含义：①在公有制经济单位中，如在国有企业和集体企业中，包括由国家控股的股份制企业和股份合作制企业中，全体劳动者的按劳分配收入在他们的个人收入总额中占主体地位，即构成他们个人收入总额的主要部分；②在整个社会经济中，公有制经济中劳动者的按劳分配收入，在全社会个人收入总额中占主体地位，即构成社会个人收入总额的主要部分是按劳分配的收入。

第二，从分配性质上看，“一定的分配关系只是历史规定的生产关系的表现。”在社会主义初级阶段，既然存在着以公有制为主体，多种经济成分共同发展的所有制结构，与此相适应，也就存在着以按劳分配为主体、多种分配方式并存的分配结构。

第三，从分配趋势看，在现代社会，产品分配已经逐步从物的要素分配为主转向以人的要素分配为主，按劳分配为主体也顺应了这种变化趋势。现代经济增长的一个重要现象是作为知识载体的劳动力或人力资本取代了物质资本的关键性地位，并且经济越发达，人力资本对于产出增长的“边际贡献”越高，这一现象已经为大量的统计数据所证明，并已经成为经济学家在世界范围内的共识。

三、正确处理个人收入分配中的效率与公平

（一）效率与公平

效率与公平是经济学中的一对基本范畴。效率一般指资源的有效使用与有效配置。通常所说的效率增长主要表现为两方面。一是从投入产出角度看，一定的投入有较多的产出或一定的产出只需要较少的投入，则意味着效率的增长；一定投入有较少的产出或一定的产出需要较多的投入，则意味着效率的下降。投入固定产出变动或产出固定投入变动，都表明资源使用或配置的效率发生了变化。二是从配置角度讲，劳动力和资本等要素能够得到充分利用，既不形成浪费也没有闲置，资源效用完全释放，这表明效率的提高。个人收入分配中的效率或效率原则，是指个人收入分配通过充分利用和有效配置劳动与其他生产要素，充分发挥各种要素的功能效用，调动劳动者的积极性，提高工作效率、劳动效率，最终提高劳动生产率和经济效益。在个人收入分配过程中各项政策、制度标准的制定，既要考虑公平原则，更要考虑效率原则，要让各种生产要素的所有者尽可能地得到较多的收入，从而使各种生产要素处于最佳的生产状态。

公平在经济关系的不同方面都有其表现，公平或者是指收入分配的公平，或者是指占有

生产资料方面的公平，或者是指产业地域空间布局的公平等。公平并不是纯经济学的概念，它从来都包含有价值判断的意义，公平不等于平等，它是公正与平等的统称。平等通常是指人们在政治、经济、社会地位和权利、责任、义务等方面的相等或相同。公平除了含有平等的意思外，还包含有社会公正的内容。而社会公正的标准，则是由该社会的价值观念和道德准则所决定的。因此，公平在很大程度上属于社会意识形态的范畴，是社会的价值和道德观念在经济领域和社会生活中的集中体现。

个人收入分配中的公平原则是指权利与利益平等并相对应的原则。按照公平原则的要求，无论是按劳分配原则还是按其他要素分配原则发生作用时，个人所得到的收入的多少都应以所依据的分配尺度来确定。不能有任何超越原则得到其不应得到的收入。但是，公平又不是绝对的，在社会主义初级阶段，很难要求公平原则得到绝对的贯彻，由于生产资料的多种所有制形式，生产力发展的多层次不平衡性，不同企业的经营状况的差别，不同时间、不同地区生产要素供求状况的不同，按劳分配实现的标准不同，劳动者得到的个人收入的多少与其付出的劳动量也并不完全一致，只有在一个企业内部才能实现按同一标准分配的公平。公平原则是一个相对的、历史的范畴。

（二）社会主义社会的公平观

社会主义社会的公平观，主要表现为追求全社会共同富裕及坚持按劳分配和按其他生产要素分配相结合的思想和原则。

（1）社会主义的最终目标是要实现全体成员的共同富裕。贫穷不是社会主义，社会主义就是要使广大人民走上富裕之路，过上幸福美好的生活。这就需要通过发展生产力，提高全社会的物质文化生活水平和富裕程度。共同富裕并不否定人们之间的收入差别。这种差别，不再是悬殊的两极分化，而是在共同富裕基础上和过程中存在的人们富裕程度的先后差别。

（2）按劳分配是社会成员的一种平等权利。这种权利体现在，在公有制内部每个成员都按照他们提供的劳动参与收入分配，平等则在于以同一的尺度——劳动来计量。社会成员的权利是与其为社会所做的贡献成正比例的；平等还体现在各种生产要素的所有者所获得的收益都以同一尺度即对社会的贡献来计量。

（3）社会主义承认平等权利基础上的收入差别，反对平均主义倾向。按劳分配和按其他生产要素分配，实际包含两种不同的平等权利：①按劳分配的平等权利，承认由于劳动者能力的差别而形成的收入差别，以及由于负担人口的不同而造成实际消费水平的差别；②按生产要素分配的权利，承认由于每个人占有生产要素的不同而形成的收入差别。在社会主义初级阶段，劳动差别和生产要素占有上的差别，是形成人们收入差别的两个基本因素。它们的存在都是由社会主义初级阶段的经济条件决定的，社会主义社会对于这些都必须加以承认，并予以法律上的保护。但是，对于非劳动生产要素占有造成的收入差距过大，国家在依法保护的同时，还应当进行适当的调节，以避免社会财富过分集中到少数人手里，出现两极分化。

（4）社会主义的公平观不仅表现在收入分配方面，还表现在它强调机会均等。对于公平而言，应从两个层面来把握：①从结果的角度来测度，这是指用货币或实物来衡量的社会成员收入水平或生活水平的公平；②从机会的方面来测度，这是指社会给每个成员都提供同等的可获得的机会、可参与的程度、可进入的领域，从而使每个人都可以通过自己的努力，为社会做出贡献。注重机会公平则更具有实质意义。同时，还需要缩小人们进入社会初始期的不平等状态，也就是给低收入者以更多的帮助，特别是帮助他们提高素质和能力。

（三）初次分配和再分配都要处理好效率和公平的关系

个人收入分配中公平与效率是一个矛盾的统一体。矛盾表现在：要保证最大限度的公平，就可能对效率的最大提高造成影响；要保证效率的最大发挥则又会影响公平的实现。这就要求在对公平与效率的理解上不能绝对化。公平与效率有相一致的一面。公平原则的贯彻，可以使不同生产要素的所有者按照各自的原则取得相应的收入，收入的取得又会刺激生产要素效能的充分发挥，从而提高效率，生产出更多的可供人们消费的产品，可以在更高层次上实现个人收入的公平。公平促进效率，效率保证公平，二者相互促进。

改革开放以来，我国一直在探索正确处理效率与公平的关系问题。针对长期以来的平均主义思想，十三大提出："在促进效率提高的前提下体现社会公平"，十四大修改为"兼顾效率与公平"，十四届三中全会提出："体现效率优先、兼顾公平的原则"。十六大在肯定这一原则的同时又进一步提出："初次分配注重效率，发挥市场的作用，鼓励一部分人通过诚实劳动、合法经营先富起来。再分配注重公平，加强政府对收入分配的调节职能，调节差距过大的收入。"这是对效率与公平关系认识的进一步深化。十六届五中全会提出要"注重社会公平，特别要关注就业机会和分配过程的公平，加大调节收入分配的力度"，显示出对处理效率与公平问题前所未有的关注。2006 年 5 月，中央政治局召开会议，专门研究收入分配问题，强调在经济发展的基础上，更加注重社会公平，合理调整国民收入分配格局，加大收入分配调节力度，使全体人民都能享受到改革开放和社会主义现代化建设的成果。把解决收入分配不公问题提到了新的高度，也表明了中央的态度和决心。

党的十七大明确指出：合理的收入分配制度是社会公平的重要体现。初次分配和再分配都要处理好效率和公平的关系，再分配更加注重公平。逐步提高居民收入在国民收入分配中的比重，提高劳动报酬在初次分配中的比重。着力提高低收入者收入，逐步提高扶贫标准和最低工资标准，建立企业职工工资正常增长机制和支付保障机制。创造条件让更多群众拥有财产性收入。保护合法收入，调节过高收入，取缔非法收入。扩大转移支付，强化税收调节，打破经营垄断，创造机会公平，整顿分配秩序，逐步扭转收入分配差距扩大趋势。

课外阅读

《中华人民共和国宪法》中有关所有制结构条文的修改情况：

1982 年《中华人民共和国宪法》第六条修改为："中华人民共和国的社会主义经济制度的基础是生产资料的社会主义公有制，即全民所有制和劳动群众集体所有制。""社会主义公有制消灭人剥削人的制度，实行各尽所能，按劳分配的原则。"第十一条："在法律规定范围内的城乡劳动者个人经济，是社会主义公有制经济的补充。国家保护个体经济的合法的权利和利益。""国家通过行政管理，指导、帮助和监督个体经济。"

1988 年《中华人民共和国宪法修正案》第十一条增加规定："国家允许私营经济在法律

规定和范围内存在和发展。私营经济是社会主义公有制经济的补充。国家保护私营经济的合法权利和利益，对私营经济实行引导、监督和管理。”

1999 年《中华人民共和国宪法修正案》第六条修改为：“中华人民共和国的社会主义经济制度的基础是生产资料的社会主义公有制，即全民所有制和劳动群众集体所有制。社会主义公有制消灭人剥削人的制度，实行各尽所能，按劳分配的原则。”“国家在社会主义初级阶段，坚持公有制为主体、多种所有制经济共同发展的基本经济制度，按劳分配为主体、多种分配方式并存的分配制度。”第十一条修改为：“在法律规定范围内的个体经济、私营经济等非公有制经济，是社会主义市场经济的重要组成部分。”“国家保护个体经济、私营经济的合法权利和利益。国家对个体经济、私营经济实行引导、监督和管理。”

问题：请结合我国改革开放的实际，说明我国宪法修改的现实意义。

复习思考题

一、单项选择题

1. 社会主义经济制度的基础是（　　）
   A. 生产资料公有制　　B. 个体经济
   C. 私营经济　　D. 外资经济
2. 公有制经济在我国社会主义初级阶段的所有制结构中（　　）
   A. 是非公有制经济的补充　　B. 居于主体地位
   C. 与非公有制经济处于相同地位　　D. 同非公有制经济是完全对立的
3. 我国现阶段的非公有制经济是（　　）
   A. 在所有制结构中占主体地位　　B. 社会主义市场经济的重要组成部分
   C. 资本主义经济的组成部分　　D. 同社会主义经济水火不相容的经济
4. 公有制经济的实现形式（　　）
   A. 不应当多样化　　B. 只能是单一的
   C. 可以也应当多样化　　D. 完全是自由的
5. 社会主义初级阶段在所有制方面的基本制度是（　　）
   A. 非公有制经济为主体　　B. 公有制为主体、多种经济成分共同发展
   C. 社会主义公有制　　D. 公有制和非公有制不分主次地共同发展
6. 由社会主义公有制经济和非公有制经济共同投资所组成的企业属于（　　）
   A. 公有制经济　　B. 私有制经济
   C. 混合所有制经济　　D. 股份制经济
7. 社会主义实行按劳分配的直接原因是（　　）
   A. 生产力的发展水平还较低　　B. 生产资料公有制的建立
   C. 多种经济成分的存在　　D. 国家是按劳分配的主体

二、多项选择题

1. 社会主义初级阶段的主要经济成分有（　　）

A. 社会主义全民所有制经济　　B. 集体所有制
C. 个体所有制　　D. 私营经济
E. 国营经济

2. 社会主义全民所有制是（　　）
A. 生产资料归全体劳动人民共同占有的一种公有制形式
B. 同社会化大生产相适应的社会主义公有制形式
C. 公有制的高级形式
D. 实现了劳动者在生产资料占有关系方面完全平等的公有制形式
E. 生产资料在全社会范围内与全体劳动人民相结合的一种公有制形式

3. 我国现阶段非公有制经济主要包括（　　）
A. 个体经济　　B. 混合所有制经济中的非公有制成分
C. 私营经济　　D. 外资独营经济
E. 股份合作制

4. “三资”企业包括（　　）
A. 私营企业　　B. 中外合资经营企业
C. 中外合作经营企业　　D. 外商独资企业
E. 企业集团

5. 我国现阶段的分配形式有（　　）
A. 按劳分配　　B. 按资金收入分配
C. 经营者收入和风险收入分配　　D. 剥削收入
E. 个体劳动者的收入

6. 社会主义按劳分配的特点是（　　）
A. 按劳分配的主体是社会主义企业
B. 按劳分配是按照劳动者实现的价值进行的
C. 按劳分配是通过商品和货币的形式实现的
D. 按劳分配的主体是社会主义国家
E. 按劳分配是按需分配的补充

7. 在社会主义初级阶段，属于按劳分配的个人收入形式有（　　）
A. 工资收入　　B. 奖金收入
C. 津贴收入　　D. 利息收入
E. 奖励收入

三、简答题

1. 我国为什么必须坚持公有制经济的主体地位?
2. 现阶段，我国坚持公有制为主体多种经济成分共同发展的必然性是什么?
3. 说明社会主义时期实行按劳分配的必然性。

第七章 社会主义市场经济体制和经济运行机制

教学目标

本章通过对社会主义市场经济及其体制进行总体分析，阐明从传统计划经济体制向社会主义市场经济体制转变的客观必然性，了解社会主义市场经济的基本特征、运行机制和体制框架。

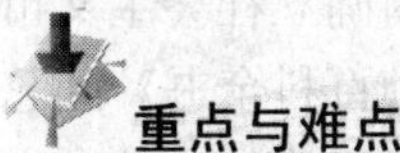

重点与难点

市场经济；市场经济的基本特征；社会主义市场经济体制的基本框架；现代企业制度的基本特征

党的十六大报告指出："在社会主义条件下发展市场经济，是前无古人的伟大创举，是中国共产党人对马克思主义发展作出的历史性贡献，体现了我们党坚持理论创新、与时俱进的巨大勇气。由计划经济体制向社会主义市场经济体制的转变，实现了改革开放新的历史性突破，打开了我国经济、政治和文化发展的崭新局面。"

这一科学论断，全面而深刻地揭示了建立社会主义市场经济体制的伟大意义。

第一节 社会主义市场经济体制

一、社会主义市场经济理论的形成与发展

党的十六大报告指出："在社会主义条件下发展市场经济，是前无古人的伟大创举，是中国共产党人对马克思主义发展作出的历史性贡献，体现了我们党坚持理论创新、与时俱进的巨大勇气。由计划经济体制向社会主义市场经济体制的转变，实现了改革开放新的历史性突破，打开了我国经济、政治和文化发展的崭新局面。"这一科学论断，全面而深刻地揭示

了建立社会主义市场经济体制的伟大意义。

（一）社会主义市场经济理论的提出与形成

把建立社会主义市场经济体制确立为我国经济体制改革的目标，是随着改革开放实践的不断深入而逐渐清晰起来的。改革开放初期，我们进行经济体制改革的首要任务就是要彻底转变传统计划经济体制那种统得过多过死，经济缺乏活力，我国经济面临崩溃边缘的严峻局面，所以，改革开放政策首先在“放”字上做文章，逐步走上了一条市场取向的改革之路。党的十二大提出“计划经济为主，市场调节为辅”；十二届三中全会指出商品经济是社会经济发展不可逾越的阶段，我国社会主义经济是公有制基础上的有计划的商品经济；十三大提出社会主义有计划的商品经济体制应该是计划与市场内在统一的体制；十三届四中全会后，提出建立适应有计划商品经济发展的计划经济与市场调节相结合的经济体制和运行机制等。

作为我国改革开放的总设计师，邓小平及时总结改革开放实践中创造的新鲜经验和理论探索成果，首先提出了“社会主义也可以搞市场经济”的重要思想，为我国确立社会主义市场经济体制的改革目标做出了重大贡献。1979 年 11 月，他在同《大不列颠百科全书》副总编辑吉布尼等人的谈话中指出，说市场经济只限于资本主义社会，肯定是不正确的。社会主义也可以搞市场经济。社会主义的市场经济方法基本上和资本主义社会相似，但也有所不同。1985 年，邓小平在回答美国企业家代表团团长格隆瓦尔德时又说，“应该把计划经济和市场经济结合起来，这样就能进一步解放生产力，加速生产力的发展。”1992 年初，邓小平视察南方时进一步指出：“计划多一点还是市场多一点，不是社会主义与资本主义的本质区别。计划经济不等于社会主义，资本主义也有计划；市场经济不等于资本主义，社会主义也有市场。计划和市场都是经济手段。”这一系列科学论断，纠正了把市场经济等同于资本主义，把计划经济等同于社会主义的传统观念，消除了人们对计划姓“社”和市场姓“资”的顾虑，打开了在社会主义条件下发展市场经济的新思路，大大解放了人们的思想，使人们的认识提高到一个新的阶段。

党的十四大总结改革开放以来的经验，明确提出了我国经济体制改革的目标是建立社会主义市场经济体制。这解决了一个关系社会主义经济建设全局性、方向性的重大问题，使我国经济体制改革从此进入了全面走向社会主义市场经济、以制度创新为特点的新阶段。1993 年 10 月，党的十四届三中全会通过的《中共中央关于建立社会主义市场经济体制若干问题的决定》，进一步勾画了社会主义市场经济的基本框架，指明了实现这一目标的途径，并提出了在 20 世纪末初步建立社会主义市场经济体制的任务。党的十四届五中全会提出，2010 年我国要建立起比较完善的社会主义市场经济体制。1997 年党的十五大对社会主义初级阶段的所有制理论进行了创新和发展，第一次系统阐述了公有制实现形式多样化的理论，肯定非公有制经济是社会主义市场经济的重要组成部分，回答了有关社会主义市场经济的一系列重大问题。

回顾社会主义市场经济理论的提出及其在改革开放实践中的不断丰富和完善进程，可以看出，中国特色社会主义理论突破了传统思想观念的束缚，从理论上非常明确地回答了长期困惑人们的一个重大问题，即社会主义能否与市场经济结合的问题，为我国经济体制改革指明了方向，为中国特色社会主义伟大事业注入了蓬勃生机和强大活力。

(二) 社会主义市场经济理论的内涵

党的十四大报告明确指出："我们要建立的社会主义市场经济体制，就是要使市场在社会主义国家宏观调控下对资源配置起基础性作用。"党的十四届三中全会决定明确提出，要建立社会主义市场经济体制，就要按市场经济规律办事，发挥价值规律、市场机制这只"看不见的手"的作用，使企业成为自主经营、自负盈亏的市场主体，建立统一开放的市场体系，以间接手段为主的完善的宏观调控体系，多层次的社会保障体系以及社会主义市场经济法律体系等，为市场经济的发展创造良好的基础和环境。

十四大报告指出："社会主义市场经济体制是同社会主义基本制度结合在一起的。在所有制结构上，以公有制包括全民所有制和集体所有制经济为主体，个体经济、私营经济、外资经济为补充，多种经济成分长期共同发展，不同经济成分还可以自愿实行多种形式的联合经营。国有企业、集体企业和其他企业都可以进入市场，通过平等竞争发挥国有企业的主导作用。在分配制度上，以按劳分配为主体，其他分配方式为补充，兼顾效率与公平。运用市场在内的各种调节手段，既鼓励先进，促进效率，合理拉开收入差距，又防止两极分化，逐步实现共同富裕。在宏观调控上，我们社会主义国家能够把人民的当前利益与长远利益、局部利益与整体利益结合起来，更好地发挥计划与市场两种手段的长处。"

经过多年的实践探索，我国社会主义市场经济体制逐步确立，社会主义市场经济理论有了新的发展，中国特色市场经济的基本特征主要体现在三个方面：①在所有制结构上，以公有制为主体，多种所有制经济共同发展，一切符合"三个有利于"原则的所有制形式都可以而且应该用来为社会主义服务，解决了公有制与市场经济结合的重大理论与实践问题；②是在分配制度上，坚持按劳分配为主体，多种分配方式并存的制度，把按劳分配和按生产要素分配结合起来；③在宏观调控上，由于以公有制为主体，因此国家对市场的调控具有较雄厚的物质基础，又有牢固的政治基础和广泛的群众基础，能够把人民的当前利益与长远利益、局部利益与整体利益结合起来，发挥计划与市场两个手段的长处，把市场调节和宏观调控结合起来。

(三) 社会主义市场经济理论的理论创新

1．社会主义市场经济理论是对马克思主义经济理论的新发展

马克思主义是发展的科学。坚持马克思主义，就必须在发展中坚持，在坚持中发展。我们一定要适应实践的发展，以实践来检验一切，自觉地把思想认识从那些不合时宜的观念、做法和体制的束缚中解放出来，从对马克思主义的错误和教条式的理解中解放出来，从主观主义和形而上学的桎梏中解放出来，用发展着的马克思主义指导新的实践。

长期以来，我们一直把计划经济看做是社会主义的本质特征，把市场经济看做是资本主义独有的，要坚持社会主义就必须排斥市场经济。这种传统的认识主要来自对马克思主义的个别词语不问条件和情况地照搬照抄及教条主义的理解。十一届三中全会以来，我党深刻总结"左"的教训，提出了社会主义初级阶段理论、社会主义本质理论以及社会主义可以发展市场经济等一系列理论，极大地解放了人们的思想，突破了教条主义的束缚，为确定社会主义市场经济体制的发展目标指明了方向，解决了一系列关于社会主义现代化全局的重大理论问题和实践问题，丰富了马克思主义的理论宝库。

改革开放以来，我们高举中国特色社会主义伟大旗帜，坚持解放思想、实事求是，与时俱进、开拓创新的马克思主义思想路线，从我国社会主义初级阶段的实际出发，在建设社会主义市场经济体制的伟大实践中进行理论与实践的双重探索，积极推进理论创新、制度创新和体制创新，积极推进国有企业改革，提出公有制实现形式可以而且应当多样化的观点，探索出一条公有制经济与市场经济相结合的有效途径；培育和建立起了全国统一开放、竞争有序的市场体系；进行了价格、财政、税收、计划、投资、金融体制的综合配套改革，充分发挥了市场机制在资源配置中的基础作用；建立健全了与市场经济相适应的社会保障体系；推进行政管理体制和政府机构改革，健全和完善了国家的宏观调控体系，等等，用新的理论和实践丰富发展了马克思主义经济理论。

2．社会主义市场经济理论极大地丰富发展了科学社会主义理论

世界上第一个社会主义国家苏联建立了以计划经济为特征的社会主义建设模式，既取得了伟大成就，也有过沉痛的教训。新中国成立后，以毛泽东同志为代表的中国共产党人，在认真总结苏联经验教训的基础上，力图走出一条自己的社会主义建设道路，但是由于在理论和实践上把计划经济和社会主义相等同，在经济建设中排斥市场机制，使我国经济的发展始终没有摆脱体制弊端的困扰。党的十一届三中全会后，以邓小平同志为主要代表的中国共产党人，深刻总结苏联和我国社会主义建设的经验教训，解放思想，实事求是，实现全党工作重心向经济建设转移，实行改革开放，开始了经济体制改革的新探索，从而迅速开启了我国经济增长的闸门，开辟了社会主义事业发展的新时期。

中国共产党人，在建设中国特色社会主义的实践中，逐步形成和完善了社会主义市场经济理论，进一步回答了什么是社会主义和怎样建设社会主义的问题，找到了通过社会主义市场经济发展生产力的正确道路。社会主义市场经济理论把社会主义制度优越性与市场机制的作用有机地结合起来，为让一切创造社会财富的源泉充分涌流创造了条件，为社会主义的发展开辟了广阔空间。

社会主义市场经济体制的确立，是社会主义发展史上的一个伟大创举，是当代社会主义发展的一个新的里程碑。党的十一届三中全会以来，在党的基本理论和基本路线指引下，伴随着经济体制改革的深化，我国社会经济生活各个领域都发生了巨大变化，经受了国际国内各种风险的严峻考验，显示了社会主义的崭新形象和强大生命力。当前，我国社会主义市场经济体制正由初步确立走向逐步成熟和完善，社会主义基本制度的优势同市场经济的优势日益紧密地结合起来，并在世界多极化、经济全球化的时代背景下不断得以发挥。

3．建设社会主义市场经济的伟大实践，为理论创新和实践创新注入强大活力

由计划经济向社会主义市场经济体制的转变，实现了改革开放新的历史性突破，打开了我国经济、政治和文化发展的崭新局面，人民生活总体上实现了由温饱到小康的历史性跨越，取得了举世瞩目的、重大的历史性成就。社会主义市场经济体制使中国经济空前繁荣，综合国力大幅度跃升，国际影响显著扩大，民族凝聚力极大增强，给中华大地带来了勃勃生机。但是，我们必须清醒地看到，社会主义市场经济体制还处于初创时期，还很不完善。当前，我国生产力的发展仍然面临诸多体制性障碍。统一开放、竞争有序的现代市场体系尚待建设，区域经济协调发展机制需要形成，宏观管理体制需要完善，就业、分配、社会保障体制需要健全，经济社会可持续发展的机制需要建立等。我们要尊重人民群众的首创精神，大力推进社会主义市场经济的制度建设和体制创新，在全面建设小康社会的伟大实践中，完善社会主义市场经济体制，推进社会主义现代化建设，进而实现中华民族的伟大复兴。

二、社会主义市场经济体制的建立与完善

(一) 我国经济体制改革的路径选择

从我国及别国的经济发展经验看，一种经济制度只有选择了适应自己要求的经济体制，才能得到巩固和发展。所以，社会主义制度建立后，选择适当的经济体制是一个很重要的问题，直接关系到社会主义制度优越性能否充分地发挥。

我国从 20 世纪 50 年代开始选择了高度集中的计划经济体制。不可否认，这种经济体制在当时国民经济发展水平比较低，经济结构较为简单的情况下，起到了一定的积极作用。但是随着社会主义初期任务的完成，经济规模不断扩大，经济联系日益复杂，这种经济体制的弊端便逐渐暴露出来，主要表现在以下几方面。

（1）决策权的高度集中和政府的行政化管理造成政企职责不分，企业成了各级行政机构的附属物，一切行为都按上级命令行事，从而严重抑制了企业和劳动者的积极性、主动性和创造性，使企业丧失了应有的机能和活力。

（2）实物性的指令性计划和直接行政性管理排斥了市场机制的作用，遏制了竞争的展开，使资源难以通过合理流动和竞争性分配实现优化配置，造成重复建设，资源浪费。

（3）单纯行政性的协调必然造成计划失灵。自上而下的经济传递不仅造成信息传递存在时滞，而且会造成失真，出现失误，计划不仅难以实现，并且还会造成稀缺资源的浪费。

经济体制改革确定什么样的目标，关系到改革成败得失，关系到我国整个社会主义现代化建设全局，这个问题的核心是正确选择资源的配置方式，正确认识和处理计划和市场的关系。在这一点上，我们长期误认为计划经济是社会主义经济制度的基本特征，市场经济是资本主义经济制度的基本特征，社会主义不搞计划经济就是走资本主义道路。党的十一届三中全会后，我们党不断纠正这一错误观念，从 1982 年党的十二大提出“计划经济为主，市场经济为辅”经济体制模式选择起，经历十年的选择和探讨，1992 年党的十四大决定把建立社会主义市场经济体制作为我国经济体制改革的目标模式。

党的十四大明确提出我国经济体制改革的目标是建立社会主义市场经济体制。党的十四届三中全会全面系统地阐明了建立社会主义市场经济体制的基本框架和战略部署。

建立社会主义市场经济体制是我国社会经济发展的必然选择。

社会主义市场经济体制是商品经济发展的必然结果。商品经济是市场经济的基础和前提，市场经济是商品经济充分发展的产物。社会主义生产建立在社会化大生产基础之上，社会分工得到了深入广泛的发展，同时，社会主义并没有消除生产者之间的经济利益，经济利益多元化局面依然存在。社会主义经济依然是商品经济，商品经济的充分发展必然要求市场在配置社会资源上发挥作用。

建立社会主义市场经济体制是社会主义初级阶段经济发展的内在要求。社会主义初级阶段经济发展要实现经济的社会化、市场化和现代化，而市场经济是经济的社会化、市场化和现代化的必然形式。实践证明，我们可以跨越资本主义的充分发展阶段，直接进入社会主义，

但不能跨越商品经济的充分发展阶段，直接进入生产力高度发达的计划经济阶段。

选择市场经济体制是进一步解放和发展生产力的需要。改革的目的是自觉调整生产关系不适应生产力发展的各个方面和环节，是社会主义制度的自我完善。我国社会主义经济建设正反两方面的经验证明：尽管传统体制在奠定国民经济发展的基础方面曾经起到积极作用，但随着经济的发展，传统体制存在的体制僵化、权力过于集中、抑制企业活力和积极性的弊端日益暴露，愈加不适应生产力的发展。在市场调节得以充分发挥的时期，生产发展得快，经济充满活力。市场调节作用得到充分发挥的地区或企业，机制灵活，生产增长迅速，人民生活水平提高得快。而传统体制影响大的地区或企业，机制僵化，生产增长缓慢。

选择市场经济体制是扩大开放的需要。当今的世界是开放的世界，在世界经济日益走向一体化的今天，要扩大与世界各国的经济交往，参与国际分工，参加国际竞争，提高我国产品的国际竞争力和扩大国际市场份额，必须实行市场经济体制。因为，我国走向世界市场所面对的是世界市场经济体系、国际市场体系和国际市场调节体系，在世界经济交往中所遵循的是以市场经济法则为基础的国际惯例、国际规范和国际准则。不实行市场经济体制，我国经济难以同国际市场经济接轨，难以在国际竞争中增强竞争力，难以在扩大对外开放中利用国际市场和国际资源，加快国内的经济建设。

（二）我国社会主义市场经济体制的基本特征

社会主义市场经济体制是在社会主义公有制基础上，在国家宏观调控下使市场机制在社会资源配置中发挥基础性作用的经济体制。具体地说，是使经济活动遵循价值规律要求，适应供求关系的变化；通过价格杠杆和竞争机制的功能，把资源配置到效益较好的环节中去，并给企业以压力和动力，实现优胜劣汰；运用市场对各种经济信号反应比较灵敏的优点，促进生产和需求的及时协调；针对市场自身的弱点和消极方面，国家对市场进行有效的宏观调控。

社会主义市场经济具有一般市场经济的共性特征。同时，社会主义市场经济体制是社会主义条件下的市场经济体制，是与我国社会主义基本制度结合在一起的市场经济体制，必然受社会主义基本制度的制约和影响，从而表现出与资本主义市场经济体制不同的个性特征。

1. 在所有制结构上，市场经济体制同社会主义基本经济制度相结合

在市场经济运行的微观基础上，形成以公有制包括全民所有制和集体所有制经济为主体，个体经济、私营经济、外资经济多种所有制经济长期共同发展，不同经济成分还可以自愿实行多种形式的联合。国有企业、集体企业和其他企业都进入市场，通过平等竞争发挥国有企业的主导作用。这里有两点必须明确：①必须坚持公有制的主体地位；②多种所有制经济长期共同发展。公有制占主体，并不意味着公有制企业与其他企业处于不平等的竞争地位，公有制企业和其他企业都进入市场，在平等竞争中共同发展。以公有制为主体、多种所有制形式共同发展的所有制结构，一方面使不同经济成分的市场主体在市场上平等竞争和共同发展，同时促进国有企业效率和国有资产的整体质量的提高，优化资源配置，增强社会主义国家的综合国力；另一方面，公有制经济在微观基础上的主体地位又反过来影响其他经济成分的市场行为，进而影响和制约市场经济的运行和健康发展。

2．在分配制度上，市场经济体制同按劳分配相结合

在市场经济体制的分配环节上形成按劳分配为主体、多种分配方式并存的分配结构。这种分配结构把按劳分配与按生产要素分配结合起来，使市场经济在合理配置人力资本资源、非人力资本资源和提高效率的同时，在社会主义分配制度的约束下兼顾社会公平和防止贫富两极分化，逐步实现共同富裕。运用包括市场在内的各种调节手段，既鼓励先进，促进效率，合理拉开收入差距，又防止两极分化，逐步实现共同富裕。社会主义市场经济中占主体地位的公有制经济决定了劳动者的个人收入分配必须以按劳分配为主体。同时，多种所有制经济和多种经营方式的存在，又在客观上产生了多种分配方式。在市场经济的活动中，劳动者的个人收入都会受到市场的调节。既要合理拉开收入差距，又要防止产生两极分化；既要让一部分人、一部分地区先富起来，又要逐步实现共同富裕。

3．在经济调节上，市场经济体制同社会主义国家宏观调控相结合

在市场经济运行机制中形成市场调节和宏观调控有机结合的调节体系。我国的市场经济是在社会主义公有制经济为主体和国有经济起主导作用的经济环境下发挥作用的。国有经济控制国民经济命脉，对关系国民经济命脉的重要行业和关键领域占支配地位，因此国有经济对市场经济运行的控制力有较雄厚的物质基础。国家可以更好地发挥计划和市场两种手段的长处，在实现经济总量平衡和结构优化，搞好生态平衡和环境保护以及调节收入分配、集中力量进行重点建设等方面，具有社会主义制度的优势。

社会主义国家的宏观调控，可以使市场经济健康、有序地运行，促进经济持续稳定地发展。社会主义国家能够把人民的当前利益与长远利益、局部利益与整体利益结合起来，更好地发挥计划与市场两种手段的长处。社会主义制度优越性的重要表现之一，就是能够做到全国一盘棋，集中力量办大事，能够更好地处理中央与地方、全局与局部的关系。

（三）社会主义市场经济体制的基本框架

社会主义市场经济体制具有丰富的内涵，包括一系列经济管理制度和经济运行机制。社会主义市场经济体制的基本框架，是在坚持社会主义公有制为主体、多种经济成份共同发展的基础上，由现代企业制度、全国统一的市场体系、健全的宏观调控体系、合理的个人收入分配制度和多层次的社会保障体系五个主要环节构建而成。它体现了社会主义基本制度和市场经济的有机结合，具有我国社会主义初级阶段的鲜明特色。

1．构建社会主义市场经济体制的微观基础

企业成为市场主体，是构筑市场经济运行的微观基础，也是经济体制转型的关键环节。企业成为市场主体，就是要成为自主经营、自负盈亏、自我发展、自我约束的经济主体和法人实体，就是要适应市场调节要求，依靠市场生存和发展。要真正成为市场主体，企业必须转换经营机制，按照市场要求组织生产和流通，按照供求变化决策资源配置；要深化国有企业改革，进一步探索公有制，特别是国有制的多种有效实现形式。国有企业必须加快企业制度改革和创新，改革劳动、人事、分配制度，打破“大锅饭”，建立有效的激励机制和约束机制；必须把企业推向市场，通过市场优化企业的资本结构和组织结构，实现低成本扩张，在市场竞争中求生存、求发展。

2. 建立全国统一开放的市场体系

完善市场体系，是构建市场经济体制的必要条件。一个健全的市场体系不仅要求各类市场齐全，而且各类市场之间要相互协调配套。完善的市场体系，就是要打破地区封锁和部门垄断，形成统一、开放和竞争的市场。目前，我国要进一步培育和发展生产资料、金融、技术、劳务、信息和各种产权等的要素市场，逐步形成社会化的市场体系、市场服务体系和市场调节体系，形成等价交换、公平交易和平等竞争的市场规则和法规。

3. 建立和完善宏观调控体系

宏观调控主要运用经济手段和法律手段并辅之以行政手段，它是建立在市场对资源配置的基础作用上的。健全宏观调控体系，就是要政企分开，强化政府统筹规则、掌握政策、信息引导、提供服务和检查监督等管理经济运行的职能；要建立和完善计划、金融、财政之间的相互配合和制约，能够综合协调宏观经济政策和正确运用经济杠杆的机制；要改直接调控为主为间接调控为主，使政府宏观调控与市场调节有机统一起来；要提高管理手段和管理水平，完善市场信息反馈和宏观经济监测预测系统，提高决策的科学性和政策的有效性，有效防范和及时化解市场经济运行中出现的经济剧烈波动和震荡。国家要为市场主体创造良好的宏观经济环境，保证宏观经济的总量和结构平衡，抑制通货膨胀，促进重大经济结构优化，实现经济稳定增长。

4. 完善按劳分配为主体、多种分配方式并存的分配制度

分配问题是市场经济体制的动力问题，理顺分配关系，事关广大群众的切身利益和积极性的发挥。建立公平与效率相统一的分配制度，就是要把按劳分配和按劳动、资本、技术和管理等生产要素贡献分配结合起来，建立符合社会主义市场经济要求的分配结构和分配方式；要在个人利益与社会利益结合的基础上，协调个人之间以及个人与社会之间的分配关系，完善税制，限制过高收入，避免两极分化；要在国家利益和地方利益结合的基础上，协调中央与地方以及地方之间的分配关系，避免地方收入差距扩大；要在当前利益和长远利益结合的基础上，协调企业与职工当前利益和长远利益的分配关系。

5. 建立多层次的社会保障体系

市场经济的发展，特别是市场机制的优胜劣汰功能作用的结果，会增大社会成员生存和生活的风险。社会保障体系犹如社会发展过程的减震器和稳定器，有利于保证社会稳定，促进社会进步。要建立和完善失业、养老、医疗等社会保障制度，推进城镇住房制度改革，减轻企业与社会的负担，使企业真正成为市场竞争主体，为市场经济的有序运行和稳定发展提供社会条件。

经过 30 多年的努力，我国社会主义市场经济体制框架初步建立，市场在资源配置和经济运行中开始较大程度地发挥基础性作用。但是，这样的市场经济仍然是发育程度较低、不健全、不完善的市场经济，是传统计划经济遗留下来的深层矛盾尚未得到根本性解决、转轨过程中又面临诸多新问题的市场经济，是随着经济发展、科技进步和对外开放而需要不断创新的市场经济。如果将建设社会主义市场经济看做一个历史过程，那么目前只是处在这个过程的中期。

在这样的起点上，今后的主要任务，是对初步建立的社会主义市场经济体制在发展中逐步完善。到2010年，力争建成较为健全的社会主义市场经济体制，其基本内涵是：传统计划经济遗留下来的深层体制矛盾得到解决，新体制的基本制度和机制稳固确立，经济生活中的重要关系基本理顺，市场在资源配置和经济运行中的基础性作用制度化、稳定化，具有可持续性。到2020年，力争建成较为完善、趋于成熟的社会主义市场经济体制。

第二节　社会主义市场经济的运行基础

一、市场和市场机制

(一) 市场

1. 市场的内涵与本质

所谓市场，从一般意义上讲，是指商品交易关系的总和，主要包括买方和卖方之间的关系，同时也包括由买卖关系引发出来的卖方与卖方之间的关系以及买方与买方之间的关系。理解市场定义时应注意以下含义：①商品交换场所和领域；②商品生产者和商品消费者之间各种经济关系的汇合和总和；③有购买力的需求；④现实顾客和潜在顾客。

市场是社会分工和商品经济发展的必然产物。劳动分工使人们各自的产品互相成为商品，互相成为等价物，使人们互相成为市场；社会分工越细，商品经济越发达，市场的范围和容量就越扩大。同时，市场在其发育和壮大过程中，也推动着社会分工和商品经济的进一步发展。市场通过信息反馈，直接影响着人们生产什么、生产多少以及上市时间、产品销售状况等；连接商品经济发展过程中产、供、销各方，为产、供、销各方提供交换场所、交换时间和其他交换条件，以此实现商品生产者、经营者和消费者各自的经济利益。

市场上各种商品的交换关系，形式上表现为物与物的交换，实质上体现着交换双方当事人之间的经济利益关系，从而反映一定的社会关系。市场上商品交换关系的性质，决定着市场的社会性质。在资本主义市场经济条件下，生产资料私有制的性质决定了市场的实现首先是为资本家实现其剩余价值，商品运动受剩余价值规律、资本积累规律的驱使，因而决定了市场的资本主义性质；在社会主义市场经济条件下，生产资料公有制的性质决定了市场上所发生的交换关系是作为公有制主人的广大劳动者之间的平等互助的关系，市场的实现首先是为满足广大人民群众的物质和文化生活需要，因而决定了市场的社会主义性质。

2. 市场类型

市场类型的划分是多种多样的。按交易对象划分，可分为生产资料市场、消费资料市场、生产要素市场；按交易范围划分，可分为地方市场、国内市场、国际市场；按交易数量划分，可分为批发市场、零售市场；按产品的自然属性划分，可分为商品市场、金融市场、人力资源市场、技术市场、信息市场、房地产市场等；按消费者类别划分，可分为中老年市场、青年市场、儿童市场、男性市场、女性市场等。

3．现代市场的主要特征

（1）现代市场是统一的市场。统一的市场不仅使消费者在商品的价格、品种、服务上能有更多的选择，也使企业在购买生产要素和销售产品时有更好的选择。

（2）现代市场是开放的市场。一个开放的市场，能使企业之间在更大的范围内和更高的层次上展开竞争与合作，促进经济发展。

（3）现代市场是竞争的市场。竞争是指各经济主体为了维护和扩大自己的利益而采取的各种自我保护的行为和扩张行为努力在产品质量、价格、服务、品种等方面创造优势。充分的市场竞争，会使经济活动充满生机和活力。

（4）现代市场是有序的市场。市场有序性能保证平等竞争和公平交易，保护生产经营者和消费者的合法权益。

（二）市场机制

市场机制即市场运行机制，是指组成市场机体的各个要素在市场交换活动中形成的相互联系、相互制约的关系。具体地讲，市场主体在市场经济活动中所形成的价格、供求、竞争、风险、利率等方面互相联系和制约的方式，就是市场机制。

1．市场供求机制

市场供求机制是反映价格与市场供求关系之间内在联系的作用机制。

（1）市场需求。市场需求是指在特定时间内，消费者根据一定价格和其他条件愿意购买并且能够购买的某种商品或服务的数量。市场需求的产生必须具备两个条件：一是购买欲望，二是购买能力。消费者既有购买欲望又有购买能力才能形成市场需求。市场需求分为个别需求和市场总需求。个别需求是指在特定时期内并在既定的某种价格水平下，个别消费者愿意并且能够购买的某种商品或劳务的数量；市场总需求是指在某一特定市场和特定时期内，所有购买者在特定价格水平条件下愿意并且能够购买的某种商品或劳务的数量。个别需求是市场总需求的基础，市场总需求是个别需求的总和。

无论是个别需求还是市场总需求，都有很多影响因素。

第一，商品和劳务的价格。需求与价格存在反向变动的关系：在其他条件不变的情况下，需求量随价格的上升而减少，随价格的下降而增加。

第二，消费者的收入水平。对大多数商品而言，消费者收入的增加直接提高了购买的支付能力，原先无力购买的商品，在收入提高后显得相对便宜起来，需求量会相应扩大，但对一些低档的物品，收入的增加也可能减少需求的数量。因为当人们的收入增加后，购买力投向会从低档商品转向中档和高档商品。

第三，消费者的偏好。当一种商品流行起来后，即便价格不降低，市场的需求量也会扩大。“流行”或“时尚”本身就可能是消费者所追求的。“时尚”也具有价格。

第四，有关商品和劳务的消费量。很多商品互相之间有一定的消费关联性，有的可以在使用上相互替代，有的则是连带使用。

此外，企业的促销手段、人口及其结构的变化，也都对需求有重要影响。

（2）市场供给。市场供给一般是指在特定时间内，厂商根据一定的价格和其他条件愿意并且能够出售的商品或服务的数量。供给和需求是两个互为前提、互相依赖的经济现象。供给是特定时间内从生产领域流向市场的商品或劳务的数量。厂商能向市场提供多少商品，除了自身生产能力外，价格和其他因素的影响也很大。供给也分为个别供给和市场总供给两个方面，前者是指在某一特定时期，个别企业在一定价格水平上愿意并且能够出卖的商品量，其中包括新生产的商品和已有的存货。后者是指某种商品的所有生产者，在各种不同的价格水平下愿意并且能够提供给市场的该种商品的数量。个别供给的总和就是市场总供给，影响个别供给的因素，也就是影响市场总供给的因素。

影响市场供给的因素主要有以下几方面。

第一，商品和劳务的价格。供给与价格存在着正向变动的关系：在其他条件不变的情况下，供给量随价格的上升而上升，随价格的下降而减少。产生的原因，首先是不同的厂商在生产同一种商品时具有不同的成本。其次是任何商品的生产扩大到一定点后，如再继续扩大，其成本必然递增。应当指出的是，价格对于供给的影响与对需求的影响不同，当价格发生变化时，几乎可以立即对需求产生影响，因为消费者可以随时调整自己的购买意向。但价格的变化在短期内仅能对供给中的存货部分产生影响，对其主要部分即新生产的商品的影响却需要一段时间。

第二，生产的技术水平。当生产技术改进后，就能在更高的效率上和更低的成本上生产，这样供给量就会进一步扩大。比如，利用优良种子在同样面积的土地上会有更高的产量，而生产的平均成本则会有所下降。

第三，生产要素的价格。厂商的生产成本除了受技术水平的影响外，主要取决于生产要素的价格。当羊毛的价格上升后，毛毯、毛衣等制成品的成本自然上升，如果售价不能有相应的提高，厂商就会减少生产或停止生产；相反地，如果羊毛价格下跌，生产羊毛制品的成本就会下降，厂商就会扩大生产。

第四，相关商品和劳务的供给量。当其他物品的价格上升时，会使相关物品的供给量产生一定的变化。

2．市场价格机制

价格是商品价值的货币表现。商品价格形成的基础是商品自身的价值。商品的价值是商品生产过程中物化在商品上的一般人类劳动，是由生产商品的社会必要劳动时间决定的。在社会化商品经济条件下，商品价值包含三部分内容，即生产资料的转移价值、劳动者必要劳动创造的价值和劳动者剩余劳动创造的价值。作为商品价值货币表现的价格，其内部构成也可以分为三个部分，即物质消耗成本——转移价值的货币表现；工资成本——必要劳动创造价值的货币表现；盈利——剩余劳动创造价值的货币表现。只有这样的价格，才能使生产经营者在出售商品之后，不仅能够补偿已经支出的成本费用，而且还能获得盈利，从而促进商品经济的发展。

价格的形成要以价值为基础，价格的变化由受商品价值量的变化所决定。引起商品价值量变化的是该商品的部门劳动生产率和社会对该类商品需求量的变化。部门劳动生产率提高，使该类商品供给增加，在社会需求量一定的情况下，会引起单位商品价值量降低；反之则引起单位商品价值量提高。同样，在其他条件不变的情况下，社会需求量增加，意味着社会对该类商品所分配的社会总劳动时间增多，若供给量一定，会引起单位商品价值量提高；反之，则引起单位商品价值量降低。在其他条件不变的情况下，这些都会引起商品价格发生同方向变化。

商品价格的形成以商品自身的价值为基础，同时还受其他影响的影响。

第一，货币币值。当今世界各国通行的货币都是纸币。纸币币值=社会商品的总价值/货币流通量。在社会商品价值总量不变的情况下，货币币值取决于货币数量，并与之成反比。由于商品价格取决于商品价值和纸币币值，即商品价格=商品价值/纸币币值，而纸币币值与流通中的货币数量成反比关系，所以，商品价格与流通中的货币数量成正比，也就是说，在其他条件不变的情况下，流通领域的货币数量越多，物价水平就越高，反之则越低。

第二，市场供求关系。商品价格与市场供求的关系，首先是价值决定价格，价格决定供求，然后供求又影响价格。它们互相制约，互相影响。从短期看，供求决定价格，即价格偏离价值的方向，取决于供求关系变化的方向；价格与价值偏离的程度，取决于供求之间的不平衡程度。但从长期看，价值通过价格变动来决定供求，价格调节着供求由不平衡趋向平衡。

第三，国家经济政策。在现代市场经济条件下，国家普遍加强了对社会经济生活的干预，而采取特殊的政策对价格的形成及其变化施加影响，则是现代国家干预经济的重要手段。国家在干预价格形成和变化方面的主要政策措施有：最高限价与最低限价。这是国家对价格形成与变化的直接调节。最高限价一般是对一些关系国计民生而又严重短缺的商品所规定的最高价格限额，目的在于稳定社会经济秩序和政治局势；最低限价一般主要用于农产品贸易，目的在于防止价格过分下跌对农业生产和农民利益带来重大损失，保证生产的稳定发展。税收和补贴是国家用财政手段对市场价格进行间接调节，影响价格形成。

价格体系是市场上各种商品和劳务的价格之间互相联系、互相制约的比例关系。它既包括不同商品（劳务）之间的价格关系，又包括质量不同的同种商品，处于不同流通环节上的同一商品及处在不同时间和空间上的同一商品的不同价格之间的关系，即各种比价、差价关系的总和。

（1）商品比价体系。商品的比价体系是指在同一市场、同一时间，不同商品价格之间的比例关系。不同的商品虽然使用价值不同，但是在价值量上是可以互相比较的。在现代市场中，商品价值之间的比较，表现为商品价格之间的比较，因价格比较而产生的不同商品在生产、流通及消费方面产生的经济联系，形成现代市场中的比价体系。

比较重要的商品比价关系有：中间产品价格与最终产品价格之间的比例；生活必需品价格与生活享受品价格之间的比例；生产的主要原材料价格与辅助材料价格之间的比例；物质商品价格与劳务收费之间的比例；工业制成品价格与初级商品价格之间的比例；出口商品价格与进口商品价格之间的比例；城市工业品销售价格与农村农产品收购价格之间的比例等。

在市场经济活动中，商品价格之间的比例关系具有重要的经济意义。首先，它影响社会经济各部门的发展比例。如果有两种可供选择的商品，生产者总是愿意把资金投在能够获得较高价格商品的生产上，当某种商品的价格降下来，生产者如果认为生产其他商品更为有利时，投资就会转移，该种商品的生产就会被压缩。其次，商品的比价也影响消费者的货币投向。每一个消费者都希望用自己的每一元钱去换取更多的满足，因此他总是用货币在众多的商品中进行选择，什么商品价格低，换取的满足大，他就购买什么；反之，什么商品的价格过高，换取的满足小，他就不买或少买。

对企业而言，研究好市场商品的比价，对于企业科学地利用价格手段，积极参与市场竞争，努力改进商品质量，合理分配生产要素，以较少的投入获得较多的产出等方面，具有十分重要的意义。

（2）商品差价体系。商品差价体系是指同一种商品由于地点不同、时间不同、销售环节不同或质量不同而产生的价格差异关系，包括购销差价、批零差价、季度差价、质量差价等差价形式。商品差价的存在，是商品流通的必然要求。对大部分生产企业来说，为了节省费用，加速商品销售，需要通过一定的中间商业机构来销售自己的全部或一部分商品，因此生产企业总是以低于市场最终价格的价格出售自己的商品，从而在生产企业的销售价格和中间商业机构的销售价格之间形成一个差额，这个差额就是中间商的销售费用和销售利润。

通过中间商转卖的商品增加了地点效用和时间效用。对购货者来说，能在近处买到商品，比起到较远的地方购买能得到更多的利益，这就是商品的地点效用。有一些商品，生产时间与使用时间并不一致，如果通过中间商在生产过程结束后把商品储存起来，等顾客需要时才出售给他们，商品就有了时间效用，它使购买者获得自由选择购买时间的便利。如果没有商品差价的存在，中间商就不会有兴趣提供商品的地点效用和时间效用。

商品差价的存在，有利于企业改进商品的质量。同一种商品，如果质量不同，消费者从中得到的满足程度也就不一样。因此，质量低的商品，带来的消费利益少，只能以较低的价格出售；反之，高质量的商品，消费利益大，因此价格也高。

市场价格机制是指在市场供求矛盾运动中，市场价格围绕价值上下波动，从而影响供求变化及对资源配置进行调节的作用方式。价格机制是价值规律实现其作用的内在机制，是市场机制的核心，其他市场机制都是价格与某一市场要素相互作用而形成的派生机制。如价格变动与供求的相互作用形成了供求机制；价格变动与竞争的相互作用形成了竞争机制，等等。

市场价格机制在商品经济运行中的作用主要表现在以下三个方面。

第一，优化资源配置的作用。社会需要的无限性决定了对资源需要的无限性，但是在一定时期内因技术水平的限制，资源供给总是有限的，这就要求社会尽可能地合理配置资源，以保证有限的经济资源合理使用。在市场经济的环境里，只有借助市场价格机制的功能，才能达到这一点。在市场上，资源的供给者总是愿意把资源售卖给出价最高的购买者，而出价越高，在一般情况下，反映了需求越强烈，因此，根据价格的高低分配资源，能够把资源引向社会最急需的地方。此外，只有出价最高的人才能获得资源，获得资源的厂商会尽可能降低成本，从而减少资源的消耗，使资源利用率进一步提高。

第二，调节收入分配的作用。市场价格机制的运转状况对介入市场关系各方的经济利益会产生直接的影响。市场价格的提高会使一部分收入从买者转移到卖者手中；反之，市场价格的下降会使买者的收入增加，卖者的收入减少。比如，农产品收购价格太低，会使农民减少农产品的供给，从而导致农产品价格的上升；当农产品价格上升后，农民的收入便得到增加，农产品的供给量也会有所上升。

第三，传递市场信息的作用。在现代市场中，价格能灵敏而有效地传输和反馈市场供求信息，因为一切影响供给和需求的因素，最终都会通过供求状况的变化使价格发生波动。企业可以通过商品的涨价和跌价及其变动走势，进行分析和判断，随机调整生产经营决策，使生产适合市场需求；消费者也可以通过对市场价格的分析，决定购买的品种、时间及地点。在期货市场上，价格还进一步提供了未来市场的供求状况，引导生产者以及经营者安排好生产经营的计划。

价格机制充分实现其作用需要公平竞争的市场环境以及市场主体对价格信号的迅速反应，同时还包括供给略大于需求的买方市场走势。因此，价格不能由国家直接控制，除少数最重要资源垄断性产品和劳务价格由国家制定和调节外，大多数商品和劳务的价格应由市场调节，在市场经济的运行中形成并发挥作用。只有这样，才能使价格灵活地反映社会劳动耗费和供求关系的变化，使价格结构和比价、差价趋于合理，为生产者、经营者、消费者提供准确可靠的信号，以优化资源配置、优化生产结构和消费结构。

3．市场竞争机制

所谓竞争，是在市场经济条件下，生产者与生产者、生产者与消费者、消费者与消费者之间，为了取得有利的产销或购买条件而进行的相互对抗。竞争是商品经济中不以人的意志为转移的客观经济现象。在商品交换中每一个商品所有者都力争以自己有限的商品交换到尽可能多的货币；每一个货币所有者都努力以自己有限的货币换取最需要、最大量的商品使用价值。因此，只有在竞争的比较中才能完成商品交换，促进商品的市场实现。同时，商品只有在市场上通过竞争，才能以确认的社会必要劳动时间为决定商品价值的唯一尺度（才能使耗费在每种商品上的社会劳动总量与其社会需要量相适应）。

竞争是市场经济的一种必然现象。对工商企业来说，竞争是一种压力，又是一种动力。竞争对技术进步、劳动生产率的提高、生产的发展、市场的繁荣、人民生活条件的改善具有重大意义。

（1）竞争迫使生产者不断地进行技术创新。竞争的存在使企业面对着竞争对手的威胁，为了在竞争中取胜必然会主动积极地研究、采用新技术、新工艺、新配方，借以提高劳动生产率，降低个别劳动耗费，提高获利水平。所有的企业参与竞争的结果，就会加快全社会的技术进步速度，加快社会经济发展的步伐。

（2）竞争使产品多样化，使产品质量不断提高，数量不断增加，使销售服务不断完善。这一切都使消费者获得源源不断的好处，他们的生活条件、生活质量会因为竞争的存在不断地改进，不断地提高。

（3）竞争根据市场供求关系的变化，以价格为信号，促使各种资源投向最有效益的部门。在市场经济运行中，生产者是根据市场上商品价格的涨落来决定生产什么、生产多少。在某种商品供不应求的情况下，商品的价格上涨，这时，竞争就促使资源投向生产这种商品的部门，增加这种商品的供给。在某种商品供过于求的情况下，商品的价格就会下降，这时，竞争又会使资源从这个部门撤出来，减少这种商品的供给，从而调节资源的有效配置。

竞争在具有以上积极作用的同时，也存在着一定的消极作用。这些消极作用主要表现在；①竞争有使商品生产者实行技术保密的倾向，阻碍新技术的传播、推广和应用；②由于竞争是同个人利益、局部利益紧密相连的，因此它不可避免地在某种程度上导致社会生产的盲目性和自发性。在现代市场经济中，还要运用宏观调控和经济法规等手段，在充分发挥竞争的积极作用的同时，抑制其消极作用。

但是，竞争机制能否充分发挥作用主要取决于以下条件：①商品生产者从事生产经营活动的独立自主性，这是竞争得以展开的先决条件；②商品生产者和经营者能够在竞争中获得相应的经济利益，这是竞争充分展开的动力；③经济生活中是否存在垄断现象，垄断是竞争的直接对立物，商品生产者、经营者对于竞争机制的反应与其是否处于垄断地位有直接关系，一是垄断会限制竞争，二是垄断会失去竞争的动力；④市场环境和条件的优劣，其关键在于形成开放的、完整的市场体系和统一的市场，为竞争提供广阔的活动场所和领域。

从市场竞争是否受到限制的角度划分，竞争可分为自由竞争和垄断竞争。

自由竞争指的是资本在各部门或各企业之间可以自由转移，是一种不受任何阻碍和干扰的市场竞争。自由竞争作为一种市场模式，最早存在于资本主义的自由竞争时期。自由竞争有如下特征：①各经济部门存在众多的、实力相差并不太悬殊的企业，其中没有任何企业居于垄断地位；②在经济活动中起支配作用的是单个（包括合伙）企业；③商品价格在市场竞争中自发形成，没有任何个人有实力把自己确定的价格强加于市场；④资本、劳动力等生产资源可以自由流动，利润率在各部门间有平均化的趋势；⑤自发起作用的市场机制是生产和流通的主要调节者，国家对经济活动基本采取自由放任政策。

由于是在商品生产和交换普遍化的环境下，没有大企业和政府的垄断干预，商品价格在自由竞争中不断接近于价值或生产价格，就成为一种自发的过程。这样的市场机制一方面使商品生产者只能依靠改进技术、降低成本和提高劳动生产率在竞争中取胜；另一方面通过市场价格信号调节生产，引导生产要素在部门间转移，调节生产资料、劳动力、货币资本等资源的配置。

垄断竞争是既含有垄断因素又存在激烈竞争的市场类型。垄断竞争的主要特征是：①在主要经济部门出现了在生产和流通中居垄断地位的大企业，在此基础上产生了金融资本；②垄断组织有实力制定商品的垄断价格并迫使市场接受这种价格，与此同时，垄断与竞争并存，竞争形式与手段多样化；③资本和劳动力在部门间的流动因“垄断壁垒”（垄断组织阻碍在本部门成立新企业的行为）的存在而受阻，又因竞争的存在而采取多种形式（参与股份与跨部门经营等）继续进行；④在市场机制自发起作用的总格局中，垄断大公司在自己势力范围内有计划、有意识的调节对生产和流通过程发生一定影响。

市场竞争是在两个领域内进行的，一是部门内部，二是部门之间，这两方面的竞争，从内容到手段都是有区别的。

部门内部的竞争，即生产和经营同一种商品或劳务的企业之间的竞争。竞争的主要内容是争夺商品销售市场，提高企业的市场占有率。竞争的手段包括价格手段和非价格手段。价格竞争是指企业之间互相以低廉的销售价格来扩大商品的销售。这种竞争推动企业降低成本、扩大批量生产，以便能在低价销售的情况下获得较多赢利，收到薄利多销之效。非价格竞争，是在企业之间在生产和销售过程中利用价格以外的其他经济手段进行的竞争。非价格竞争包括商品的品种竞争、质量竞争、销售手段竞争、售后服务竞争以及应市时间竞争等。在市场经济中，非价格竞争是竞争的主要手段。这种竞争推动企业不断改善产品质量，开发新产品，改进服务等。

部门之间的竞争，即生产和经营不同商品或服务的企业之间的竞争。竞争的主要内容是争夺有利的投资领域。竞争的手段主要是在部门之间转移投资，重新配置资源。因为市场需求是不断变化的，商品和服务的供求关系不断变化，一些部门的商品出现供不应求，价格上涨，赢利增加：而另一些部门的商品则出现供大于求，价格下跌，赢利减少甚至亏损。于是赢利较低的部门向赢利较高的部门转移投资，或者由其他投资者向赢利较高的部门注入新的投资。部门之间的竞争能促进资源配置优化，促进产业结构和产品结构的合理化，促进商品供求关系的平衡。

二、市场体系和市场秩序

(一) 市场体系

市场体系就是商品交换关系中各种市场密切联系、相互制约的有机统一体。在发达商品经济条件下，市场体系的构成从交换对象看，包括物质商品市场、房地产市场、金融市场、人力资源市场、技术市场和信息市场等。

1. 物质商品市场

物质商品市场主要指生产资料和消费资料等有形商品的交换场所或供求关系，它在市场体系中居于基础地位。

（1）生产资料市场。生产资料市场是指生产资料作为商品所进行的一切交换（买卖）活动以及由此形成的各种交换关系的总和。在生产资料市场上买卖的商品属中间产品，其交易的目的在于满足企业生产加工的需要，生产资料市场的买者和卖者均属企业组织，其交易活动的理性色彩极浓，而且其需求大多是由消费品市场引致的。

（2）消费资料市场。消费资料市场是消费品生产部门实现其产品价值的关键环节，也是居民购买消费品的场所。在消费资料市场上买卖的商品属最终产品，其交易的目的在于满足社会公众的生活需要，消费资料市场交易的主体是广大居民，客体是提供用于吃、穿、住、行的生活用品及服务。消费资料市场与人们的生活息息相关，关系到每个社会成员的切身利益，是社会人口与劳动力再生产的基本前提，体现了社会再生产过程最终的市场实现，反映着消费最终需求的变化。

2. 房地产市场

房地产市场是指土地使用权和房产转让与出租的特种商品市场。房产市场所交换的物质对象是房屋。按用途的不同，房屋可分为住宅、生产经营用房和非生产经营用房。房产市场建立的基本前提是房产产权明确以及房产的商品化。地产市场主要进行土地使用权的交易和转让，实行有偿使用原则。

3. 金融市场

金融市场是商品经济发展的必然产物，金融市场从事的是货币资金的筹集、发放、转换等活动，是买卖各种信用证券进行资金融通的场所，反映资金债权人与债务人之间的经济关系总和。其基本功能是从事资金交易和资金融通，加速货币流通。金融市场是一个多样化的体系，主要包括短期资本市场（货币市场）、长期资本市场、外汇市场以及黄金市场。

货币市场是指专门融通短期资金的市场，一般期限在一年之内。其特点是：融资期限短和被融通的资金主要是作为再生产过程中所需要的流动资金。其业务主要有短期拆借市场、票据贴现市场、票据承兑市场和短期证券市场。

资本市场是指提供长期运营资本的市场，其融通的资金主要作为扩大再生产所需投入的资本使用。在长期资本市场上流通的主要是各类有价证券，包括债券和股票两大类，也包括期限较长的支票、汇票和本票等货币支付凭证。

外汇市场是经营外汇买卖的场所，属于国际金融市场的范畴。按交易方式的不同，外汇市场可分为固定的有形市场与开放的无形市场。有形市场是指外汇买卖双方在专门设立的外汇交易所中进行面对面交易；无形市场是指没有固定的交易所，外汇买卖双方通过电传、电话、网络方式进行交易。目前，外汇市场多为无形市场。

4. 人力资源市场

人力资源市场是在宏观调控下以市场机制为基础调节劳动力流动的组织关系。从组织形式上划分，人力资源市场包括职业介绍所、人才交流中心、劳动服务公司等。其基本功能是：通过市场价格机制对劳动力质量进行客观评价；通过劳动力供需双方的双向选择调节劳动力供求关系；通过竞争机制激发劳动者发挥潜在能力，不断提高业务技术素质。

5. 技术市场和信息市场

广义的技术市场是指技术商品交换关系的总和，包括从技术商品的开发到技术商品的应用和流通的全过程；狭义的技术市场是指技术商品交换的场所。技术作为一种无形的商品，是复杂劳动的结晶，不仅有使用价值，同时也有价值。技术商品化，是发达商品经济的必然产物。技术市场的主要特征是：交换过程具有延伸性；技术市场价值完全由交易双方自由议定；列入国家计划的技术项目也可以进入技术市场流通。

信息市场是指专门进行信息交换的场所。在信息时代，信息的生产、储存、分配和交换日益成为一个专门的部门和行业。信息市场提供的商品是信息。信息的使用价值最终表现为通过信息的使用，可以提高企业的经济效益，而且所提高的经济效益更大于信息本身的价值。

（二）市场秩序与市场规则

1. 市场秩序

市场秩序是指市场在运行中所表现出来的一种有序性，它是与市场有关的各种社会经济制度和规则相互作用的综合表现。市场秩序是市场的内在规律在运行时的外在表现形式。市场秩序关系着市场中的各种基本经济关系和经济往来的稳定性和可靠性。它能使市场主体的利益得到保障，使其形成比较稳定的经济预期，从而使市场本身也能持续地运行和发展。

市场秩序要靠健全的法规和规章制度才能维护。这些制度和规章在市场运行中将会凝结成为市场主体的行为规范。所谓市场行为规范，是指所有市场当事人行为的共同准则或标准，或者说是市场主体应普遍遵循的行为方式。它可以是明文规定的，例如法律或行政规章，也可以是约定俗成的、不成文的规范。为了保证市场的正常运行，实现市场经济的有序性，国家要依据市场运行规律的要求，制定出市场主体以及市场管理者都必须遵守的完备的规章制度，即市场规则。

2. 市场规则

市场规则是指以法律、公约、契约形式规定的市场主体共同遵守的行为准则和规范。市场规则旨在规范市场主体的行为，绝不是人们主观随意的产物，而是市场运行内在要求的外在表现，是保证市场有序运行的基本条件。

市场规则通过两个方面发挥作用。一方面，通过对市场主体是否有资格参加市场活动做出判断来规范市场运行过程。也就是说，禁止那些会给市场运行过程带来紊乱因素的市场主体进入市场，把市场紊乱因素阻挡于市场运行过程之外，以保证市场有序运行。另一方面，通过确定市场主体的行为准则并协调他们之间的关系，来规范市场运行。也就是说，对于市场主体的行为准则都作了具体的规定，以防止某些市场主体因追求自身利益而损害他人合法权益，并且规定了对市场主体之间利益矛盾的协调办法。

市场规则主要包括市场进出规则、市场交易规则、市场竞争规则和市场裁判规则等。

市场进出规则，是指市场主体和客体进入或退出市场的法律规则和行为准则。哪些主体可以进入或退出市场，哪些商品可以进入或退出市场，都必须由市场规则给予明确规定。凡是符合市场规定进入（或退出）规则的主体和商品，都可以自由地进入（或退出）市场；凡不符合市场进入（或退出）规则的，都坚决不许进入（或退出）市场。市场进出规则对市场主体的规范作用是：规范市场主体进入市场的资格，规范市场主体的经营规模与范围，规范市场主体退出市场的行为。市场进出规则要对进入市场的商品作出全面规定：要求商品必须名副其实；商品质量必须符合规定的标准；商品的效用要符合消费者的利益，损害消费者身心健康的商品不能进入市场；商品的价格、计量和包装等都要符合要求。

市场交易规则，是各市场主体在市场上进行交易活动所必须遵守的行为准则与规范。它又可以进一步细分为狭义的交易规则，定价规则，信息披露规则，商品服务检验规则，交割、支付和清算规则，契约规则等。在不同行业、不同市场上，这些规则分别具有不同的具体内容，一般来说，它们对市场交易方式和交易行为的规范作用，主要包括：禁止强买强卖、囤积居奇、哄抬物价；公开交易、明码标价，禁止黑市交易和内幕交易；等价交换，实行交易货币化；商品和服务质量检测和计量标准化；合同鉴定规范化、法制化等。市场交易规则化包括交易场所、计量器具、计价方式、批发和零售、支付、交割、清算等都要按规则进行。

市场竞争规则，是指国家依法确立的维护各市场主体之间的平等交换、公平竞争的规则。市场竞争规则要充分体现和反映竞争者地位平等、机会均等的要求。主要包括：各市场主体机会均等地从市场上选购生产投入品，在平等竞争中由市场形成商品价格，公平税负，机会均等地进出市场，禁止不正当竞争，防止和限制垄断市场的行为发生。

市场裁判规则，是市场主体之间发生纠纷，进行裁判的准则和规范。在各市场主体进出市场、开展竞争和进行交易的过程中，难免会发生各种矛盾和纠纷，因此需要有市场裁判规则。市场纠纷的裁判，包括司法、行政管理、社会仲裁和调节机构等多种组织和多种形式。市场裁判规则要划分各种裁判机构和裁判形式的职责范围及其相互关系，规定裁判的程序、裁判依据的标准等。各种形式的裁判规则都同时包括对当事人责任的认定、赔偿规则和惩罚规则。规则必须体现公平原则，对买卖双方一视同仁，不能偏袒任何一方。

第三节　社会主义市场经济的微观基础

一、现代企业制度

（一）现代企业制度及主要内容

现代企业制度是指以市场经济为前提，以规范和完善的企业法人制度为主体，以有限责任制度为核心，适应社会化大生产要求的一整套科学的企业组织制度和管理制度。

理解现代企业制度需要把握好四个基本点：①从生产关系角度看，现代企业制度对应的是市场经济；②从生产力角度看，现代企业制度对应的是社会化大生产；③从法律角度看，现代企业制度对应的是企业法人制度；④从产权角度看，现代企业制度对应的是有限责任制度。

现代企业制度的主要内容有以下几方面。

（1）企业资产具有明确的实物边界和价值边界，具有确定的政府机构代表国家行使所有者职能，切实承担起相应的出资者责任。

（2）企业通常实行公司制度，即有限责任公司和股份有限公司制度，按照《中华人民共和国公司法》的要求，形成由股东代表大会、董事会、监事会和高级经理人员组成的相互依赖又相互制衡的公司治理结构，并有效运转。

（3）企业以生产经营为主要职能，有明确的盈利目标，各级管理人员和一般职工按经营业绩和劳动贡献获取收益，住房分配、养老、医疗及其他福利事业由市场、社会或政府机构承担。

（4）企业具有合理的组织结构，在生产、供销、财务、研究开发、质量控制、劳动人事等方面形成了行之有效的企业内部管理制度和机制。企业有着刚性的预算约束和合理的财务结构，可以通过收购、兼并、联合等方式谋求企业的扩展，经营不善难以为继时，可通过破产、被兼并等方式寻求资产和其他生产要素的再配置。

（二）现代企业制度的基本特征

1．产权清晰

产权清晰主要有两层含义：①有具体的部门和机构代表国家对某些国有资产行使占有、使用、处置和收益等权利；②国有资产的边界要“清晰”。先要搞清实物形态国有资产的边界，如机器设备、厂房等；其次要搞清国有资产的价值和权利边界，包括实物资产和金融资产的价值量，国有资产的权利形态（股权或债权，占有、使用、处置和收益权的分布等），总资产减去债务后净资产数量等。

2．权责明确

权责明确是指合理区分和确定企业所有者、经营者和劳动者各自的权利和责任。所有者、经营者、劳动者在企业中的地位和作用是不同的，因此他们的权利和责任也是不同的。

所有者按其出资额享有资产受益、重大决策和选择管理者的权利，在企业破产时对企业债务承担相应的有限责任，企业在其存续期间，对由各个投资者投资形成的企业法人财产拥有占有、使用、处置和收益的权利，并以企业全部法人财产对其债务承担责任。经营者受所有者的委托在一定时期和范围内拥有经营企业资产及其他生产要素，并获取相应收益的权利。劳动者按照与企业的合约拥有就业和获取相应收益的权利。

与上述权利相对应的是责任。要做到“权责明确”，除了明确界定所有者、经营者、劳动者及其他企业利益相关者各自的权利和责任外，还必须使权利和责任相对应或相平衡。此外，在所有者、经营者、劳动者及其他利益相关者之间，应当建立起相互依赖又相互制衡的机制，这是因为他们之间是不同的利益主体，既有共同利益的一面，也有不同乃至冲突的一面。相互制衡就要求明确彼此的权利、责任和义务，要求相互监督。

3. 政企分开

政企分开的基本含义是政府行政管理职能、宏观和行业管理职能与企业经营职能分开。政企分开要求政府将原来与政府职能合一的企业经营职能分开后还给企业，改革开放以来进行的“放权让利”、“扩大企业自主权”等就是为了解决这个问题。政企分开还要求企业将原来承担的社会职能分离后交还给政府和社会，如住房、医疗、养老、社区服务等。应注意的是，政府作为国有资本所有者对其拥有股份的企业行使所有者职能是理所当然的，不能因为强调政企分开而改变这一点。

4. 管理科学

从较宽的意义上说，它包括企业组织合理化的含义；从较窄的意义上说，管理科学要求企业管理的各个方面，如质量管理、生产管理、供应管理、销售管理、研究开发管理、人事管理等方面的科学化。管理致力于调动人的积极性、创造性，其核心是激励、约束机制。要实现管理科学，就要学习、创造，引入先进的管理方式，包括国际上先进的管理方式。对于管理是否科学，虽然可以从企业所采取的具体管理方式的先进性上来判断，但最终还要从管理的经济效率上，即管理成本和管理收益的比较上作出评判。

（三）现代企业制度与以往企业制度的区别

现代企业制度与传统的国有企业制度不同，与改革以来形成的过渡性企业制度也不同。这种不同不是形式上的、次要方面的，而是实质性的、主要方面的。

（1）通过建立和完善现代企业制度，国家依其出资额承担有限责任，企业依法支配其法人财产，从而改变以往政企不分，政府直接经营管理企业，承担无限责任，企业全面依赖于政府的状况。

（2）企业内部建立起由股东大会、董事会、监事会、经理层构成的相互依赖又相互制衡的治理结构，党组织在贯彻党的路线、方针、政策上发挥监督保证作用，从而改变以往企业领导体制上权利不明、责任不清，要么“一元化”领导，缺少监督制约，要么相互扯皮摩擦、内耗过大的状况。

（3）企业以生产经营为主要职责，有明确的赢利目标，改变以往企业办社会，职工全面依赖企业，企业对职工承担无限责任的状况。

（4）企业按照市场竞争的要求，形成适宜的企业组织形式和科学的内部管理制度，从而改变以往作为政府行政体系附属物，“大而全，小而全”，内部管理落后的状况。

（5）企业各种生产要素有足够的开放性和流动性，与外部的资本市场、经营者市场、劳动力市场及其他生产要素市场相配合，通过资产的收购、兼并、联合、破产，通过经营者的选择和再选择，通过劳动者的合理流动，使企业结构得以优化，竞争力得到有效提高，从而改变以往生产要素条块分割、封闭呆滞，优不胜、劣不汰，行政性重复建设严重的状况。

二、国有企业的制度与管理

（一）企业产权制度

国有企业的产权关系应该是：国家是国有企业财产所有权的唯一主体，拥有对企业财产的最终支配权，但政府和监督机构不得直接经营或支配企业的法人财产。企业拥有独立行使的法人财产权，并以其全部法人财产承担民事责任。

理顺国有企业产权关系，处理好国家所有权与企业法人财产权的关系。两权分离后，国有资产所有者的利益仍要在企业经营者那里得到实现。为此必须建立一套能保证国有资产在真正具有经营才能的人手上经营、能明晰企业应负的国有资产保值与增值的责任、能对经营者"用脚投票"等所有权相制约的机制。产权制度改革是要在产权关系上明确企业承担的债务责任和破产责任。当企业破产时，国家只以投入企业的资本额为限承担有限责任。

在明晰企业产权关系的基础上，建立和完善产权市场。国有企业进入产权市场可以使一定量的国有资产吸收和组织更多的社会资本，放大国有资产的产权功能，提高其控制力、影响力和带动力，同时又能使国有企业经营受到更多国有产权的制约，以保证国有资产运营效益的提高。此外，国有企业还可以通过产权市场实现产权转让和流动，推动国有资产存量流向经济效益好的企业，流向国民经济需要重点发展的部门，实现国有资产存量的优化配置。

(二) 企业组织制度

政府作为国有资产所有者，可以建立一套科学有效的国有资产管理制度，对国有资产实行国家所有、分级管理、授权经营、分工监督。政府作为社会管理者，可以依据法律制定各种必要的规章制度，培育和促进市场体系的发展，形成比较完善的市场规则和社会秩序。政府作为宏观经济的调控者，可以合理确定经济发展战略目标，制定和运用相应的政策来引导和协调整个社会经济的发展。但政府不能再用行政管理的方法使国有企业运行行政化，否则国有企业组织制度的改革将流于形式。

国有企业组织制度改革的重点是建立公司制企业。为此，必须建立符合市场经济规律和我国国情的企业领导体制与组织管理制度，即建立包括股东会、董事会、监事会和经理层在内的公司法人治理结构，处理好党委会、职代会和工会与股东会、董事会、监事会的关系；建立由国务院向大型国有企业派驻稽查特派员制度，地方政府向所属大中型企业派财务总监制度。适时对国有企业进行战略性调整，即通过国有资产的流动和重组，改变国有资产过度分散的状况，集中力量发展和加强国家重点产业和重点企业，扩大企业组织规模。

(三) 加强和改善企业的经营管理

要更新企业经营管理上旧的思想观念，确立以市场为中心和依托的现代化管理观念。要实现管理组织现代化，建立市场适应性能力强的组织命令系统，健全和完善各项规章制度，彻底改变无章可循、有章不循、违章不究的现象。要建立高水平的科研开发机构和高效率的决策机构，加强企业发展的战略研究制定和实施明确的企业发展战略、技术创新战略和市场营销战略并根据市场变化适时调整。要广泛采用现代管理技术方法和手段，包括用于决策与预测的、用于生产组织和计划的、用于技术和设计的现代管理方法以及采取包括电子计算机在内的各种先进管理手段。

国有企业建立现代企业制度还需要其他方面的配套改革，包括转变政府职能，建立健全的宏观经济调控体系，进行金融、财政、税收、投资、计划等方面的改革，为企业自主经营创造良好的宏观经济环境；大力培育市场体系、建立市场中介组织和加强市场经济法律规章制度的建设，为企业走向市场创造市场条件；加快社会保障制度改革和福利分配社会化、市场化步伐等。

三、国有资产管理改革

国有资产管理体制改革是国有企业改革的重要方面，是从总体上增强国有经济控制力和竞争力的重大课题。十七大报告进一步指出要深化国有企业公司制股份制改革，健全现代企业制度，优化国有经济布局和结构，增强国有经济活力、控制力、影响力。深化垄断行业改革，引入竞争机制，加强政府监管和社会监督，加强建设国有资本经营预算制度，完善各类国有资产管理体制和制度。

（一）深化国有资产管理体制改革亟待解决的问题

改革开放以来，我们在国有资产管理体制改革上不断探索和努力，已经积累了一定的经验，并取得了一定的进展和成果。现在的问题是，国有资产管理体制的现状距离完善的社会主义市场经济体制要求的目标，还有不小差距，依然还有很多问题亟待解决。

（1）国有资产所有者在形式上是清晰的，但分级管理界限模糊，责权利失衡。按照现行的“国家所有，分级管理”的国有资产管理体制，国家代表全体人民行使对国有资产的最终所有权，中央政府和地方政府则分别负有中央和地方国有资产的管理权限。但是，中央和地方对哪些国有资产属于各自的管理权限没有明晰的界定，特别是由于出资人与受益人并不对称，责权利失衡，导致国有资产在纵向上的经营安全和经营效率存在严重问题。

（2）国有资产所有者职能行使分散，缺少统一而富有效能的国有资产管理机构。目前，我国对国有资产特别是对处于竞争性领域里国有资产的管理，采取的是由中央政府作为国有资产出资人的唯一代表，由多个部门联合行使出资人职能的方式。这种分散型的所有者职能代表架构虽然在实践中发挥了一定的作用，但从总体上看，产生的弊端不容忽视。

（3）国有资产管理目标尚不明确，盈利性资产管理模式尚待探索。确立合乎实际的国有资产管理目标是建立科学的国有资产管理体制的重要环节，没有明确的目标定位，很难建立有效的国有资产管理体制。由于大多基础性企业都涉及为国民经济的整体发展服务，并不把追求赢利作为主要目的，因此单纯以竞争性国有企业的资产管理目标来衡量不免存在简单化行为，并容易导致不同类型的国有资产管理与其社会目标职能发生扭曲和错位。

（二）国有资产管理体制改革应遵循的基本原则

国有资产管理体制存在的上述问题，迫切要求我们采取进一步的措施加以解决。

（1）建立中央与地方政府的出资人制度，划定权责边界，这是完善和深化国有资产管理体制的前提。深化和完善国有资产管理体制，首先要明确在国家所有的前提下中央政府和地方政府的出资人角色，要理清中央和地方国有资产管理权限的边界，这是建立双方激励和约束机制的基础，是国有资产体制改革的前提。

（2）建立从中央到地方统一的国有资产管理机构，防止国有资产管理职能的分割与抵触。

（3）围绕建立现代企业制度和国有经济战略布局调整而展开。深化国有资产管理体制改革，目的不单是搞好国有资产管理体制本身，作为国有企业改革和经济体制改革的重要一环，它是为国有企业建立现代企业制度和战略布局调整服务的。

(三) 进一步深化国有资产管理体制改革的途径

纵向上，以国家所有为前提，以出资人为根据，合理划分中央和地方的国有资产范围，并赋予其完整而统一的权利与责任。坚持以国家所有为前提，已不同于传统的国家统一所有，政府分级管理。这里的国家所有，是由中央政府和地方政府分别代表国家履行出资人职责，而非单纯由中央政府来履行。

横向上，要区分国有资产的不同类型，确立专门的国有资产管理机构。在分别确定中央政府和地方政府代表国家履行出资人角色之后，需要进一步落实专门的国有资产出资人代表机构。要在中央政府和省、市（地）两级地方政府设立专门的、权责统一的国有资产管理机构。这个机构不是过去意义上单纯负责资产管理方针政策的国有资产管理局，那样的机构难以独立地执行所有者的全部职能。新机构的设立，必须充分体现政资分开的要求，必须有立法保障，具有完整的责权利，统一的物权和人事权。

(四) 进一步健全竞争性国有资产经营体制

今后规范的国有资产管理体制将逐步向公共领域和基础性产业倾斜，其目的在于为整个社会提供基础性服务。但目前，国有企业依然在竞争性领域大量地存在，这使国有资产经营管理体制的健全与完善就成了重中之重，要采取的措施有以下几方面。①建立并赋予国有资产管理委员会完全意义上的权利与职责。②改革和完善国有资产运营机构。中介性国有资产运营机构不可以随意设立，作为受托机构应该由国有资产管理委员会严格按照公法（国有资产法）批准设立，依照公司法运营，负有对国资委的保值增殖任务，并接受后者的监督。中介性国有资产运营机构在经营职能上，不可以随意干预企业的具体经营，其主要权利是按出资份额而在企业享有投资收益权、决策参与权、经营者选择权和财务监控权，并承担相应的投资风险。③进一步促进竞争性国有企业产权的多元化和流动化。要在确保国家出资人合法权益的前提下，充分引入其他所有制股权成分，避免国有股一股独大，形成科学有效的制衡机制和法人治理结构，确保决策的科学化和出资人的利益得以实现。

课外阅读

忆改革开放　现中华雄威

改革开放的30年，是中国经济迅速蓬勃的30年。幢幢高楼拔地而起，人民生活水平不断提高，1978年到2006年间，中国经济总量迅速扩张，国内生产总值从3645亿元增长至210871亿元，增长近60倍！中国的经济成就不仅写在了中国历史之上，也在世界历史上留下了辉煌的一页，过去25年全球脱贫所得成就中，近70%的成就归功于中国。

改革开放的30年，是中国社会和谐稳定的30年。1997年香港回归，1999年澳门回归；1998年面对南方历史罕见的特大洪水，2003年面对让人闻风丧胆的非典疫情，2008年面对十几个省份百年不遇的冰雪灾害，中华儿女众志成城，手挽手将一个个磨难阻击在脚下。

改革开放的30年，是教育事业稳步发展的30年。1983年，邓小平同志提出，教育要面向现代化，面对世界，面对未来！高考制度恢复之初，全国有570万人参加高考，仅录取27万名；而到2007年，全国普通高校招生报名人数达到1010万，录取新生达567万名！伴随着教育规模发展，有越来越多的中华儿女在世界高精尖人才中占据着日益重要的位置！

改革开放的30年，是中国航天事业不断创新的30年。从1979年远程火箭发射试验成功，到2003年“神五”升天，首次载人航天飞行成功，再到2005年神舟六号载人航天卫星顺利返回，中国航天人在摸索中让祖国一跃成为航天科技强国。2008年，我国首颗探月卫星“嫦娥一号”发射升空，炎黄子孙的千年奔月梦成为了现实。

改革开放的30年，也是我国体育事业蒸蒸日上的30年。1984年许海峰摘得中国奥运首枚金牌，自此之后，中华体育健儿奋勇争先：2000年悉尼奥运，中国代表团收获28枚金牌，取得了金牌榜和奖牌榜均名列第三的佳绩；2004年雅典奥运，中国军团更是将金牌总数扩增到32枚，位列金牌榜第2位！而2008年，奥运大幕在中华大地上拉开，我们成为了奥运的主人！

问题：你认为改革开放30年，我国为什么会取得这么大的成就？

复习思考题

一、单项选择题

1. 在市场经济条件下，在资源配置中起基础性作用的是（　　）
   A. 市场　　B. 计划　　C. 企业　　D. 生产
2. 我国社会主义市场经济同资本主义市场经济的根本区别在于（　　）
   A. 我国社会主义市场经济的发展较强
   B. 我国社会主义市场经济的发展尚不成熟
   C. 市场经济同社会主义的基本制度结合在一起
   D. 为发展社会主义生产力服务
3. 社会主义市场经济是（　　）
   A. 市场机制自发调节的市场
   B. 计划机制自觉调控的市场
   C. 计划与市场两种手段有机结合，共同作用的市场
   D. 计划与市场两种手段互相冲突的市场
4. 所有权与经营权相分离的企业类型是（　　）
   A. 个人业主制企业　　B. 合伙制企业
   C. 公司制企业　　D. 独资企业
5. 我国国有企业改革的方向是（　　）
   A. 承包经营　　B. 租赁经营
   C. 拍卖　　D. 建立现代企业制度
6. 培育和发展市场体系就其内容来看主要是培育和规范（　　）
   A. 商品市场　　B. 生产要素市场
   C. 技术市场　　D. 人才市场

7. 价格机制是市场经济的基本机制，我国价格改革的目标是（　　）
   A. 建立由计划价格、浮动价格和自由价格相结合价格形成机制
   B. 建立以国际市场价格接轨的价格形成机制
   C. 建立反映政府宏观调控政策的价格形成机制
   D. 建立主要由市场形成价格的机制

二. 多项选择题

1. 市场机制包括（　　）
   A. 价格机制　B. 竞争机制　C. 供求机制
   D. 计划机制　E. 调控机制
2. 建立和完善社会主义市场经济体制的主要内容是（　　）
   A. 建立现代企业制度　B. 培育和发展市场体系
   C. 完善宏观调控体系　D. 建立合理的价格形成机制
   E. 建立健全社会保障制度
3. 现代企业制度的基本特征有（　　）
   A. 国家干预　B. 产权清晰　C. 权责明确
   D. 政企分开　E. 管理科学
4. 市场体系包括（　　）
   A. 消费品市场　B. 金融市场　C. 人才市场
   D. 技术市场　E. 信息市场

三、判断题

1. 市场经济是一种生产经营方式。
2. 社会主义不能搞市场经济。
3. 在我国，公有制经济占主体，国有经济就不能发挥主导作用。

四、简答题

1. 简述社会主义市场经济体制及其基本特征。
2. 简述现代企业制度的基本内容。

第八章 社会主义市场经济的宏观调控

教学目标

社会主义市场经济必须建立以间接手段为主的完善的宏观调控体系，以保证国民经济的运行和健康发展，这既符合社会主义生产关系的要求，也反映了现代经济发展的必然趋势。本章着重分析宏观调控的必要性、目标和手段以及怎样采取相应的经济政策，明确新型社会保障体系的主要内容和发展目标。

重点与难点

宏观调控的必要性、目标和手段；保障体系的主要内容和发展目标

2008 年 5 月 12 日，我国发生震惊世界的汶川特大地震。在党中央、国务院的坚强领导下，全国各族群众特别是灾区人民万众一心、众志成城，人民子弟兵舍生忘死、冲锋在前，展开了我国历史上救援速度最快、动员范围最广、投入力量最大的抗震救灾斗争。中央财政及时安排 384 亿元救灾款和 740 亿元恢复重建资金，迅速出台一系列支援灾区的政策措施。

那么，我国为什么能够迅速而有力地展开抗震救灾工作？

第一节 宏观调控及其必要性

一、社会主义国家的经济职能

(一) 宏观调控的含义

社会主义国家的宏观调控是指社会主义国家根据社会化大生产和宏观经济规律的要求，采取各种手段，从总体上对国民经济和社会发展进行调节和控制，以保证国民经济均衡发展，实现资源优化配置和社会进步的过程。

（二）国家的经济职能

社会主义国家的经济职能包括互相联系的三个方面：①政府作为国有资产所有者的职能；②政府作为社会管理者的职能；③政府作为宏观经济调控者所具有的职能。

社会主义国家作为国有资产所有者所具有的职能是对国有资产管理和营运的职能，不是直接管理和经营国有企业，而是管理国有资产和监督国有资产的经营，确保国有经济控制国民经济命脉，对经济发展起主导作用，增强国有经济的控制力和竞争力，提高国有资产的整体素质，确保国有资产的保值和增值及其权益不受侵犯，协调国有资产内部所有者、经营者和生产者之间的关系。

社会主义国家作为社会管理者，在经济方面的职能主要是：培育和发展市场体系；建立完善的市场规则和法律制度，监督市场运行，维护平等竞争和社会主义经济秩序；调节社会分配和建立完善社会保障制度；控制人口增长；保护自然资源和生态环境，检查监督国家法律、法规的执行，为社会的稳定、市场经济的正常运行、人民生活安定创造良好的社会环境和外部条件。2008 年中央财政用于“三农”的投入为 5955 亿元，比上年增加 1637 亿元，增长 37.9%，其中粮食直补、农资综合补贴、良种补贴、农机具购置补贴资金达 1030 亿元，比上年增长一倍。加强耕地保护和农田水利建设，提高农业综合生产能力。扶持生猪、油料、奶业发展。这些政策措施在保护和调动农民积极性、保障重要农产品供给、增加农民收入方面发挥了重要作用，为稳定经济社会发展全局提供了有力支撑。

社会主义国家作为宏观经济的调控者，其职能主要是对整个国民经济统筹规划，制定社会和经济发展战略、方针和政策；协调各地区、各部门、各方面的利益关系；调整产业结构和规划经济布局；搞好宏观经济综合平衡，引导和调节国民经济发展，发布信息，提供服务和进行检查监督。

二、宏观调控的必要性

2008 年 9 月 11 日，三鹿婴幼儿奶粉事件发生后，党中央、国务院迅速启动了国家重大食品安全事故 I 级响应机制，对患儿诊断治疗、问题奶粉封存回收、相关企业停产整顿、事故责任查处、所有奶制品检验和相关行业整顿等问题作了重大部署，同时对地方政府以及负有监管职责的主要部门领导依法实行了严肃的责任追究。

在市场经济运行中，为什么会出现“三鹿奶粉”事件？这说明单纯的市场调节有其自身的弱点和缺陷。为了弥补这一不足，需要严格市场监管，加强宏观调控。

社会主义国家对国民经济进行宏观调控具有特殊的重要性。

第一，实行宏观调控是发展社会化大生产和保持社会总供求平衡的需要。在社会化大生产条件下，国民经济各部门、各地区、各环节之间存在着一定的比例和密切的联系。每一部门、每一环节和地区既是其他部门、环节和地区发展的前提，又是其他部门、环节和地区发展的结果。任何一个环节出现问题都会波及其他地方，影响全局。社会化大生产要求按比例地分配资源，而要达到这个目标，对产业结构调整、生产力布局等，必须依靠政府宏观调控。

第二，实行宏观调控是弥补市场失灵的需要。社会主义市场经济，是一种要使市场在国家宏观调控下对资源配置起基础性作用的经济，但是，市场机制的调节并不是万能的，也不是完美无缺的。市场机制所能解决的是生产什么、生产多少、为谁生产、用什么方式生产及如何有效分配资源等这类微观经济的问题。而在国民经济发展中，除上述通过市场机制所能解决的问题外，还存在由总供给和总需求矛盾引起的经济萎缩、失业和通货膨胀，个人、地区、部门之间的经济利益差别和分配不均及公共产品和集合性产品的生产等宏观经济问题，对这类问题，市场调节或者失灵，或者难以有所作为，这就需要国家进行调控。

第三，实行宏观调控是实现经济发展战略目标和社会主义生产目的的需要。社会主义的生产目的，归根到底是为了满足人民不断增长的物质文化需要。社会主义市场经济条件下，市场对资源配置起基础性作用，但单纯地依靠市场自发调节资源配置和收入分配目标，不一定与社会主义生产目的和经济发展计划目标完全吻合。为了实现社会主义的经济发展战略目标和生产目的，国家自觉地对国民经济进行宏观调控和计划指导是完全必要的。

第四，实行宏观调控是我国顺利进行经济体制改革的重要条件。改革必然涉及利益关系的调整。为了协调多元化、多层次的经济主体的利益关系，克服各地区、各部门经济发展的不平衡性和某种排他表现，也必须宏观调控。同时，自由竞争的结果必然产生垄断。因此，在市场机制运行过程中，如果没有一系列有力的经济政策和法规作为基础，市场机制很难充分发挥作用，也很难保证平等的竞争秩序，尤其在我国社会主义市场经济发展之初，更需要加大国家干预的力度，完善法制，严格监督，为企业创造良好的市场竞争环境。

三、宏观调控的目标

宏观调控目标是指政府在宏观经济调控方面所要达到的预定目的，是由若干具体目标形成的一个目标体系。这个目标体系由各类目标组成，主要有一般目标和具体目标。

（一）保持经济稳定增长

经济增长是指一国在一定时期内的经济总量与前期相比所实现的增长。经济总量通常用国内生产总值（GDP）或国民生产总值（GNP）来衡量。我国国民经济的发展必须保持较快的增长速度，这不仅是重大的经济问题，而且是重大的政治问题。当前国际竞争的实质是以经济和科技力量为基础的综合国力的较量。世界上许多国家特别是我们周边的一些国家和地区都在加快经济发展。如果不能保持较快的经济增长速度，就谈不上缩小同发达国家发展水平的差距，也谈不上国家富强和人民群众生活水平的提高，甚至会危及社会主义制度的巩固。

（二）实现经济结构优化

经济结构是国民经济各部门、社会再生产各环节及各地区之间的比例关系，它包括产业结构、产品结构、地区结构、企业组织结构、技术结构以及所有制结构、分配结构等。经济结构是否合理化和高级化，对实现社会总供给和社会总需求的平衡，保证国民经济的持续、快速、健康发展，有重要意义。

（三）实现充分就业

充分就业是世界各国都很重视的一个目标。各国政府为了防止由于失业率过高，进而带来收入分配状况恶化和社会不稳定现象，都将失业率控制在适当界限内。凯恩斯提出了充分就业的理论，并把它作为宏观经济调控的首要目标。

（四）保证物价基本稳定

稳定物价是宏观调控的一个重要目标。物价稳定是指保持物价总水平基本稳定。为了保持物价总水平的基本稳定，必须采取各种措施正确处理积累和消费的比例关系、社会总供求的平衡关系、劳动生产率增长与平均工资增长的比例关系，坚持社会购买力与可供商品的平衡，生产建设与物资供应平衡，财政、信贷、进出口收支平衡，严格控制货币发行量，使货币发行与经济发展的需要相适应，抑制通货膨胀，缓冲通货紧缩。

严重的通货膨胀不仅会使价格扭曲，而且会导致错误的投资和引起混乱的、无规则的收入再分配。当社会决定采取措施去治理通货膨胀的时候，还会付出令人感到痛苦的降低产量和减少就业的巨大代价。

（五）国际收支平衡

国际收支平衡是指一个国家在一定时期内与其他国家经济往来的全部货币收支状况。国际收支有狭义和广义之分。把国际收支定义为对外贸易收支或外汇收支是狭义的国际收支，把国际收支定义为包括无形贸易、资本流动等在内的一切国际收支是广义的国际收支。

国际收支一般通过国际收支平衡表来反映，而经常项目外汇收支是国际收支平衡表的重要组成部分。经常项目由贸易收支、劳务收支和单方转移组成。国际收支是否平衡不仅反映了一国的对外经济关系发展情况，而且反映出该国经济的稳定程度。当国际收支处于严重失衡状态时，必然对其国内经济形成冲击，甚至会给其他国家经济造成一定程度的冲击。

除以上五个方面，社会主义国家的宏观调控目标还包括控制人口、节约资源、保护环境、保持经济总量平衡、公平分配等内容。

四、政府宏观调控的缺点与改革

在市场经济条件下，政府调控经济的作用是十分重要的，但又不是万能的。政府调节经济运行的长处在于宏观经济调控，不在于微观经济具体活动的管理和经营。如果无视政府调节经济运行的长处与短处，片面扩大政府的作用，就会导致所谓的“政府失灵”。

我国在传统的计划经济体制中，把政府领导和管理经济的职能与政府机关直接经营管理企业相等同，习惯于用行政命令办法来直接指挥和管理各种社会经济活动，包括企业的生产经营活动。在没有实行国有资产的所有权与企业经营管理权的分离时，政府对企业管理得太多、太死，使企业成为政府行政机构的附属物，严重束缚了生产力的发展。

为了适应社会主义市场经济发展的需要，必须转变政府的经济职能。要遵循“政企分开、宏观管住、微观放开”的原则，把政府作为国有资产所有者、社会管理者和宏观经济调控者三种职能明确加以区分，并按照经济发展的客观需要，合理行使三种职能。

转变政府职能是与行政机构改革结合在一起的。要按照社会主义市场经济的要求，转变政府职能，实现政企分开，把企业生产经营管理的权力切实交给企业；根据精简、统一、效能的原则进行机构改革，建立办事高效、运转协调、行为规范的行政管理体系，提高服务水平；把综合经济部门改组为宏观调控部门，调整和减少专业经济部门，加强执法监管部门，培育和发展社会中介组织。只有推动政府职能转变，才能有效地实行宏观经济调控。

第二节　宏观调控的手段和政策

一、宏观调控的手段

（一）计划手段

计划手段是指政府通过制订长期、中期和短期经济计划，对国民经济的运行和发展进行宏观调控。计划提出国民经济和社会发展的目标、任务以及需要配套实施的经济政策。

市场经济下的计划主要是指导性计划，突出其宏观性、战略性和政策性。它有以下特点：①调控的对象不再是企业及其日常经营活动，而是市场本身，是市场机制自发调节作用的过程、条件、方向和结果；②在调控形式上，不再以指令性计划为主，而是以宏观经济政策的形式出现，通过对宏观经济变量进行影响来实现的；③在计划调控的作用机制上，不再通过政府的行政隶属系统以行政方式加以贯彻执行，而是由经济政策影响宏观经济变量，影响市场机制，由市场机制调节作用的结果去实现调控目标；④在调控的形态上，不再是各种实物指标，而是具有了总量化和价值化的特点；⑤在调控的范围上，计划经济下的范围是有限的，有效控制的部分往往管得过死，无力控制的部分又往往放任自流，而市场经济下的调控范围是以市场为对象，其调控的约束力和有效性更大。

市场经济条件下，国家运用计划手段对经济进行宏观调控，要制定全局性的经济发展战略和产业政策，然后通过编制和贯彻符合发展战略和产业政策的经济发展计划，保证实现社会总需求和社会总供给的总量平衡，实现产业结构、地区结构以及经济结构的合理化。在总量平衡和结构平衡的基础上，保证国民经济持续、稳定、健康的发展。

（二）经济手段

经济手段是国家运用各种经济杠杆和经济政策，通过调节经济主体的经济利益，引导经济主体的活动，达到宏观调控目标的调节手段。经济杠杆是对社会经济活动进行宏观调控的价值形式和价值工具，包括价格、税收、信贷、利率、汇率、工资等。

在各种经济杠杆中，价格杠杆占有重要地位。20 世纪 90 年代我国农产品价格放开以来，国家为促进粮食、棉花等基本生活资料的生产采取了最低保护（收购）价政策，每年夏收、秋收时节，报纸、电视都反复向农民宣传此项政策。国家用保护价大量收购农民的余粮、棉花，使不法商贩在丰收之年压价收购农民的粮食、棉花的图谋落空，农民种粮、种棉的生产积极性得到了保护。同时，国家还控制化肥、农药等生产资料价格的上涨，以确保农民的再生产顺利进行。

税收的基本职能是对国民收入进行分配和再分配。国家利用税收作为集中财政收入和调节企业及社会各阶层经济利益的手段，调节国家与企业、国家与个人的分配关系。国家还可以通过调整税种和增减税金，调节产品的生产和流通。如国家对福利企业以及改革开放之初的“三资”企业、乡镇企业在税收上给予优惠，而对于必须限制发展的部门（如烟、酒、化妆品等类非生活必需品和已供过于求的部门）适当增税，以限制其发展。

利率是一定时期内利息额与贷出资本额（或存入资金额）的比率。国家可根据经济发展战略和产业政策，通过调节存贷款利率，促进产业结构调整以及积累基金与消费基金比例的合理化。汇率是本国货币与外币的比价，通过调节汇率可以影响进出口贸易和国际收支变化。

工资是按劳分配的具体形式。根据社会经济发展水平和社会劳动生产率的高低，确定合理的工资总水平，能有效地调节国家、企业和个人的分配关系；根据不同地区、部门、行业和个人的不同情况，制定切实体现按劳分配原则的工资分配制度，以调节劳动力资源的配置。

社会主义市场经济条件下存在国家、集体、个人和地区利益等，经济手段就是通过对各方面经济利益的调节，直接影响他们的经济行为，从而达到调控的目的。经济手段最常使用的是财政政策和货币政策，目前我国实施积极的财政政策和适度宽松的货币政策。此外，国家还制定和实施经济发展规划、计划，对经济活动参加者进行引导。

利用经济手段进行宏观经济调控，除要建立合理的价格体系、完善税收制度、健全财政信贷制度、改革工资奖金制度外，还要健全市场机制，从而为经济调控手段发挥作用创造良好的条件和经济环境。

（三）法律手段

法律手段是指国家依靠法权的力量，通过经济立法和经济司法，运用经济法规调控经济活动。通过法律手段，可以有效地保护社会主义公有财产，维护各种经济形式、各个经济组织和社会成员个人的合法权益，调整各种经济组织之间横向和纵向的关系，保证经济运行的正常秩序。

法律手段的特点是：①法规具有国家意志的属性，是社会经济活动的行为准则，具有普遍的约束力；②法律调节手段是通过经济法规的严格执行而实现的，违法就要采取强制措施，具有强制性；③经济法规的制定和修订都要遵守严格的立法程序，不能随意变动，具有相对的稳定性；④经济法规的定性和定量性都很强，有具体明确的解释，具有明确的规范性；⑤经济法规具有较强的事前调节性质。

（四）行政手段

行政手段即国家经济管理机关凭借国家政权力量，通过制定和发布政策、命令、指标、规定等形式直接干预和控制经济活动。

行政手段对宏观经济的调节可分为事前调节和事后调节。事前调节是指通过行政手段为经济活动制定一个大的框架；事后调节是指在经济运行出现紊乱之后，通过行政干预和行政奖惩等行政调节手段纠正经济运行的偏差。行政手段的调节还可以分为具体调节和总体调节。具体调节是指行政系统、行政层次、行政区划中的某一主管机构对所属单位进行的调节活动；总体调节是指国家通过政策和规定对国民经济的总体活动进行调节，这种调节作用可直接作用于调节对象，较少经过中间层次。比较而言，事前调节比事后调节能减少不必要的损失，总体调节比具体调节能减少中间层次，更具有直接性。

行政手段的特点是：①通过国家政权力量而实现调节意图，具有极严格的强制性；②通过调节对象的直接作用而达到调节目标，具有直接性；③作用过程较短，具有快速性。但它也有一些缺点，如“一刀切”，收缩过快，易引起震荡等。

以上宏观调控手段各有特点和适用范围，且相互联系、相互补充。

二、宏观调控的政策

（一）宏观经济政策的规定性

宏观经济政策是社会主义国家进行宏观调控的基本手段。宏观经济政策的内在规定性涉及宏观经济政策的地位、基本特征和体系构成等方面。

宏观经济政策是国家根据经济发展目标而制定的指导、影响经济活动的原则和措施，它包括财政政策、货币政策、收入政策、产业政策等。宏观经济政策是随着现代市场经济的发展，作为国家干预调控市场经济活动的基本方式而逐步建立起来的。市场经济条件下的国家宏观调控，主要是以制定和实施各项宏观经济政策的方式来进行，社会经济计划及其包含的社会经济发展战略目标，只有通过分解为各项具体的宏观经济政策，并通过采取各种调节手段去贯彻实施才能最终实现。

宏观经济政策的基本特征包括以下几个方面。

（1）内容的自觉性。因为宏观经济政策是由国家制定的，其内容直接地反映着社会经济发展的目标和方向。内容的自觉性也就是国家自觉通过制定和实施宏观经济政策，实现对市场机制作用过程和方向的调节，使社会经济发展目标和方向得以实现。

（2）运转和作用机制的市场性。宏观经济政策本身就是现代市场经济的产物，是现代市场经济的内在要求。宏观经济政策调控的直接对象虽然是宏观经济变量，但是，由于宏观经济变量与市场运行变量和微观经济变量之间存在着相互联系、相互传导的关系。因而，当宏观经济变量发生变化时，市场运行变量和微观经济变量也会发生相应的变化，并最终实施对企业生产和经营活动的调节。离开市场机制的作用，宏观经济政策就不可能实现其调节功能。

（3）实施方式的行政法律性。宏观经济政策是国家制定的，而国家是行政机构最权威的代表，因而由它制定的的宏观经济政策具有行政化特点；而且，宏观经济政策一般采取行政指令，或法律规定的形式，因此其实施方式也就具有强制性。

（4）调控范围的普遍性和有效性。从普遍性方面看，宏观经济政策作用的对象是各种宏观经济变量，而受宏观经济政策作用的宏观经济变量对国民经济运行的作用和影响的范围要比国家直接干预企业经营活动的调节手段广泛得多。从有效性方面看，在国家主要采取宏观经济政策调节国民经济运行的情况下，国家虽不直接与企业发生关系，但是，受宏观经济政策作用的宏观经济变量都会对市场机制的运转产生强有力的引导作用。

（二）宏观调控政策体系

宏观调控政策体系由相应的经济政策构成。

1．财政政策

财政政策是指国家根据一定时期经济和社会发展目标、任务，运用相应的经济政策，以市场规律为基础而采取的调控宏观经济运行的具体经济措施。财政政策是由财政收入、财政支出、预算平衡和国家债务等方面的政策所构成的财政政策体系，其中最重要的是财政收入政策和财政支出政策。

财政政策的主要任务是调节社会总供给和社会总需求，根据财政政策在经济运行中调节总供给和总需求的不同功能和作用方向的不同，可将其划分为扩张性财政政策、紧缩性财政政策和平衡性财政政策。

紧缩性财政政策是指通过增加税收来扩大财政收入，或压缩政府支出办法来调节政府的收支，达到抑制社会总需求，使社会总供给和总需求平衡；扩张性财政政策是指通过减税来减少财政收入，或通过扩大政府支出来扩大社会总需求，从而使社会总供给和总需求平衡。平衡性财政政策是根据财政收入的多少来安排财政支出，计划要求不要有大量的结余，也不要有大量的赤字，通过保持财政收支基本平衡，来实现社会总供给和需求的平衡。

财政政策要实现调节社会总供给的目标，也必须借助各种财政政策手段才能实现。这些财政手段主要有以下几种。

（1）国家预算，是指经法定程序审查批准的国家对集中性资金进行统筹分配的年度财政收支计划。

（2）国家税收，是指国家为了实现其职能，凭借政治权利按照法律规定的标准，对社会产品所进行强制、无偿地分配，其特点是强制性、固定性、无偿性和广泛性。

（3）国家信用，是指国家按照有借有还的信用原则筹集和供应财政资金的一种分配形式，其主要形式是国家公债。国家公债一般具有有偿性、强制性。国家发行国债，通过发行和偿还的数量、发行对象和国债利率的调整，达到对社会供给和需求的总量和结构进行调节的目的。

（4）财政补贴，是指国家为某种特定需要而将一部分财政收入直接转移给特定的经济主体的一种分配方式。它包括价格、投资、利息、职工生活补贴等形式，其中价格补贴是最主要的形式。

2．货币政策

货币政策是指中央银行代表政府为实现宏观经济调控目标而制定的各种管理和调控货币供应总量和货币流通的措施的总称。我国货币政策的目标是稳定货币与发展经济。稳定货币是指把货币供应量控制在流通中对货币和国内需要所能容许的范围，以保持物价总水平的基本稳定。

货币政策的核心是通过变动货币供应量，调节社会总供给与总需求。根据货币政策在调节社会总供给中的不同功能，可以把货币政策分为均衡性货币政策、扩张性货币政策和紧缩性货币政策三种类型。均衡性货币政策是保持货币供给量与货币需求量的大体平衡，以实现社会总供给和总需求的基本平衡；扩张性货币政策是指货币供应量超过流通中对货币的客观需要量，其主要功能是刺激社会总需求的增长；紧缩型货币政策是指货币供应量小于流通中对货币的客观需要量，其主要功能是抑制社会总需求。

货币政策要实现调节社会总供给的目标，必须借助各种具体货币手段才能完成。这些手段主要有法定存款准备金、再贴现率和公开市场业务。

（1）法定存款准备金，是指中央银行规定商业银行和金融机构按一定比例将所吸收存款的一部分交存中央银行。所交存的准备金与存款额的比例就是法定存款准备金率。中央银行在法定的授权范围内可以提高或降低准备金率。降低准备金率，可以提高专业银行的借款能力，扩大货币供应量；提高准备金率，可以降低专业银行的贷款能力，紧缩货币供给量。准备金率的微小变动，都会带来派生存款数量和货币供应量明显变化，因此，存款准备金率手段是一个较强的调节手段，不宜频繁使用。

（2）再贴现率，是商业银行持有未到期票据向中央银行再贴现时所支付的利息率。实际上，就是中央银行向商业银行的再贷款利息率。再贴现率的功能调节主要有两个方面：①通过提高和降低再贴现率调节专业银行向中央银行贷款数量，从而起到调节货币供应量的作用；②再贴现率的变动是中央银行货币政策松紧程度和运动方向信号，能起到指导各专业银行的存款行为作用。

（3）公开市场业务，是中央银行金融市场上购买或出售政府债券，以调节货币供给量，调节社会总需求与总供给的活动。当社会总需求大于社会总供给时，中央银行卖出政府债券、回收货币则引起利息率上升从而减少贷款需求，减少市场货币流通量，压缩社会总需求；反之，当社会总需求小于社会总供给时，中央银行购买债券，则引起利率降低贷款增加，从而增加货币量，扩大社会总需求。

3. 产业政策

产业政策是国家根据国民经济和社会发展的内在要求所制定的用来指导产业组织和产业结构调整的所有政策措施的总和。产业政策包括产业组织政策、产业结构政策、产业技术政策和产业布局政策。

产业组织政策主要是对不同产业及各产业内部的组织状况进行调节，从而使国民经济中的供给总量发生重大影响。产业结构政策则是按照产业结构的发展规则调整各产业部门之间及产业部门内部的比例关系，从而对国民经济中供给总量的结构发生重大影响。通过产业结构政策对产业结构进行调整时，又将对不同产业分别实施产业支持政策和产业抑制政策。产业技术政策主要用来规划和指导产业开发，引进、消化先进技术，推动产业技术改造和技术进步。产业布局政策则主要用来规划和指导产业在各地区间的合理布局。

4. 收入政策

收入分配政策总体上要坚持以按劳分配为主体、多种收入分配方式并存的收入分配制度。

根据我国的国情，我国的收入政策主要包括：①制定并实施工资增长的指导方针，使职工工资总额的增长速度不超过国民收入的增长速度，职工平均工资增长速度不超过劳动生产率的增长速度，避免工资的过快增长或增长不足；同时，企业内部还要完善收入分配制度，使职工工资总额的增长同经济效益挂起钩来；②调节不同地区、不同企业和不社会成员之间过大的收入差距，通过征收累进所得税调节过高的收入，通过财政拨款和优惠贷款来扶持贫困地区和社会成员；③建立社会收入保障制度，包括规定最低收入标准、制定社会劳动保险和救济制度。

在上述宏观经济政策中，货币政策和财政政策是国家调控宏观经济运行两大主要经济政策。十七大报告在阐明完善宏观调控体系的具体任务时强调，要“综合运用财政、货币政策，提高宏观调控水平”。在市场经济条件下，货币政策和财政政策的调控都集中于社会经济中的货币资金的流转与运行。

此外，宏观经济政策还包括投资政策、消费政策、对外经济政策等，它们各有特点。国家在进行宏观调控过程中，要从国民经济运行的实际出发，综合运用并有选择性地采取各项调控政策，从而达到较好的调控效果。

三、健全和完善宏观调控体系

实行有效的宏观调控，还必须有健全而完善的宏观调控体系作保证。

（一）建立健全科学的经济决策

对宏观调控的长期目标和短期目标，国民经济和社会发展的战略、规划、计划、重大的政策措施按照市场经济的客观规律，广泛征求社会各方面的意见，建立社情民意反映制度、重大事项社会公示制度和社会听证制度，完善专家咨询制度，认真进行可行性研究和科学论证，择优选用，并按照国家规定的审批权限和审批程序予以确定，加强经济决策和经济管理的责任制，防止决策的随意性。为提高宏观经济决策的科学性和准确性，还必须建立宏观经济信息系统，为宏观经济预测、决策、调控提供及时、准确、完整的经济信息，并为企业微观决策提供信息服务。

（二）建立分级管理与分级调控的两级宏观调控体系

要坚持集中与分散、统一与分权相结合的原则，实行中央与地方分级管理与分级调控。要在保持全国经济的统一性和灵活性，发挥中央和地方两个积极性的前提下，对两级政府的事权、财权和经济调控权进行必要的调整和合理、明确的划分。中央政府主要集中精力抓好全局性的、中长期的宏观经济政策和经济战略，省级政府集中精力管好地方经济。凡是属于中央政府的权限，地方政府不得越权行使；凡归地方政府的权限，中央政府也不得随意变更或上收。要在保证全国政令统一和中央政府宏观调控能力的前提下，充分调动和发挥省、直辖市、自治区政府的作用。只有这样，才能提高宏观经济调控的效果。

（三）完善宏观调控政策手段体系，发挥经济杠杆的调节作用

深化财政、税收、金融和投融资体制的改革，逐步建立以市场调节为基础，综合运用计划、财政、金融等手段，发挥价格、税收、利率、汇率等杠杆的作用。在财政体制改革方面，完善预算决策和管理制度，加强对财政收支的监督，强化税收征管。在投融资体制改革方面，要调整投资和消费的关系，逐步提高消费在国内生产总值中的比重。在金融体制改革方面，要稳步推进利率市场化改革，优化金融资源配置，逐步建立现代银行制度，完善货币政策传导机制，大力支持银行发展中间业务，扩大金融对外开放，加强银监会、证监会、保监会三大监管部门的合作，强化金融监管，完善金融监管体系，防范和化解金融风险，使金融更好地为经济社会发展服务。

（四）建立与完善法律法规体系

建立与完善法律法规体系，把政府的宏观调控纳入法制化轨道，是实现政府宏观调控有效性的根本保证，明确法律手段在宏观调控在的地位，树立依法进行宏观调控的观念。要加强法制建设，加强立法工作，提高立法质量。要加强对执法活动的监督，推进司法改革，维护司法公正，提高执法水平，确保法律的严格实施。要加强法制宣传教育，提高全民法律素质，尤其要增强领导干部的法制观念和依法办事能力。

第三节　社会主义市场经济的保障体系

一、建立健全社会保障制度的必要性

(一) 我国社会保障制度的演变

社会保障制度，是指国家、社会对其全体成员，特别是对暂时或永久丧失劳动能力、失去工作机会或遭受灾祸的社会成员，在经济和社会生活等方面提供帮助、照顾、保护和保证，以调整社会关系和社会运行状况，促进社会公平和稳定的社会制度，是国家和社会对所有公民履行的确保其最低限度经济生活的国家责任的一种制度。

我国的社会保障制度，是在总结建国前革命根据地供给制经验的基础上，参照苏联模式，适应计划经济体制的要求建立起来的，至今经历了以下几个阶段。

1. 社会保障的创建阶段（1949—1966）

这一时期，建立了城镇最低生活标准，实行社会救助制度，社会救助对象主要是城镇失业人员、灾民、贫困农村地区和农村“五保户”；1951 年 2 月国务院颁布了《中华人民共和国劳动保险条例》，标志着新中国社会保险的开始，此后又颁布了一系列政策法规、建立了对全民所有劳动者的“劳动保险”，包括生育、疾病、工伤、养老、死亡、残疾等险种；社会福利有国家福利、地方福利、集体福利等形式。当时全国总工会是全国劳动保险事业的最高领导机构，劳动部是全国劳动保险工作的最高监督机关。劳动保险金一部分由企业直接支付，一部分由全国总工会统筹。社会保障制度对恢复和发展国民经济，保证人民的基本生活起到了很大的作用。

2. 社会保障的停滞阶段（1966—1976）

在十年动乱中，社会保险工作遭受到严重的挫折和破坏，管理机构被撤销，工会组织被迫停止活动，退休费用社会统筹被取消，社会保险变成了企业保险。很多社会福利事业停办，整个中国的社会保障处于停滞阶段。

3. 社会保障的改革阶段（1976—1986）

党的十一届三中全会以后，党和政府开始把社会保障制度的改革作为经济体制改革，特别是城市经济体制改革的一项重要内容进行研究和推进。

1984 年部分地区开始探索养老制度改革，在国有企业和大部分城镇集体企业中推行了养老金社会统筹。1986 年国务院颁布了《国有企业职工待业保险暂行规定》，1993 年又颁布了《国有企业职工待业保险规定》和《国有企业富余职工安置规定》，完善了失业保险制度。

党的十四大报告明确地把深化社会保障制度改革作为经济体制改革的重要环节。党的十四届三中全会通过的《关于建立社会主义市场经济体制若干问题的决定》，进一步明确了建立新型的社会保障体系的目标、原则和基本思路。党的十五大报告指出要“建立社会保障体系；实行社会统筹和个人账户相结合的养老、医疗保险制度，完善失业保险和社会救济制度，提供最基本的社会保障。”十六大报告指出：“建立健全同经济发展水平相适应的社会保障体

系，是社会稳定和国家长治久安的重要保证。坚持社会统筹和个人账户相结合，完善城镇职工基本养老保险制度和基本医疗保险制度。健全失业保险制度和城市居民最低生活保障制度。多渠道筹集和积累社会保障基金。”党的十七大报告提出：加快推进以改善民生为重点的社会建设的六大任务之一是加快建立覆盖城乡居民的社会保障体系，保障人民基本生活。要以社会保险、社会救助、社会福利为基础，以基本养老、基本医疗、最低生活保障制度为重点，以慈善事业、商业保险为补充，加快完善社会保障体系。促进企业、机关、事业单位基本养老保险制度改革，探索建立农村养老保险制度。完善城乡居民最低生活保障制度，逐步提高保障水平。社会保障制度改革的步伐明显加快。

（二）建立和完善社会保障制度的必要性

我国原有的社会保障制度是与高度集中的计划经济模式相适应的，已经不适应发展社会主义市场经济体制的需要，必须加快社会保障制度改革的力度和进程，尽快建立健全与社会主义市场经济体制相适应的社会保障制度。

（1）适应公有制为主体的多种所有制结构的需要。

我国原有社会保险制度只在国有企业和国家机关、事业单位的职工中实行，区县以上的集体企业可参照国有企业执行，其他企业的职工被置于社会保险之外。为了适应多种所有制结构的需要，必须扩大社会保障的覆盖面，建立各种经济组织中社会成员都能平等享受的社会保障制度。

（2）完善市场经济体制，发展市场经济的客观需要。

市场体制完善的一个基本前提是有一个统一开放的市场体系。劳动力市场是市场体系中不可缺少的有机组成部分，劳动力市场的形成和完善及其正常运行的基本条件是实现劳动力的社会化管理，即劳动力可以按照社会进步、生产力发展的客观需要自由流动；劳动者与用人单位双方除因劳动力使用及补偿依法建立劳动关系外，不存在任何依附关系，这就需要实行养老、医疗、失业等的保险社会化。

（3）建立现代企业制度的需要。

建立多层次的社会保障体系，社会保险实行社会管理和单位管理相结合，以社会管理为主的管理方式，可以通过社会保险基金的调剂使用，均衡企业负担，为企业提供平等竞争的宏观环境；为《中华人民共和国企业法》、《中华人民共和国企业破产法》的实施创造条件。

（4）发展农村商品经济，维护农民利益的需要。

原有的以农村人民公社为依托的集体保障制度已经趋于瓦解，新型的农村集体经济的发展迫切要求构建适合农村现状的社会保障制度，维护农民的利益，才能促进农村经济的发展。

（三）我国社会保障制度改革的目标及内容

我国社会保障制度改革的方向，应从我国国情出发，与社会生产力水平和各方面承受能力相适应，兼顾国家、集体、个人三者利益，兼顾长远利益和目前利益，既保证社会成员的基本生活需要，又要有利于树立社会成员的参与意识，减轻国家负担。改革的目标是逐步建立起与社会主义市场经济要求相适应的多层次的社会保障体系；实行社会统筹和个人账户相结合的养老、医疗保险制度，完善失业保险和社会救济制度，提供最基本的社会保障；推动社会保障事业逐步走向法制化、统一化、社会化、基金化。

1. 社会保障的法制化

社会保障事业应建立在法制化和制度化的基础上，以国家立法为手段，依法强制实施各项社会保障制度。通过法律，规范国家、企业和劳动者个人及各社会主体之间的权利与义务，各项社会保险费缴纳比例和社会保险金给付标准的确定与调整，各项社会保障基金的筹集、管理与投资营运的原则和办法，社会保险管理费用的提取比例、使用范围与开支办法等。

2. 社会保障的统一化

社会保障的统一化主要指社会保障政策要统一，社会保障的基本政策不能政出多门，必须统一决策。应由人力资源和社会保障部统一指导协调全国的社会保障事业。统一筹措社会保险基金、统一规定社会保险资金投向、统一规定投保费率、统一规定各种社会保险金给付标准和期限、统一规定奖惩办法。

3. 社会保障的社会化

社会保障的显著特点是社会化，其主要表现在保障资金的来源社会化、保障对象社会化。实行保障资金社会统筹办法，改变过去单一保险金来源的局面，建立国家基本保险、企业和个人补充保险等三个层次，使形成的资金筹集结构体现为个人、企业、国家三方合理负担的多元筹资结构。此外，还应推行多层次、多渠道筹资办法，如社会保险和商业保险等，拓宽多元化、社会化的保障资金来源。在保障对象上，改变过去主要限于全民所有制企业职工的单一性局面，对全体社会成员包括各种不同经济成分、各种不同身份的劳动者和公民养老、医疗、失业等各项社会保险及基础教育、基本生活等方面，实行统一的社会化管理和社会化服务。

4. 社会保障的基金化

首先，基金建立应采取多渠道筹措方式，如国家财政拨付、劳动者个人缴纳、企业担保组成。其次，应形成一个完善的基金保值增值的营运机制。社会保障制度的成败与否，很大程度上取决于基金能否长期保值、增值。因此，政府在社会保障基金的投资政策、投资方向、投资渠道、投资方式等方面，应有相应的宏观调控手段和导向措施、确保基金的保值、增值。

二、社会保障体系的内容和作用

（一）社会保障体系的内容

现代社会保障一般包括社会救助、社会保险、社会福利、社会优抚等四项重要内容。

1. 社会救助

社会救助又叫社会救济，是国家和社会对无劳动能力和生活来源的人给予短期或长期的物质帮助的制度。救济的对象主要是孤老、孤儿、无赡养人又无劳动能力的残疾人、虽有收入来源但生活水平低于或仅相当于国家法定最低标准的公民和家庭和因某些原因（如突发性自然灾害）造成生活困难的人等。

2. 社会保险

社会保险是国家通过立法用强制手段对国民收入进行分配和再分配，建立专门基金，对劳动者暂时或永久失去劳动能力和机会时的基本生活在物质上予以帮助的形式和制度，包括养老保险、失业保险、医疗保险、生育保险、工伤保险、死亡保险等。保险的对象是正在劳动或不能劳动的劳动者，其资金来源于劳动者创造的价值的扣除或储存。劳动者享受保险的权利以对社会尽义务为前提。

3．社会福利

社会福利是指国家或社会为帮助社会成员改善生活条件，提高自身素质，以适应经济和社会发展需要而实行的制度、采取的措施和举办的事业的统称。广义的福利包括国家和社会举办的文化、教育事业、城镇居民和职工的住房、医疗，城市和农村社区或企业事业单位举办的各类公益事业。狭义的社会福利仅指由国家出资兴办的、以低费或免费形式向一部分需要特殊照顾的社会成员提供物质帮助或服务的一种社会保障制度，主要包括国家、企业或集体兴办的养老院、幼儿园、福利企业等。

4．社会优抚

社会优抚是政府依法对那些为维护公共利益作出牺牲和特殊贡献者通过优待、抚恤和安置，确保他们的生活水平不低于当地民众的平均水平并带有褒扬性质的特殊社会保险制度。

（二）社会保障体系的功能和作用

社会保障制度一经产生，就对经济发展、社会进步起着十分重要的作用。

1．经济发展和社会稳定的“安全阀”和“减震器”

通过建立完善的养老、失业、医疗社会保险、社会救济、社会福利、优抚安置和社会互助、个人储蓄积累保障等方面的社会保障制度，确保劳动者在失业及老、弱、病、残等丧失劳动能力的情况下，获得最基本的生活保障和物质帮助，使劳动者解除生老病死及失业等后顾之忧，消除社会不安定因素，形成社会稳定机制，起到“安全网”和“减震器”的作用，保证市场经济的正常发展和社会稳定。

2．有效保护劳动力的生产和再生产，提高劳动者的素质

劳动力是重要的生产要素，而社会保障制度的形成，不仅能使劳动者在失业时可继续生活，而且在工伤和生病时能及时得到治疗从而恢复健康，遇到生育时能得到生活资料，父母不幸遇到意外事故死亡时，其未成年子女能得到抚恤而继续成长。这些都在一定程度上解除了劳动者的后顾之忧，使他们安心做好本职工作，学习科学文化知识，钻研技术，培养后代，使劳动力再生产能够顺利进行。同时，社会福利制度又为劳动者及其子女接受教育和职业培训提供了必要的物质条件，有利于不断提高劳动者的科学技术和文化素质，促进社会全体成员整体素质的提高。

3．经济发展资金的来源

社会保障资金来源于保险费、财政补贴和资金运用增殖的收入，具有较高的稳定性。这些资金主要投向国家基础设施和重点项目，不仅支持了国家建设，而且增殖了保障资金，现已成为各国对本国经济进行调控的重要手段。

4．有利于调节社会经济关系

社会保障所需费用，由劳动者、企业和政府三方共同承担。政府承担的那部分保险费是通过税收征集来的，企业和个人也要承担部分保险费，因此，社会保险制度实际上能使社会财富得到再次分配。一方面社会保障基金的社会化，使国家、企业、个人三者的物质利益相互结合起来，既为社会保障资金运用的高效率、低成本及其保值、增值提供内在的动力机制，又实现了权利与义务相统一。另一方面，社会保障基金在给付时带有互助、互济的性质，因此，可以在一定程度上调节不同类型、不同地区、不同代际成员之间的经济关系，缩小贫富差别，兼顾公平与效率。

5. 有利于深化企业改革，建立现代企业制度

市场经济中竞争机制的充分展开，会造成企业优胜劣汰，有的企业由于自身经营管理不善等原因面临着被兼并或破产的境况。社会保障制度的建立健全有利于以市场为导向转换企业经营机制；有利于产品结构、产业结构的调整和合理化；有利于妥善安置富余人员并实现全社会范围内的合理流动，促使企业劳动增量和存量的合理调整以及生产要素的优化配置。

课外阅读

1997年亚洲金融危机爆发波及中国，使中国出口增长减缓，出口增幅下降，实际利用外资下滑，引发国内投资下降和消费需求减少，进而形成对整个经济的冲击。在国内外双重紧缩性因素使经济增长形势十分严峻的情况下，为避免经济增长陷入收缩期，政府采取了一系列反衰退的经济措施。

1998年增发1000亿元长期国债并配套1000亿元银行贷款用以加强基础建设，主要用于农林水利、交通通信、城市基础设施、城乡电网、国家直属储备粮库建设等，同时，调整税收政策，分批提高了一些大宗出口产品的退税率以刺激出口扩大，并对国家鼓励发展的外资项目及国内投资项目的先进设备进口，减免关税和进口环节增值税，以吸引外资和引进先进技术设备。

1999年由于经济形势继续严峻，国家分两次增发国债共1100亿元用于各项固定资产投资，另发行期限为30年的2700亿元特别国债充实国有商业银行资本金以防范金融风险。同时，调整部分税种税率，进一步提高出口退税率以鼓励出口，通过降低固定资产投资方向调节税和国产设备投资部分抵免（40%）企业所得税以鼓励固定资产投资。通过征收个人存款所得税调节个人收入差距和鼓励消费，增加预算单位职工工资、提高下岗职工等低收入人员的最低生活保障水平和企业离退休人员待遇等增加支出540多亿元，一定程度上刺激了消费。

2000年共安排了1500亿元长期建设国债主要用于基础设施建设、国有企业技术改造、西部大开发、生态环境建设及科教事业发展，停征固定资产投资方向调节税，继续推进税费改革，对负债过重而产品尚有前景的部分大中型国有企业的银行债权转为股权，降低其资产负债率，进一步加快社会保障体系建设步伐。

2001年继续增发1000亿元建设国债和500亿元支持西部开发的特种国债，通过提高预算部门职工工资和离退休人员养老金，进一步完善收入分配政策。

2002年发行国债1500亿元，重点在于调整国债资金支出方向和结构，降低关税、证券交易印花税和金融保险营业税率等，提高社会保障程度，继续支持农村税费改革，减轻农民负担，加大科教投入。

2003 年，经济自主增长机制已经得到增强，政府投资以外的各主体投资占到投资总额的 80%，居民消费价格首次由负转正，通缩阴影逐渐散去，外需拉动强劲，全年国债安排使用 1400 亿元，同时，继续调整国债支出结构，加大公共支出。

进入 2004 年，全年安排 1100 亿元（后调减为 900 亿元），同时，减少生产性固定资产投资支出和加大公共社会保障方面的支出。虽然国家财政收入比上年大幅上升，但国家把预算中已经确定的建设性支出往后推，以将全国基本建设支出控制在预算管理范围之内，1 ~ 10 月份全国基本建设支出同比有较大的减少。1998～2004 年，七年间共发行长期建设国债约 9000 亿元，同期银行发放国债项目配套贷款 2 万多亿，直接拉动投资约 4 万亿元。

以上各项政策的实施，在短短的几年内即收到了明显的成效。

首先，拉动了经济平稳发展。1998 ~ 2003 年，年均全社会固定资产投资增长速度达到 14.2%，对于在外部市场低迷形势下保持适度的经济增长起到了极为关键的作用。据测算，国债建设资金年均拉动经济增长为 1.5 ~ 2 个百分点。通过调整抑制消费需求的税收政策、增加转移支付力度、财政贴息和消费信贷相结合、改善消费环境和消费预期等使居民消费从 2000 年起开始升温，消费品零售总额从 1998 年的 29152.5 亿元增加 2004 年的 50000 亿元以上，在遏制了持续的通货紧缩势头后同时刺激了投资需求的增长。

其次，加快了基础设施的完善步伐。七年间总共通过 9000 多亿元国债资金安排了 1000 多个基础设施建设项目。

再次，促进了经济结构优化升级。通过安排上百亿元国债投资用于调整农产品结构和农业基础工程，改善了农作物种子、水产畜禽良种育种工作，提高了农产品附加值和出口能力。

第四，增加了就业，改善了人民生活。国债资金支持的一大批新项目及其配套项目的建设，平均每年增加就业岗位 120 万 ~ 160 万个，七年共增加就业岗位 700 万 ~ 1000 万个，对拉动相关产业发展起到很好的刺激作用。同时，国家利用国债投资 300 多亿元进行了大批生态建设项目，改善了生态环境。

第五，促进了区域经济均衡发展。通过对中西部地区进行倾斜性财政资金安排，进行了诸如西电东送、青藏铁路、退耕还林还草工程、六小工程等基础设施建设和生态建设，改善了这些地区的投资经营环境，加快了中西部的发展步伐，使东西部经济社会发展不平衡格局得到一定的改善。

资料来源：《中国金融》，第 1 期，2005。

问题：请说明以上措施中政府都使用了哪些宏观调控的手段和政策？采取以上手段和政策的依据是什么？

复习思考题

一、单项选择题

1. 近年来，在开发房地产的热潮中，一些公司为追求高额利润，热衷于投资兴建高档、

豪华的住宅、饭店等，结果占用了大量资金，市场却冷冷清清。这一事例说明了（　　）

A. 两极分化是市场经济的必然现象　　B. 国家宏观调控十分重要

C. 市场竞争使资源配置优化　　D. 没有计划经济，也就没有市场经济

2. 国家计委（现改称国家发改委）发出通知，要求各地物价部门要积极发挥价格杠杆的作用，调整农产品的价格，做到优质优价，以期调整农业生产结构；调整电力、药品、房地产、交通、邮电等方面的价格，以期扩大内需，促进国民经济的持续稳定发展。这说明（　　）

A. 国家运用行政手段对经济进行宏观调控

B. 国家运用法律手段对经济进行宏观调控

C. 国家宏观调控的最主要目标和任务是为了促进经济增长

D. 国家宏观调控是市场经济的基础调节方式

3. 我国宏观调控的基本目标是（　　）

A. 保持经济总量的基本平衡和促进经济结构的优化

B. 保持财政收支平衡和财政收支结构的优化

C. 保持人口增长与生产增长的平衡

D. 保持消费品供给与需求总量及结构的平衡

4. 社会主义宏观调控的目标是由（　　）

A. 调控手段决定的　　B. 调控方式决定的

C. 调控任务决定的　　D. 调控政策决定的

5. 在宏观调控体系中，占主导地位的是（　　）

A. 宏观调控手段　　B. 宏观调控机制

C. 宏观调控目标　　D. 宏观调控方式

二、多项选择题

1. 宏观调控的基本目标是（　　）

A. 促进经济增长　　B. 增加就业

C. 稳定物价　　D. 保持国际收支平衡

E. 抑制通货膨胀

2. 在全国政协九届常委会第 10 次会议上，政协委员们认为，国家应通过立法规定：黄河水资源属国家所有，必须由政府对水资源进行管理，国务院可以授权有关部门对黄河流域实行统一与分级相结合的水政管理制度。同时，引进市场机制，制定统一的水费标准。用“看不见的手”及“看得见的手”共同管理水的使用。可见，对黄河水资源的配置（　　）

A. 应以政府为主要手段

B. 国家应实行宏观调控

C. 应将市场调节和宏观调控相结合

D. 应综合运用经济、法律、和行政三种手段进行宏观调控

3. 政府宏观调控手段中的经济政策主要包括（　　）

A. 货币政策　　B. 产业政策

C. 财政政策　　D. 收入政策

E. 计划政策

4. 在社会主义市场经济条件下，政府实现宏观调控目标的调控手段主要有（　　）

A. 经济计划　　B. 经济手段

C. 法律手段　　D. 行政手段

E. 计划指导

5. 货币政策调节宏观经济活动的手段主要包括（　　）

A. 公开市场业务　　B. 利率

C. 再贴现率　　D. 法定准备金率

E. 国家预算

三、判断题

1. 宏观经济调控最重要的目标是增加就业。

2. 对宏观经济进行管理是计划经济的要求。

3. 社会主义国家宏观调控的总目标是要保持社会总供给与社会总需求的大体平衡。

4. 中央银行的公开市场业务，就是中央银行可以在金融市场上买卖商业票据、大额可转让定期存单、股票、债券、外汇等。

四、简答题

1. 试述社会主义宏观调控的内容和目标。

2. 试述社会主义宏观调控的手段和政策。

3. 社会主义国家经济职能的基本内容是什么？

4. 我国改革和完善社会保障制度的必要性表现在哪些方面？

5. 简述社会主义市场经济条件下，国家进行宏观经济调控的必要性。

第九章 经济全球化与国际经济关系

教学目标

通过学习，使学生了解经济全球化发展的动因和对资本主义经济发展的重要影响，明确经济全球化条件下资本主义经济关系发生的新变化，科学分析经济全球化对中国经济发展带来的机遇和挑战，正确认识社会主义发展的历史进程。

重点与难点

经济全球化的主要内容及特点；经济全球化对世界经济的影响；国际经济新秩序；发达资本主义国家与发展中国家的经济关系

经济全球化越来越成为国际社会经济合作和国际经济增长的重要动力。无论是美国、日本、英国等老牌贸易大国，还是荷兰、澳大利亚、德国等后发贸易强国，抑或是韩国、新加坡、墨西哥等新兴工业化国家，无不把对外贸易提高到经济发展之本的重要地位，有的国家的国策干脆是贸易立国。例如，美国的综合国力能保持长盛不衰，就与其对外贸易占 GDP(国内生产总值)的比重由 20 世纪 70 年代的 3.5%上升到 20 世纪 90 年代末的 15%有关，增长了 4 倍多。显然，经济全球化之功是国际社会有目共睹的，没有谁去全盘否定经济全球化对于贸易和经济增长的贡献。

然而，任何事物都有正反两个方面，经济全球化当然也不例外。对于经济全球化之“过”的集中控诉，不但发生在曼谷举行的第十届联合国贸发会议上，早些时候的第三届世贸组织部长级会议（西雅图会议）以及世界经济论坛达沃斯年会，都受到了大批抗议者的反对，甚至很多议程被迫中断。

（资料来源：杨大楷等，《中级国际投资学》，上海，上海财经大学出版社，2002）

你认为应该怎样正确看待经济全球化？

第一节　经济全球化发展的客观趋势

一、经济全球化发展的客观趋势

从商业资本、借贷资本到产业资本的国际化，表明资本国际化的发展促使国际经济关系逐步向深度和广度拓展，在此基础上，经济出现了全球化的趋势。关于经济全球化的含义，国际货币基金组织定义为：经济全球化是指国际经济发展中，在科技进步、社会分工和国际分工不断深化的情况下，跨国商品与服务贸易及国际资本流动规模和形式的增加以及技术的广泛迅速传播，使世界各国经济的相互依赖性增强而紧密地联系在一起。

经济全球化是市场竞争发展到一定阶段的必然要求，是生产社会化和经济关系国际化发展的客观趋势。经济生活国际化的历史可追溯到18世纪、19世纪，它是产业革命的直接后果。正如马克思、恩格斯所说："资产阶级，由于开拓了世界市场，使一切国家的生产和消费都成为世界性的了。……过去那种地方的和民族的自给自足和闭关自守状态，被各民族的各方面的互相往来和各方面的互相依赖所代替了。物质的生产是如此，精神的生产也是如此。"(《马克思恩格斯选集》，第1卷，第276页，北京，人民出版社，1995)。

19世纪末20世纪初，一般垄断资本主义形成，资本输出成为资本主义国家对外经济关系的重要手段，世界各国间的经济联系加强了，经济全球化上了一个新台阶。第二次世界大战后，虽曾一度在资本主义各国出现的贸易保护主义和限制资本转移政策放慢了经济全球化的步伐，但到了20世纪80年代后，特别是进入90年代以来，经济全球化的进程明显加快了，进入了一个新的发展阶段。其中的原因在于：国际局势相对缓和，使各国都把发展经济作为国家战略的重点，积极参与国际竞争与合作；新科技革命的发展，使生产质量提高，速度加快，交流与合作更广；国际经济组织日益发展和完善并发挥重要作用；各国政府在经济全球化进程中的推动作用逐步加强等。

经济全球化，本质上是资源配置的国际化，其内容主要包括以下几个方面。

（1）生产全球化。在生产力高度发展的基础上，生产的社会化超出一国界限扩展到世界范围，各国的生产紧密相联，互相依存，国际分工深度化，具体表现为产品的全球化，生产要素的全球化，生产部门以至生产过程或生产工艺的全球化。其中企业作为经济增长和生产发展的原动力，在创造就业机会、发展新兴科技，积累物质财富方面发挥着关键作用。如美国波音747客机，共有400多万个零部件，其中占飞机造价1/2的零部件，是承包给美国和其他6个国家的16000多家公司制造的。不仅同种产品的不同零部件由许多国家共同生产，而且还出现了同种零部件的不同加工工序分别在不同国家进行的情况。

（2）贸易全球化。新技术革命释放出来的巨大生产能力使国内市场相对狭小，开辟广阔的世界市场势不可挡，而世界市场的形成又使各国市场逐渐融为一体，极大地促进了全球贸易的发展。国际贸易范围不断扩大，世界市场容量越来越大，各国对世界市场的依赖程度也日益增大。随着国际分工日益向部门内专业化发展，国际贸易结构也从过去制成品与原料、食品交换为主，转向不同制成品同半成品之间的交换。从20世纪50年代中期开始，工业制成品的比重上升，超过初级产品。20 世纪 80 年代，高技术产品和劳务贸易迅速增长，成为国际贸易中的重要构成部分，世界技术贸易年均增长率达到 12%，而发达国家之间的技术贸易则在国际技术贸易中居于主导地位，约占国际技术贸易总额的 80%。20 世纪 90 年代以来，服务贸易在世界贸易中的地位日益重要。1948～1998 年，世界商品贸易额年均增长 6%，远高于同期世界生产总值的平均增长；1998 年世界商品贸易额达 5.8 万亿美元，其中服务贸易额占 1.3 万亿美元。

（3）金融全球化。随着国际资本大量、迅速地流动，各国相互开放金融领域，多数国家的金融机构和金融业务跨国发展，导致各国的金融命脉紧密地与国际市场联系在一起。迅速扩展的跨国银行，遍布全球的电脑网络，使全世界巨额资本和庞大的金融衍生品通过国际金融中心在全球范围内流动。据统计，国际融资总额 1992 年仅为 2149 亿美元，1997 年就增至 8.8 万亿美元。全球十大外汇交易市场日均外汇交易额近 1.5 万亿美元。随着互联网络的延伸，全球外汇市场每天 24 小时都可以进行交易。1995 年 7 月 26 日达成的全球金融服务贸易协议，进一步拓宽了金融业和保险业的市场准入条件，使得全球 90%的金融业市场获得开放，金融市场的全球化进程大大加快。

（4）投资全球化。国际投资中资本流动规模持续增长，1995 年发达国家对外投资总额达到了 2.66 万亿美元，为 1945 年的 130 多倍。发达国家之间接受的直接投资累计额在世界全部累计总额中的比重，1938 年为 34.3%，1960 年为 67.3%，1973 年达到 72.9%，1983 年以后，已超过 75%。西欧、北美成为发达国家相互投资的重点区域。二战前，西方发达国家对外直接投资主要集中在资源开采业和公用事业上，二战后投入制造业的比重有较大增长，到 20 世纪 70 年代中期，发达国家海外直接投资的近半数是对制造业的投资。随着新技术革命及其带动的高技术产业的兴起，发达国家对外直接投资的重点又逐步转向了高技术产业。资本投向由单向发展为双向发展，过去只有发达国家输出资本，现在发展中国家也对外输出资本，包括向发达国家的输出。

（5）区域性经济合作日益加强。区域经济组织遍及全世界，大力倡导贸易投资自由化，降低关税、减少非关税壁垒、改善投资环境，从而促进了区域集团内部商品、资本、技术和劳务的自由流动，使得区域范围内能够合理配置资源，优化资源组合，加快和增强区域内的经济实力，实现规模经济，提高经济效益。区域经济组织，是指一定区域内由文化相近、体制相同、水平相似的近邻国家或地区，为达到对内进一步加强经济合作和对外增强竞争力的目的，根据平等、互利原则，以经济互补、共同利益为基础，通过一定的条约或协定形成的一种区域经济集团组织。区域经济集团化是 20 世纪 50 年代出现的现象，在 80 年代日益兴起，90 年代进一步加快发展。据世界贸易组织提供的数字，截至 1996 年，全球建立的各种类型、各种形式的区域性和次区域性的经济合作组织已达 109 个，参加的国家有 140 多个。

经济全球化是一种运动，是不以人们的意志为转移的客观过程，这一过程和运动远未结束，它对各国经济及世界经济带来的影响难以估量。目前的经济全球化，是在资本主义世界经济体系内所进行的经济全球化，资本积累的内在冲动和扩张欲望是经济全球化的内在动力，经济全球化是资本无限增殖和扩张本性的外在表现。新科技革命和生产的高度社会化为经济全球化提供了物质条件，国际贸易的高度发展为经济全球化提供了现实基础，国际金融的迅速发展成为经济全球化的重要推动力，国际间相互投资加速了经济全球化的进程。

推动经济全球化的主要因素包括：①以信息技术为核心的新科技革命成果迅速转化为生产力，国际互联网络的形成，为人类无限拓展了经济生活空间，正把世界经济日益融合为全球范围的“网络经济”，网络经济的发展极大地推动了生产、金融、贸易、技术的全球化。

②科技进步的直接结果是运输与通信成本大幅降低。航运、水运技术的改进及通信、计算机、网络技术的普遍应用，不仅进一步降低运输和通信成本，而且改进了全球供应链条的管理，加快了货物、资本、技术及人员等生产要素的全球流动。③跨国公司等新型经济主体的蓬勃发展成为经济全球化的主要载体之一，推动着生产的跨国组合，带动生产要素在全球范围的合理配置。④市场经济体制在全球范围的扩张，越来越多的国家实施开放政策的直接结果是全球经济自由化程度日益提高。二战结束初期建立的布雷顿森林体系及后来制定的一系列经贸规则为全球化发展奠定了机制基础。新兴市场经济体融入世界经济体系的直接结果是人口众多的东亚和南亚融入世界经济体系，并为经济全球化发展注入了新活力。

社会化大生产的要求和分工所带来的高效率，把各国的生产活动紧密联系在一起，世界各国在生产过程中相互依赖、相互渗透和相互制约的程度不断加强，从而使整个世界经济联结为一个整体；产业迅速在国际范围内转移使产业结构优化，服务业和新兴产业大量涌现；对外开放、贸易投资自由化成为各国经济政策的主流，无论发达国家还是发展中国家，都有发展国际经济关系的迫切要求，自然就加快了经济全球化的步伐；区域经济合作大大推动了区域经济一体化的加快发展，国际范围内经济政策的协调与管理趋势加强等。其中推动经济全球化的直接原因是国际直接投资与贸易的自由化，即商品、服务、人员等生产要素在世界范围内的自由流动以及政策壁垒，特别是贸易与投资壁垒降低，从而使生产国际化成为不可逆转的大趋势。

经济全球化与经济生活国际化相比，有许多不同的特点。

（1）国际化是与工业经济相适应的，而全球化则是与信息经济相适应的。以微电子技术为基础的信息革命，使各国经济相互依赖的关系大大加强，几乎把世界各国都网罗在内。

（2）经济生活国际化以工业国和农业国之间的垂直型分工为基础，经济全球化则以水平型国际分工为基础，不仅发达国家从事制造业，发展中国家也大力发展制造业并参与制造业内部的国际分工，导致各国经济成为全球再生产的一个环节。

（3）经济国际化条件下，世界经济的联系主体主要是国家，而在经济全球化条件下，现代跨国公司及其对外投资成了密切国际经济关系更为重要的主体，对外经济交往的广度和深度大大超过以往。经济全球化进程的加快，使各国经济相互依赖程度大为提高，正在深刻地改变着世界。

二、经济全球化对世界经济的影响

从根本上说，经济全球化是生产力和国际分工高度发展，进一步跨越民族、国家疆界的产物，这使经济全球化必然要经历一个曲折发展的过程。其原因在于：①经济全球化具有明显的两重性，既有积极作用，也会产生一些负面效应；②科技进步日新月异，综合国力竞争日趋激烈，世界的力量组合和利益分配正在发生新的深刻变化，使得世界经济政治发展的可变因素增多，必将对经济全球化产生影响；③不公正、不合理的国际经济政治旧秩序仍在危及世界的发展，强权政治、霸权主义依然存在，西方发达国家利用其在各种世界组织、机构中的优势，扩展其影响，使经济全球化发展阻力重重，而希望和平、进步、发展的国家和人民则不会甘心俯就，这种抗争态势也会影响经济全球化的历史进程。

经济全球化对世界经济产生的积极作用，主要表现在以下几个方面。

（1）促进了经济增长。经济全球化进一步加强了各国经济的依存，有利于各国生产资源的优化配置，跨国公司便在其中发挥了很大的推动作用。经济全球化使贸易与投资自由化得到较快发展，各国对商品、服务、资本、技术与人员流动的政策限制相对减少，这种环境变化与以信息和通信技术为代表的技术变革结合在一起，又反过来推动经济全球化的发展。

（2）经济全球化加快了技术转让和产业结构调整的进程，发展中国家可以抓住机遇，引进技术和资金，以促进本国经济的进一步发展。

（3）经济全球化推动了国际关系的调整，使得以谈判、对话等国际协调与合作机制，代替对抗和战争，解决国际争端的可能性大为增强，可望更好地解决环境、资源、人口等人类面临的共同性问题等。

经济全球化对所有国家都是一把“双刃剑”，但对不同类型国家所带来的结果是不一样的，可以说利弊并存。在当今世界经济体系中，发达国家作为经济全球化的发起者、推动者和规则的制定者，从经济全球化中获得了丰厚利润——出口扩大、生产率提高、消费物价降低、民众生活水平提高；同时，他们也成为了经济全球化的最大受益者，对此，他们态度积极，取向明朗。

发达国家的基本特点是：①生产力水平高度发达，国民生产总值和人均国内生产总值远高于其他国家，产业结构先进，有较高的劳动生产率，较高的经济社会化程度，较高的工业化和城市化水平和国民生活质量；②经济运行机制比较成熟，市场机制和市场体系健全，并有比较完善的宏观经济调控体系，国家对经济运行能够进行有效的调节和干预；③国家垄断资本在社会经济生活中占有重要地位和作用，社会保障制度比较完善，保障水平较高；④经济国际化程度较高，外贸依存度大大高于发展中国家，外贸在世界贸易总额中占据较大份额，金融市场高度国际化，跨国公司高度发展，无论是规模、经济竞争力，还是数量都远远超出发展中国家的水平。

发达国家利用其在国际贸易、国际金融、国际生产和投资以及高新技术产业上的优势和垄断地位，利用在制定国际经济规则方面的主导权，在贸易、投资、科研、市场、产业结构等各个领域展开了激烈竞争，在经济全球化中逐步建立起有利于自己的国际经济秩序，并获益匪浅。西方7个主要发达国家的经济年平均增长率从1971～1982年的0.4%上升到1983～1994年的4.6%。无论是从贸易、投资全球化看，还是从跨国公司这一全球化的主要推动力量看，西方发达国家在经济全球化中都居于明显的领先地位。具体表现如下。

（1）在全球贸易中，工业化国家和新兴市场经济国家的工业制成品贸易占据主导地位，美国仍然是当今世界贸易大国，德国、日本等国居于世界贸易前列，发达国家之间的双向贸易构成国际贸易的中心内容，仅西方7个主要发达国家，就占据了世界贸易总额的一半份额；1996年，欧盟15国商品进出口总额超过2万亿美元，其中约有65%是在欧盟内部进行的，欧盟从日本一国的进口量就超过了从非洲所有国家进口的总和。

（2）在经济全球化过程中，服务贸易发展迅速，在工业化国家中占据主导地位。所谓服务贸易，是指信息、通信、金融、保险、旅游等行业所提供的产品和劳务，由于服务贸易往往是知识密集和资本密集的行业，发达国家掌握着服务贸易的定价权，并由此导致服务贸易的价格不断攀升，反映了工业化国家在世界贸易中的主导地位。

（3）在国际资本流动中，发达国家仍然是主要的资本输出国，发达国家之间的投资占跨国投资的绝大多数，私人资本在金融全球化过程中占统治地位，对外投资最多的5个国家，其对外投资额占世界直接投资额的65%。在发达国家与发展中国家的资本流动中，官方资本包括政府援助和多边国际组织援助的数量显著下降，使得资本短缺的发展中国家被迫进入国际资本市场，寻求经济发展迫切需要的资金。

以美国为例，按2003年价格计算，经济全球化使美国每年GDP增加约1万亿美元，人均收入增加2800～5000美元。美国进出口贸易占GDP比重从1970年的12%提高到2005年的24%；近年来，出口对美国经济增长的贡献年均为25%，支持美国国内1200万个就业机会。外国对美国直接投资每年为美国创造600万个就业机会。美国还从其他国家输入数千亿美元资金，以弥补其“双赤字”。除老牌跨国公司外，许多西方中小企业也在经济全球化进程中获得大发展的机会。芬兰诺基亚公司得益于经济全球化带来的机遇，从一个乡村小型公司发展成全球首屈一指的移动电话制造商。

发展中国家通过参与经济全球化，获得了经济发展所需要的资金、技术、管理经验、市场、资源等，从而加快了经济增长步伐并提高了民众生活水平。据世行统计，发展中国家GDP年均增长率从1980年～2000年的3.4%提高到2005年的6.6%，其中东亚和南亚国家经济持续快速增长，GDP年均增长分别从8.5%、5.4%提高到9%、8.1%。不少国家还利用经济全球化机遇提升产业水平和国际竞争力，成为世界重要技术产品出口国，其跨国公司也在包括发达国家在内的世界各国投资设厂。

从整体上看，发展中国家在经济全球化进程中，始终处于一种被动的、依附的地位，获利远不如发达国家，主要表现在以下几方面。

（1）经济全球化导致世界货币资本市场和国际金融体系的大发展，各国间金融方面的联系日益紧密，局部地区的金融危机，极易引起世界性的金融动荡，危及发展中国家的经济发展。如1997年的亚洲金融危机和2007年的美国次贷危机，都对世界资本市场乃至股市、汇市造成巨大冲击和影响。

（2）发展中国家为遵守由发达国家主导下制定的国际经济规则，付出了沉重的代价。这是因为目前绝大多数国际经济规则，是由发达国家制定的，几乎很少考虑到发展中国家的利益，发展中国家在经济全球化过程中虽是受益者，但由于先天初始条件和后天经济政策的差异，使发展中国家个体参与经济全球化的程度有着天壤之别，在全球化面前把握机会的能力迥然不同。如东亚地区的出口增长率由1980年的21.2%上升到1996年31.2%，同期外国直接投资同出口的比率也由1.6%上升到13.4%；拉美地区经济增长率由1981～1990年间的1%跃升到1991～1997年间的3.5%；而撒哈拉以南的非洲地区则难以吸引外国直接投资，经济发展严重依赖外部援助，1995年在全球制造业增加值和制成品出口中的份额仅占0.3%。

（3）发展中国家因发展资金匮乏、债务负担沉重、贸易条件恶劣、金融风险增加以及生产技术水平的落后，在竞争中处于劣势。最不发达国家基本被排斥在经济全球化之外，除了少数具有丰富石油蕴藏量的发展中国家外，其他大多数发展中国家的农业和初级产品出口国的地位，决定了发展中国家在世界经济发展中的依附地位，它们在世界贸易中所占份额急剧下降。发达国家政府可通过较完备的社保及失业救济等机制来缓解经济全球化的冲击，而多数发展中国家尚未建立此类社保体系，缺乏规避和减轻风险的能力。更严重的是，多数发展中国家在国际经济舞台的发言权很小，无力改变其在国际经济体系中的不利地位。

在发展中国家，能够适时融入经济全球经济体系的亚洲中低收入国家已从经济全球化和科技进步中获益，低工资、科技传播及进入全球市场等因素使其经济快速增长。而拉美、东欧一些中等收入国家在经济全球化进程中分得的“馅饼”不断缩小。非洲不少国家在经济全球化进程中被“边缘化”，经济结构单一，过度依赖自然资源，发展受制于国际市场，具有极大的不稳定性和脆弱性。

不仅如此，发达国家还把资本主义制度、西方发达国家的价值观念、行为准则传输给发展中国家，并导致发展中国家的人才大量流失，与发达国家的发展差距、贫富鸿沟迅速拉大。据联合国开发计划署统计，富国与穷国人均收入之比已从1960年的30:1、1990年的60:1扩大为1997年的74:1，全球收入最高国家的1/5人口拥有世界GDP的86%和因特网用户的93%，而收入最低的1/5人口只拥有世界GDP的1%和因特网用户的0.2%。从科技教育和人民物质生活方面看，1983年世界用于研究和发展的费用总计为2640亿美元，其中发展中国家仅占3%。在教育方面，1985年发达国家平均每人的公共教育支出为682美元，而发展中国家仅为38美元，相差17倍，其中40多个最不发达国家仅为7美元。在人民物质生活水平方面，据国际劳工组织1994年12月的一份工作报告称：贫困、失业和社会分化是遍布全球的三大顽症。全世界目前有1/5的人口即10亿左右的人生活在贫困线以下，大部分贫困者生活在非洲、拉丁美洲和亚洲。从人文发展指标看，南北差距更为悬殊。非洲人均预期寿命为50岁，日本已超过了80岁；非洲文盲率在70%以上，发达国家成人识字率在95%左右。在经济全球化过程中，蛋糕是做大了，但绝大部分却被发达国家拿走了。

无论是在发达国家还是在发展中国家，经济全球化的负面影响都已成为无法回避的突出问题。面对经济全球化冲击，发达国家缺乏有效调整机制，而发展中国家缺乏有效缓冲机制。发达国家部分企业及工人受到外国，特别是新兴市场经济体竞争的冲击，制造业等传统产业陷于困境，工人失业率增加，工资下降压力增大。近几年，美国制造业的失业人数增加几百万，工人平均实际工资下降，一定程度上与美国企业向海外转移产业和大量进口外国产品相关。由于服务业和IT业务外包，发达国家白领工作岗位及工资水平受到影响。据预测，发达国家外包的服务工作岗位将从2003年的150万个增至2008年的410万个，其中美国外包的服务工作岗位将从56.5万个增至120万个；发展中国家面临严重挑战，特别是参与经济全球化能力较弱和自然资源缺乏的中等收入国家受到发达国家和其他发展中国家的双重“挤压”。不少国家债务负担加重，一些国家发生金融危机，即使较成功地参与经济全球化的东南亚国家，其国内两极分化也在加剧。

随着经济全球化进程的加快，它的积极作用和负面影响将更加明显。无论如何，经济全球化已经成为世界经济发展的大趋势，各国都必须客观面对。当然，由于各国经济实力、产业结构和竞争力不同，从经济全球化进程中得到的机遇和面临的挑战与风险是极不平衡的。面对现实，迎接挑战，趋利避害，择善而行，发展自己，增强实力，自然就可获得经济全球化所提供的机遇，否则，就会受到经济全球化消极影响的冲击。

第二节　经济全球化中的国际经济关系

一、资本主义国际经济关系的新特点

(一) 经济一体化

二战后，随着生产国际化的发展，资本主义各国经济相互渗透，相互影响，区域经济一体化趋势逐渐加强，使得资本主义国际经济关系呈现出新的特点，并且发达国家之间的经济

关系及发达国家与发展中国家之间的经济关系进一步复杂化。所谓经济一体化，是指在客观的国际经济联系结合基础上，两个以上国家或地区为谋求共同利益或解决矛盾，通过条约、协议、会谈等实现的经济联合、调节机制和进程。它是经济全球化在制度上和组织形式上的体现与反映。其具体形式包括各种国际经济组织、国际经济协议以及地区性的经济组织和集团等。二战以来，影响较大的国际经济组织主要有国际货币基金组织、国际复兴开发银行（世界银行）和世界贸易组织（1995 年以前为关税及贸易总协定）。

由于经济一体化的目标、内容和发展程度不同，在世界某个地区、某些国家范围内的经济一体化主要存在以下基本形式。

（1）特惠关税区。其特点是区内成员国间通过协定或其他形式，对全部商品或一部分商品给予特别的关税优惠。它是经济一体化的最低级且较为易行的组织形式。

（2）自由贸易区。其特点是区内成员国取消了彼此间的关税和贸易限制，但各国仍按各自的标准对非成员国征收关税。它是一种较低级的组织形式。

（3）关税同盟。其特点是成员国彼此间取消关税或其他贸易壁垒，实现自由贸易，并对非同盟国家实行统一的关税率和对外政策。它在一体化程度上比自由贸易区进了一步。

（4）共同市场（经济共同体）。其特点除取消成员国之间的关税和对外实行统一关税外，还要取消对生产要素流动的一切限制。它是经济一体化的高级组织形式。

（5）经济联盟。其特点除了要达到共同市场的全部要求外，还要求成员国之间制定和执行某些相同的经济和社会政策，逐步消除政策方面的差异，使一体化的程度从商品交换扩展到生产、分配乃至整个国民经济，建立起的共同机构有权对成员国进行超国家的调节。

战后，资本主义国家经济一体化的出现，是生产力和经济生活国际化高度发展的结果。

首先，科技革命促进了生产力和国际分工协作的发展，在这种情况下，一个国家不可能在所有科技领域都领先，只有发挥比较优势，善于利用国际分工协作，才能既出成果又在经济上达到合理、节约。

其次，经济一体化是垄断资本国际化发展的要求和结果。资本国际化使各国经济对国际市场的依赖性不断加强，要求突破地域和国家的阻隔，使生产要素自由流动，以牟取经济利益。

最后，国家垄断资本主义对经济特别是涉外经济的干预，推动了经济一体化的进程。各国在生产和经济生活国际化发展中，既存在相互依赖的关系，也存在着各种利益上的矛盾，国家垄断资本主义的产生，使国家承担起调节社会经济运行、缓和矛盾的作用。

（二）经济区域集团化

二战后，与经济一体化发展的同时，经济区域集团化的趋势也在不断加强。经济全球化意味着每一个国家，都必须按照共同的经济规律、遵循共同的游戏规则参与到整个世界经济活动中，它在使各国经济融为一体的同时，也使各国对自身宏观经济进行调控的能力受到严重限制。因此，迫使世界各国在推动经济全球化的同时，加强区域合作，克服外部环境的不利影响，争取一个有利的国际经济环境，促进各国国民经济稳步发展。

所谓经济区域集团化，是指在经济全球化过程中，地域上相近的一些国家，根据自身发展需要和生产国际化的客观要求，为维护共同的经济利益，通过签订协议而在体制框架上结成的经济联合组织，甚至国家集团。其组织形式有多种，按其发展程度分，与上述经济一体化组织形式相同；按其规模分，既有涉及地域广阔、经济规模巨大的组织，又有经济规模较小的区域性组织；按国家类型分，既有发达国家组成的或以发达国家为主建立的，又有发展中国家出面组建的地区经济组织。其存在的动因：①是对内可以使区域组织的成员享有区域一体化的好处，如组织内部的某些优惠待遇，使得区域内的资源流动更为方便、自由；②是对外可以增强区域集团及其成员的实力地位，在国际舞台上以单独一个国家的面目出现毕竟不如以一个国家集团或集团成员的面目出现更有分量。

经济区域集团化组织，早在20世纪50年代就已出现，最初产生于同一社会经济类型的国家之间，这是因为他们彼此之间的经济发展水平和政治利害关系比较接近，相互交往方便，经济互补性较强，结为一体能增强对外竞争力，从而推动本国本地区经济的发展。如从20世纪50年代到70年代，发达资本主义国家和发展中国家，由于社会经济发展水平的差异，分别形成了两类性质不同的组织；70年代中后期，才开始成立按地区合作的经济发展水平不同国家的经济一体化组织。

在当代资本主义世界经济体系中，具有世界影响的区域集团化组织为“欧洲联盟”。欧洲联盟（EU）的前身，是成立于二战后初期的欧洲煤钢联营，到1958年正式成立欧洲经济共同体（EC），也称欧洲共同市场，由当时的法国、德国、意大利、荷兰、比利时、卢森堡六国组成；20世纪70年代，英国、丹麦、爱尔兰加入；20世纪80年代，希腊、西班牙、葡萄牙加入；1995年，奥地利、芬兰、瑞典加入。这样，欧洲联盟共有15个成员国，总人口超过3.7亿，总面积达342万平方公里，经济实力进一步增大。目前，欧洲联盟拥有27个成员国，总人口超过4.5亿。它在实现经济一体化方面的措施包括：建立关税同盟，成员国之间逐步取消关税，对外实行统一关税；实行共同的农业政策，协调成员国农业生产，对外实行统一的农产品进口税；建立欧洲货币体系，增强欧洲国家的金融实力，摆脱美元的影响和控制。在此基础上，政治一体化也取得了较大进展，陆续建立起一系列超国家的权力机构，如最高决策机构欧盟部长理事会，执行机构欧盟委员会，监督、咨询和立法机构欧洲议会，最高仲裁机构欧洲法院以及成员国首脑定期会晤，对重大问题进行磋商，采取共同立场和对策等。对欧洲联盟各国来说，一体化在一定程度上缓解了资本主义基本矛盾，扩大了市场容量，加快了经济发展，增强了一体化组织的经济实力。从本质上说，作为国家垄断资本主义的国际经济政治同盟，只是在资本主义范围内对生产关系的部分调整，不可能从根本上消除资本主义的基本矛盾及其对经济发展的消极阻碍作用，加之内部各国经济发展不平衡和对外的排他性（对内自由，对外保护），也不可能克服各国垄断资本之间的矛盾。

北美自由区（NAFTA）是由美国、加拿大、墨西哥三国组成的区域经济集团。1988年2月，美、加签署自由贸易协定，决定逐步消除两国之间商品与劳务的贸易壁垒，妥善处理两国争端，改善投资环境，扩大贸易和投资机会，促进贸易自由化。1992年8月，墨西哥与美、加签约，加入自由贸易区。1994年1月1日，北美自由贸易协定正式生效，该协定提出在15年内取消三国之间的关税、非关税堡垒，建成一个商品和其他生产要素自由流动、纵贯北美大陆、拥有3.6亿人口、覆盖面积达2130万平方公里、国民生产总值达6.5万亿美元（1991年数据）的“世界最大的自由贸易区”。

亚太经合组织（APEC），全称是“亚洲及太平洋经济合作组织”，成立于1989年11月，当时有12个成员国：澳大利亚、文莱、加拿大、印尼、日本、马来西亚、新西兰、菲律宾、新加坡、韩国、泰国和美国，总部在新加坡。后来又有中国（包括中国台湾、中国香港）、墨西哥、巴布亚新几内亚、智利、俄罗斯、秘鲁、越南等加入，现由21个国家和地区组成，人口超过24亿，覆盖面积达6000多万平方公里，年国民收入达17万多亿美元，外贸额占世界贸易总额的50%，世界上最大的区域性经济合作组织。该组织的宗旨和目标是：相互依存、共同受益，坚持开放性多边贸易体制和减少区域内贸易壁垒，倡导贸易、投资自由化，经济和技术合作以及贸易投资活动便利化，明确提出工业化成员国2010年之前实行自由和开放的贸易与投资，发展中国家和地区2020年之前实现这一目标。亚太经合组织每年举行一次由各成员国外交部长和主管经济、贸易的部长参加的年会，并召开3～4次高级官员会议，还可就某一专题举行部长级特别会议。

除此之外，其他的地区经济集团近年来的发展也很快，非洲经济共同体（由非洲51个国家组成）、东南亚国家联盟（由10个国家组成）、南方共同市场（由阿根廷、巴西、乌拉圭、巴拉圭4个国家组成）、安第斯共同体组织等在所有这些经济区域集团化组织中，有些已存在多年并取得较好效果，有些已准备向更高层次、更广泛的区域发展，如欧洲联盟正在向东欧扩展，北美自由贸易区准备向中南美洲扩大，东南亚国家联盟正在形成自由贸易区等。据报道，在世界贸易组织登记的区域性经济组织已超过100个，其中约70%是20世纪90年代以后建立的。在众多的区域经济组织中，欧洲联盟、北美自由贸易区、亚太经合组织三大组织的贸易额占世界贸易的85%，GNP约占世界总值的80%。

生产国际化和资本国际化是生产力发展的必然趋势，它决定着经济全球化的总趋势。当今世界经济全球化已取得相当程度的进展，而经济一体化主要表现为区域集团化的迅猛发展，从长远来看，区域集团化是走向世界经济一体化的阶梯。经济全球化和区域集团化并不矛盾，而是相互促进、并行不悖的，二者都致力于消除妨碍生产要素在国家间自由流动和合理配置的障碍。但要真正实现经济全球化，还有待于世界各国生产力的高度发展和发展水平的相互接近。尽管区域经济集团化多少具有排他性，不利于全球化的发展，但所有的区域组织都实行对外开放政策，都在努力把地区经济和全球经济衔接起来。区域集团化既是经济全球化发展到一定程度的产物和组成部分，反过来又会推动经济全球化的深化。区域经济一体化进程加快，势必加速经济全球化进程。可以说，区域经济一体化是经济全球化进程中的一个必经阶段，正因如此，各国在积极参与经济全球化的同时，也致力于参加区域经济一体化。

二、发展中国家为争取建立国际经济新秩序而斗争

发展中国家（亦称第三世界国家），是指经济上落后、正在努力发展民族经济的国家。发展中国家有如下基本特征。

（1）生产力水平低下，主要表现在生产技术落后，劳动生产率远低于发达国家。无论是在国民经济的总量指标或人均指标上，发展中国家与发达国家有着几十倍到上百倍的差距。

（2）产业结构水平低下，工业有不同程度的发展，但多数国家落后、畸形的产业结构并未根本改变。发展中国家原有的经济基础十分薄弱，独立后几十年来民族工业虽然有了一定程度的发展，但还没有从原来单一、落后的产业结构转变为先进的工业化和多样化的产业结构。许多国家仍然依赖于少数几种农、矿原料产品的生产和出口，农业中自给自足的小农经济仍占统治地位，工业主要以劳动密集型产业为主。不少国家现代制造业所占比重还不到国内生产总值的10%。

（3）经济对外依赖性严重，由于原来经济基础差，民族经济的发展非常脆弱，经济发展在很大程度上依赖于发达国家，尤其是在资本和技术方面的依赖程度更大。

发达资本主义国家对发展中国家的剥削、掠夺和控制，导致发达国家越来越富，发展中国家越来越穷，世界发展中的不平衡更趋严重，从根本上说，这是由国际经济旧秩序所造成的，是西方国家推行新殖民主义政策的结果。发达国家与发展中国家经济关系的实质，仍然是一种控制与反控制、剥削与反剥削的关系。

国际经济秩序是指各国在发生经济联系和进行经济活动中的制度、规则及各国普遍接受的各种条件等。国际经济旧秩序是西方发达资本主义国家为维护其垄断资本的利益，利用其在经济上的强大实力建立起来的。二战后，发展中国家同国际经济旧秩序进行了不懈的斗争，但是以不合理国际分工为基础的国际生产体系，以不等价交换为特征的国际贸易体系和以国际垄断资本占支配地位的国际货币金融体系及受少数发达国家控制的一些国际经济和货币机构所构成的国际经济旧秩序依然存在，发展中国家没有应有的发言权和决定权，从而严重地影响了其民族经济的发展。同时，它也不利于世界的稳定与和平，不利于世界经济与社会的发展。

20 世纪 80 年代以来，随着经济全球化和新科技革命的发展，发展中国家的经济又面临着新的挑战：初级产品贸易条件继续恶化，发展中国家争取贸易市场的竞争加剧；发达国家经济集团化发展的步伐加快，贸易保护主义抬头，在与发展中国家的贸易往来中附加了种种额外条件；国际金融市场风险加大，20 世纪 90 年代，拉丁美洲和亚洲先后发生金融危机，暴露了发展中国家经济结构的不合理性和易受国际资本打击的脆弱性；人力资源开发落后于发达国家的水平；人类宝贵文化遗产的流失、自然和生态环境破坏严重以及人口持续增长，不仅在当前抵消了经济增长所带来的成果，而且成为经济发展中长期的不利因素。对此，任何一个国家都很难单独应对经济全球化的挑战，必须经过国际社会的共同努力，在合理的国际政治经济秩序下给予解决。如果对经济全球化问题处理得当，就会极大地改善人类发展的前景和世界人们的福利水平；如果处理不当，同样的经济全球化的力量也能使世界经济产生极大的不稳定。

世界各国经济发展的相互依存、相互依赖是导致经济全球化的基本因素，必须把经济全球化放在一个无论是发达国家还是发展中国家，都能够得到公正、公平、合理对待的新的国际经济新秩序的基础之上，否则发展中国家的权益就不能得到有效保障。很难想象，一个建立在发展中国家长期贫穷落后基础之上的世界经济能够长期保持繁荣和稳定。自 20 世纪 50 年代以来，发展中国家为摆脱发达资本主义国家的经济控制，打破旧的国际经济关系，发展民族经济，建立公正合理的国际经济新秩序进行了长期斗争。国际经济新秩序是相对于国际经济旧秩序而言的，是指在国际经济交往中消灭剥削和控制，建立起真正体现平等互利、互助合作的世界经济关系。

早在 20 世纪 50 年代中期，万隆亚非会议上就曾提出各国之间和平共处、友好合作的十项原则。20 世纪 60 年代兴起的“不结盟运动”和发展中国家“七十七国集团”（现已发展为 100 多个国家）的形成，为发展中国家团结起来，争取建立新的国际经济新秩序作了思想和组织上的准备。1974 年 4 月第六届特别联大，通过了发展中国家提出的《关于建立新的国际经济秩序宣言》和《关于建立新的国际经济秩序的行动纲领》两个重要文件。同年 11 月，联合国第 29 届大会又通过了发展中国家起草的《各国经济权利与义务宪章》，为改变现存的不公正、不合理的国际经济旧秩序确定了原则和方向，这表明争取建立国际经济新秩序的斗争提到了联合国大会的日程上。

发展中国家关于建立国际经济新秩序的主要内容包括：各国有权选择符合本国国情的社会制度、经济模式和发展道路；应在联合国的框架体系内，提出经济全球化的优先发展领域和工作重点，使发展中国家有机会逐步参与经济全球化和自由化的管理；各国有权在平等的基础上参与处理国际经济事务，对本国的资源拥有永久主权；对损害本国经济权益的外国跨国公司，发展中国家有权实行控制、监督和管理，直至采取国有化措施；确保原料和初级产品价格合理，进行等价交换；取消发达国家的贸易保护主义，对发展中国家实行“普惠制”；改革国际货币制度，对发展中国家提供积极援助，促进技术转让，减轻债务负担，完善金融监管，提高金融监管效率，建立一个健全、公平、有效的国际金融体制；加强发展中国家之间的经济技术合作和原料生产国组织的作用，促进集体自力更生和经济一体化等。

20 世纪 70 年代，为争取建立国际经济新秩序，发展中国家建立了由 100 多个国家参加的 30 多个区域性合作组织和由 90 多个成员国参加的 27 个原料生产国或输出国组织，促进了发展中国家在贸易、金融、资金、技术、粮农、能源、工业等领域的合作，经济成就显著。20 世纪 80 年代，发展中国家经济面临严重困难，南北对话陷入僵局，90 年代以来，情况有所好转，主要表现在发展中国家吸引国际资金的能力有较大提高，世界银行对发展中国家的援助有所增加，南北贸易规模不断扩大，发展中国家纷纷通过集团化加强了与发达国家谈判的实力，并在资源主权、贸易条件和债务减免等方面取得了一些成果，提高了发展中国家在世界经济中的地位。

发展中国家争取建立国际经济新秩序的历程表明，这是一项异常艰巨的任务，将是一个曲折、复杂和长期的斗争过程，原因在于国际关系重新分化组合需要一个较长的时间，美国作为超级大国的地位还将维持一段时间，高科技的发展带来了不少新问题及存在许多不可预测的因素，等等。企图以较短时间建立国际经济新秩序，只能是一种不切实际的幻想。

应该看到，国际经济新秩序的建立，在很大程度上取决于国际间各种力量的消长变化及其相互间的分化组合，而并不取决于各自的主观愿望、主张和构想。发展中国家目前的经济实力，总体上远不如西方发达国家，这就决定了发展中国家争取建立国际经济新秩序的长期性和曲折性。但是，我们相信，历史终将不断向前发展，只要发展中国家加强团结，采取正确的政策和策略，正义的事业必将取得最后的胜利。

第三节　经济全球化与中国经济的发展

一、经济全球化带来的机遇和挑战

经济全球化是当代世界经济发展的大趋势。在经济全球化过程中，各国经济无论是在生产方面还是流通方面，无论是在商品方面还是其他生产要素的流动方面的联系都大为加强，世界经济日益融为一体。经济全球化孕育着无限的机会和巨大的发展潜力，不管人们赞成与否，它已成为每个国家必须面对和正视的事实。

作为世界经济大家庭中的一员，在经济全球化大背景下，中国的经济必须融入世界经济的发展，实行对外开放，参与国际分工，减少生产要素国际流动的障碍，提高经济效益。经济全球化对中国经济发展来说，既是机遇，又是挑战，从生产、交换、分配到消费各环节，从宏观经济到微观企业经营，从国内经济到涉外经济各领域，产生着多方面的影响。

经济全球化给中国带来的机遇，主要体现在以下方面。

（1）有利于促进资本、技术、知识等生产要素在全球范围内的优化配置，发挥后发优势，获得比较利益。因为参与国际分工的过程，就是在更广阔的领域运用、交换比较优势的过程，合理配置经济资源的过程。我国对外开放的比较优势，主要集中于市场优势、劳动力优势和资源优势等方面。随着经济全球化的发展，发达国家的产业逐步升级，其优势丧失或减弱的产生将逐步转向发展中国家，适应这一发展趋势，我国完全有可能利用发达国家产业转移的契机，来优化国内的产业结构和贸易结构，利用后发优势实现产业演进、技术进步、制度创新乃至整个经济的可持续发展。而市场的扩大会使比较优势拥有更多的实现机会，要素的流入使闲置资源得以利用，直接投资有利于加速国内先进产业的形成，有利于国内消费者得到更多的实惠，有利于国内企业利用稳定、透明、可预见的多边贸易体制更好地保护壮大自己，从而提升我国的国际地位。

（2）通过对外开放，加入到更广泛的国际竞争中去，有利于刺激企业提高产品质量，积累财富，提高企业生产效率和国民经济整体素质。研究表明，积极参与国际分工，发展国际贸易，引进资本的开放经济会取得较高的经济增长率和更高的资本回报，也能较快地提高国内居民的生活水平。正因如此，许多国家都鼓励本国企业参与到国际分工体系中，积极在国际市场上进行竞争，占有自己的一席之地，而目前的竞争不仅是自然资源多寡的竞争，更是科技的竞争及人才多少和素质的较量，并且为各国的科技发展提出了新的更高的要求，为科技的推广和传播提供了机会。在此过程中，我国通过借鉴发达国家的科技和教育，能够比较快和比较好地发展自己。

在经济全球化中，如果仅仅依靠地方政府或行业法规保护的一个小市场来办企业，毫无疑问将很难适应经济全球化所带来的激烈的国际竞争，这样的企业不可能成为具有国际竞争力的企业。同时，经济全球化也为我国实施科教兴国战略提出了新内容。我国目前正处于工业化发展阶段，高新技术产业的迅速发展已经打破了传统的工业化秩序，我们必须坚持以信息化带动工业化，以工业化促进信息化，走出一条科技含量高、经济效益好、资源消耗低、环境污染少、人力资源优势得到充分发挥的新型工业化路子，用高新技术改造传统产业，提升企业总体技术水平。

（3）有利于促进世界的和平与稳定，为国内经济发展构造一个相对宽松的外部环境。经济全球化使整个世界“你中有我，我中有你”，各国的经济发展紧密相联，通过这种日益密切的经济联系，中国影响着世界，世界也在影响着中国。这有利于克服封闭、保守、狭隘的观念，促进各国、各民族之间物质、文化和人员的交流，增进彼此之间的理解、沟通和合作。中国的发展离不开世界，特别是在经济全球化时代，关起门来搞建设是不可能成功的，要通过开放，对一切人类文明的进步成果进行学习、吸收和借鉴，用以发展自己。

经济全球化为经济发展带来积极影响的同时，也带来了严峻的挑战。

（1）经济全球化增大了各国特别是发展中国家经济运行的风险。由于历史和生产力发展水平的原因，发展中国家金融体系不健全、资本缺乏，导致在国际竞争中处于不利地位，在国际经济风险面前具有明显的脆弱性，更容易受到冲击。一旦某些国家和地区发生经济波动，其他国家都将受到波及。1997年亚洲金融危机已经充分证明了这一点。虽然中国经济在这次危机中受到的冲击较小，但绝不是说不存在亚洲其他国家所存在的问题，而是要吸取教训，防患于未然。

（2）经济全球化加大了发达国家与发展中国家的不平衡现象。二战后不断发展的国际贸易是在多边贸易框架体系下进行的，贸易区域化是其明显特征。发展中国家在进入国际产品市场和金融市场方面遇到很大阻力，在宏观经济开放背景下，如对跨国公司控制过严，则可能失去投资机会；如对本国重要产业保护不当，跨国公司的综合优势就可能挤垮当地经济，经济命脉会面临被跨国公司与国际经济组织控制的危险；当一国实行贸易自由化时，可能会恶化其经常项目等。此外，人才的跨国流动也呈现出南北极不平衡的状况，西方发达国家千方百计通过吸引移民、重金收买、资助扶持、国外建所、当地聘用等手段大挖人才，本来发展中国家就缺人才，但在经济全球化进程中反而成为发达国家的人才储备基地，长此以往，世界经济发展"强者恒强、弱者恒弱"的分化局面将难以扭转。

（3）经济全球化使发展中国家的主权容易受到冲击和削弱。国际经济的"游戏规则"总体上是在西方发达国家主导下制定的，某些西方经济大国动辄以经济制裁相威胁，给一些发展中国家造成很大的经济困难，甚至使有些国家的产业陷入绝境。经济全球化要求各国熟知国际经贸惯例与规则，特别是发展中国家，要加快培养一批对国际经贸惯例、规则、规范熟悉的人才，充分利用其维护本国的经贸利益，避免与其他国家发生贸易摩擦。

许多情况下，经济一体化和经济全球化甚至要求参与到国际经济体系中的发展中国家的经济体制和政策，适应国内外经济环境的变化，让渡和分享一部分国家主权，以换得其他国家和地区的对等让步或政策支持。如一个国家与 WTO 各个成员国达成协议时，实际上已经把原来国家的一部分关税权进行了让渡；当一个国家成为国际货币基金组织成员国时，意味着它把一定的对汇率等政策工具的调节权让渡出去，以换取金融上的好处。虽然从理论上说，所有参与经济全球化的国家都能从中获利，但事实上很难保证这种让渡与共享达到完全的平衡。目前来看，并非所有国家、地区或群体都能从经济全球化中获益，尤其是发展中国家，经济全球化只能使其处于更加不利的地位。

二、全面提高对外开放水平

（一）对外开放是我国的基本国策

现在的世界是开放的世界，任何一个国家要发展，孤立起来、闭关自守是不可能的。发达国家如此，发展中国家也如此。实行对外开放，是我们党坚持实事求是思想路线，依据马克思主义关于国际经济关系发展的原理和国内外历史经验，顺应世界发展潮流而采取的重大战略决策。对外开放的基本含义，就是在平等互利、大力发展和不断加强对外经济交往的基础上，积极参加国际分工和国际竞争，以生产和交换的国际化取代闭关自守、自给自足，促进经济的变革，由封闭型经济转变为开放型经济。

对外开放作为我国坚持的一项基本国策，不仅是经济全球化发展趋势的客观要求，更重要的是加快我国经济发展，早日实现社会主义现代化的必要条件。我国是一个人口多、底子薄、经济比较落后的社会主义国家，实行对外开放，可以充分利用国际和国内两个市场、两种资源，节约社会劳动，取得较好的经济效益；可以互通有无，调剂余缺，实现资源的优化配置，保证社会主义市场经济的顺利进行；可以吸收和引进当代世界所创造的先进科学技术成果，学习外国特别是西方各国先进的经济管理经验，加快我国现代化的步伐；可以为我国经济发展提供强大的竞争压力和动力；可以与世界各国人民密切地友好往来，增进相互了解与友谊，从而为我国现代化建设创造一个良好的外部国际环境。

对外开放，发展外向型经济，涉及面十分广泛，包括经济、政治、文化和其他领域，目的是加快我国民族经济的发展，发展社会生产力，增强国家的综合国力，提高人民的生活水平。因此，在对外开放中，必须坚持以下原则。

1．独立自主、自力更生原则

独立自主是指拥有处理本国事务，包括经济事务的权利，不受任何外来干涉；自力更生是指依靠本国人民的智慧和力量，努力奋斗，艰苦创业，充分利用本国资源发展本国经济。在社会主义现代化建设过程中，必须把立足点放在独立自主、自力更生的基础之上，从本国实际出发，依靠本国的人力、物力和财力，充分挖掘自身的潜力和优势，争取一切可以利用的外部条件和成功经验，来进行经济建设。在这个问题上，要注意防止两种倾向：①是把自力更生绝对化，固步自封，关起门来搞建设；②是不顾条件、不加选择、不讲任何原则的盲目开放。

2．平等互利和经济效益最大化原则

平等互利就是在国际经济交往中相互尊重对方的主权，等价交换，互惠互利，不把任何不平等的条件强加于人，既要坚决维护我国应有的经济权利，也要切实保护对方的一切合法权益，这样才能保证对外经济关系的健康发展。经济效益最大化，就是以最少的投资、最小的成本获取最大的经济效益。如果长时期内对外经济活动的效益不高，必然会造成国际收支状况的恶化，进而影响整个国家对外经济活动的信誉，不利于引进外资和技术工作的开展。

3．统一与分散相结合原则

为维护社会主义国家的经济利益，增强社会主义经济在世界市场上的整体竞争力，有必要将我国的对外经济活动纳入国家的统一领导之下，统一政策，联合对外。在防范金融风险、避免产业损害和开放步骤的政策设计方面，要注意维护和保障国家的经济安全。同时注意发挥各地区、各部门和企业的积极性，把企业推向国际市场，使其在激烈的市场竞争中，不断提高自主经营、自负盈亏、自我完善、自我发展的竞争力和活力。避免出现政出多门、各行其是、有令不行、有禁不止的现象。

4．全方位开放原则

全方位开放包括三个方面内容：①在开放对象上对世界所有国家开放，不论大国小国，不管社会制度及意识形态，都要本着平等互利、共同发展的精神，与其发展包括经济、政治、文化、科学等方面在内的广泛联系；②在开放范围上对国内的所有地区和行业，包括沿海和内陆、边境和腹地、城市和乡村以及各行各业实行全面的对外开放；③在开放形式上要灵活多样。

5．学习借鉴各国先进科学文化和抵制外国干涉、思想腐蚀并重原则

世界上的一切文明成果都是全人类的共同财富。每一个民族、每一个国家，都为创造世界文明做出过并正在做出贡献，都有值得别的民族、别的国家学习的长处，因此，要把吸收、借鉴人类社会的一切文明成果作为我们发展的起点。同时，在与西方发达国家发展各种形式

的经济关系时，必须时刻保持清醒的头脑，不能被表面现象所迷惑。要始终不渝地坚决抵制任何外来干涉与颠覆图谋，防止资产阶级腐朽思想的侵蚀，加强社会主义精神文明建设和法制建设，反对盲目崇拜资本主义。

（二）对外开放的基本途径和方式

1．对外贸易

对外贸易是指一个国家和地区与其他国家或地区之间的商品交换关系，包括出口和进口，是国内商品流通的延伸和补充。一个国家在一定时期内（通常为一年）出口商品总值超过进口商品总值，称为贸易顺差，又称“出超”；进口商品总值超过出口商品总值，称为贸易逆差，又称“入超”。发生贸易逆差的国家，一般要以黄金储备、各种外汇收入或举借外债偿还差额。

新中国成立以来，特别是党的十一届三中全会以后，我国的对外贸易发展非常迅速。据统计，1950～1987 年，我国出口总额年均增长 11.8%，而 1979～1991 年平均每年增长 15.1%，2001 年进出口贸易总额 5098 亿美元，比 1989 年增长 3.56 倍，其中出口额达到 2661.6 亿美元，比 1989 年增长 4 倍，年均增长 14.5%，在世界上的地位由 1978 年的第 32 位上升到 1987 年的 16 位、2005 年的第 3 位。2008 年，我国进出口贸易总额 25616 亿美元，比上年增长 17.8%。其中，货物出口 14286 亿美元，增长 17.2%；货物进口 11330 亿美元，增长 18.5%。从出口商品的结构看，1978 年我国出口的商品大部分为农副产品和原材料等初级产品，工业制成品出口不到 47%，2007 年工业制成品出口总额的比重提高到 94.9%。由于对外贸易的发展，国际收支处于平衡有余的状态，1978 年底，我国外汇结存为 1.67 亿美元，1986 年为 20.7 亿美元，2009 年 12 月末外汇储备余额增长到 23992 亿美元，同比增长 23.28%。同时，外贸企业经济效益明显提高，外贸秩序明显好转，过去那种抬价抢购、低价竞销的现象显著减少。

对外经济贸易的发展，在我国社会主义现代化建设中发挥了重要作用。①通过利用国内外两个市场和两种资源，有力地促进了我国工农业生产的发展和经济结构的调整，弥补了我国经济建设资金的不足，增加了劳动就业，加强了能源、交通、通信和基础原材料工业的建设。②增加了国家财政收入，积累了资金。与外贸直接有关的进口关税、生产出口商品企业上缴的所得税和进口商品投入生产所产生的利税，更是国家和地方财政一笔可观的收入。③丰富活跃了国内市场供应，有助于缓解供求矛盾。同时对外经贸活动开阔了人们的视野，增长了知识，积累了经验，推动了整个对外经济关系的开展，有力地配合和支持了我国的外交工作，对创造我国社会主义现代化建设所需要的良好国际环境做出了贡献。

2．对外资金交流

对外资金交流包括引进外资和对外投资两个方面。国际经验证明，合理利用外资是促进经济发展的有效手段。当今世界上经济发达的国家，在经济发展过程中，几乎没有一个不曾利用过国外资金的。根据国际条件和我国经济建设的需要，也要尽可能多地利用外资，以加快社会主义现代化建设的进程。

引进和利用外资的形式，大体上可分两大类：①吸收间接投资，包括外国政府和国际金融组织提供的中长期中低利率贷款、出口信贷、带援助性的无息贷款、发行国际债券、商业贷款以及各种名目的开发基金等；②外商的直接投资，即通过合资经营、合作经营和补偿贸易、国际租赁等方式吸引国外直接投资，多数用于中小型企业的扩建和改造，也有些用于新建企业。2005年底，全国累计批准设立外资企业57万多万家，实际利用外资6600多亿美元，连续15年居发展中国家首位；全球500强跨国公司已有480多家在我国设立了企业，外资企业创造了2500多万个直接就业机会，提供的税收收入占我国工商税收的20%以上。2007年，全国非金融领域新批外商直接投资企业37871家，实际使用外资金额748亿美元，增长13.6%。2008年，全国实际使用外资金额924亿美元，增长23.6%。

利用外资必须坚持以下原则：①外债总额要量力而行，适度控制，外债结构要合理，要同自己的偿还能力和消化能力相适应；②利用外资要重点用于出口创汇企业、进口替代企业和技术先进企业；③利用外资要讲求经济效益，在实践中要加强规划和指导，进一步健全涉外经贸法规，改善投资环境，确保双方的经济权益。

对外投资是向国外进行贷款或直接投资。社会主义国家开展对外投资，有利于带动和促进本国外贸出口，增加外汇收入；有利于开发国外自然资源，缓解国内资源短缺的矛盾；有利于培养外经人才及扩大利用外资的范围和规模。对外投资的规模，要根据国内经济发展的现实可能，统筹规划，过量的对外投资势必影响国内经济建设的发展。我国的对外投资，目前主要采用独资经营和合资经营两种形式。投资方向集中在林业、渔业、矿业等资源开发方面，中小型企业和农业生产性合营企业以及技、工、贸相结合的企业。目前，我国已有3万多家企业开展跨国经营，投资遍布160多个国家和地区。2007年对外直接投资额（非金融部分）187亿美元，比上年增长6.2%。截至2007年底，我国企业对外直接投资（非金融类）累计达920.5亿美元。

3. 对外技术贸易

技术贸易就是技术作为商品进入流通领域。国际技术贸易包括技术引进（进口）和技术输出（出口）两个方面。技术贸易按内容可分为两类：①知识形态的技术贸易，国际上主要通过“许可证贸易”方式进行；②物化形态的技术贸易，即技术设备、器材的交易，是随技术一起转让的形式，不是单纯的设备买卖。

引进技术是指通过外贸途径和各种合作方式，从国外获取发展国民经济和提高本国科技水平所需的先进技术和设备。即使是发达国家，为保持其技术领先地位和竞争能力，也在不断引进国外的新技术。引进技术的内容大致包括：设备和零部件；新型、优质材料；新的原理、数据和配方；新的工艺和科学的操作规程；先进的经营管理方法。

党的十一届三中全会以前，我国引进技术工作一直以引进设备特别是成套设备为主，之后以引进先进技术为主，严格控制大型成套设备的进口。1998年我国技术引进合同的总金额为163.7亿美元，2006年我国技术引进总金额为220亿美元。引进技术可以加速我国经济的发展，增强自力更生的能力；提高我国的科技水平和出口商品的竞争能力，为国家节约建设资金。引进技术的原则：自己确实能够制造的，即使质量性能比国外稍差，也不要引进；能引进技术自己制造的，尽量不买成套设备；买关键设备可以自己配套的，就不要成套进口；已经引进的设备，力求避免重复，要注意引进技术的研究、消化和创新。

技术出口就是通过贸易方式向国外输出技术。随着改革开放的深入发展，我国在积极引进先进技术的同时，也十分重视技术出口工作，出口技术的范围涉及电子、化工、冶金、计算机、杂交水稻、卫星发射等行业。1998年，我国技术出口金额达66.87亿美元。

4. 对外承包工程和劳务合作

对外承包、劳务合作是指一国的企业通过签订合同，承包工程或派出劳务人员向另一国的企业提供技术和劳动服务的活动，以获赢利的一种经济合作方式。对外承包工程和劳务合作同属劳务输出的范畴。实践证明，开展对外承包工程和劳务合作，可以为我国的现代化建设创造更多的外汇收入，可以推动我国机械设备、建筑材料和其他物资的出口，可以缓和国内劳动力就业不足的压力，充分发挥我国劳动力资源丰富的优势，同时也可以学到国外一些施工方面的管理经验和技术，开阔视野。

我国对外承包工程的主要形式有：独立承包；承包一个项目的部分过程；与国外公司合作承包工程；只承包工程的劳务部分等，其内容包括勘测设计、购买设备、工程施工、安装测试等。对外劳务合作，包括向国外承包工程公司提供劳务人员，向国外工厂、机构提供生产技术工人、管理人员、服务人员，向国外提供海员、厨师等其他劳务人员。我国开展对外承包工程和劳务合作的指导方针是“平等互利、讲求实效、形式多样、共同发展”，经营原则是“守约、保质、薄利、重义”。2000 年，我国对外承包工程合同金额为 117.2 亿美元，对外劳务合作金额为 29.9 亿美元，业务涉及 180 多个国家和地区，虽然在国际劳务市场上所占比重较小，但发展前景广阔。2007 年，我国对外承包工程完成营业额 406 亿美元，比上年增长 35.3%；对外劳务合作完成营业额 68 亿美元，增长 26.0%。

5. 国际旅游业

国际旅游业是世界各国各地区通过建立旅游设施和提供旅游服务，满足旅游者精神上的各种需要，以获取赢利的一种业务活动。二战后，国际旅游业发展迅速，自 20 世纪 60 年代以来，旅游业的发展速度超过了世界其他国际贸易，1960～1982 年，国际旅游业收入年均增长率达 12.4%。旅游业是一项综合性极强的行业，在国际上有“无烟工业”之称，主要由旅馆业、餐饮业、交通客运业、旅行社与游览娱乐单位组成。国际旅游按旅游资源的不同，可分为自然资源旅游区和人文资源旅游区两种，前者为自然界中由地理环境和生物环境所构成的游览区域，主要包括地貌、水文、气候、生物等，后者指古代人类社会遗迹和现代人类社会活动的成果所构成的游览区域，主要包括人文景观、文化传统、体育娱乐、餐饮购物等。

我国的旅游资源得天独厚，丰富多样，是世界上旅游资源最丰富的国家之一，既有数不尽的名山大川、美丽多姿的湖光山色，又有遍布华夏大地、体现中华民族五千年辉煌文明的历史古迹。实行对外开放政策以来，我国旅游业在“友谊为上、经济受益”的方针指引下，得到了快速发展。2001 年，我国旅游外汇收入 178 亿美元，居世界第 5 位，入境人数 8900 万人次；国内游人数 7.84 亿人次，收入 3522 亿元。2008 年，我国国际旅游外汇收入 408 亿美元，出境旅游总人数达到 4584.44 万人次，比上年增长 11.9%；全年入境旅游人数 13003 万人次。其中，外国人 2433 万人次，下降 6.8%。国内出游人数达 17.12 亿人次，同比增长 6.3%；国内旅游总收入 8749 亿元，同比增长 12.6%。

（三）我国对外开放的基本格局

1. 经济特区

经济特区是指主权国家和地区为吸引外资、引进先进技术和扩展对外贸易而设置的，实行特殊经济管理体制和优惠政策的区域。世界上最早的经济特区，创建于 16 世纪中叶的意大利。

经济特区从形式上划分，有自由港和自由贸易区、出口加工区、科学工业园区、综合性经济特区。1979年7月，国务院确定在深圳、珠海、汕头、厦门试办经济特区。1988年4月成立海南省，并建立海南经济特区。至此，我国共建有5个经济特区。

经济特区的经济活动与内地相比有如下特点：①特区的经济主要依靠吸收和利用外资，产品主要出口外销；②特区的经济活动主要由市场调节；③对前来投资的外商给予税收、土地使用、外汇管理等方面的优惠和便利，管理体制方面具有更大的经济决策权。我国创办经济特区的时间虽短，但成就显著，尤其是特区建设的高速发展，引起了国际社会的普遍重视。它们作为我国“技术的窗口、管理的窗口、知识的窗口、对外政策的窗口”的作用正日益明显地发挥出来。

2. 沿海开放城市

在认真总结对外开放实践经验的基础上，1984年5月，我国政府决定进一步开放大连、秦皇岛、天津、烟台、青岛、连云港、南通、上海、宁波、温州、福州、广州、湛江、北海14个沿海港口城市，后又增加了威海市。

沿海港口城市所在地是我国经济比较发达的地区，交通便利，工业基础好，技术水平和管理水平较高，科学文化事业发达，既有对外经济贸易的经验，又有对内进行技术协作的网络，它们的开放将在全国对外开放中起到重要作用。开放的内容包括扩大这些城市对外开展经贸活动的权限，对前来投资办厂的外商给予优惠待遇。为更好地吸引外资，创造有利于外商投资的小气候，经批准可以开办经济技术开发区，在经济技术开发区内，可以享受经济特区规定的外商投资优惠待遇。

3. 沿海经济开放区

1985年2月，国务院决定将长江三角洲、珠江三角洲和闽南厦（门）、漳（州）、泉（州）三角地区作为对外开放经济区。1988年3月国务院又决定扩大沿海经济开放区的范围，包括辽宁、河北、天津、山东、浙江、江苏、福建、广西等省、市、自治区的若干沿海的市或县。至此，使我国东部由北到南近万里的沿海地区形成了由“点”到“线”和“片”的对外开放格局。

沿海经济开放区在利用外资、引进技术、老企业的技术改造等方面，享受沿海开放城市的某些优惠政策，对外商在农业、加工业等行业的投资给予政策优惠，着力发展外向型经济。外向型经济是以国际分工和国际市场需求为导向的经济，是通过对外贸易等活动带动国民经济增长和发展，所建立的经济结构、经济运行机制和经济运行体系。开辟沿海经济开放区，是我国在新形势下，加速沿海经济发展，带动内地经济开发的重要战略部署，不仅可以缓解和内地争资金、争原料的矛盾，而且可以采取各种方式帮助内地建设原料、能源基地，发展现代产业，促进内地企业的技术改造。

4. 沿江、沿边和内陆省会城市的开放

沿江开放城市是指开放长江沿岸的城市和地区。1990年4月，国务院决定开发、开放上海浦东，并制定了若干具体规定，要求把浦东的开发与开放同上海的优势结合起来，把浦东建设成为国际经济、金融、贸易中心。为配合浦东的对外开放，1992年6月，中央决定，将安徽的芜湖、江西的九江、湖南的岳阳、湖北的武汉、四川的重庆划为对外开放城市，把以上海为龙头的长江经济巨龙全面放开、放活。

沿边开放是指开放我国与邻国接壤的沿边境线附近的一些城市。1992 年国务院决定在首批开放满洲里、黑河、绥芬河、珲春四个沿边城市后，又相继开放了广西的凭祥、东兴，云南的河口、畹町、瑞丽，新疆的伊宁、塔城、博乐，内蒙古的二连浩特等城市。沿边开放城市和这些城市所在的省（自治区）会城市均享受沿海开放区的优惠政策。目前在我国中西部地区已逐步形成了三大对外开放区：以俄罗斯、蒙古、东欧诸国为对象的北部开放区；以巴基斯坦、西亚诸国为对象的西部开放区；以印度、尼泊尔、缅甸、老挝、越南及孟加拉国为对象的南部开放区。在这些地区共设置了 32 个国家重点口岸和约 200 个地方口岸。

为加快内陆省份对外开放的步伐，1992 年 8 月，国务院决定将哈尔滨、长春、呼和浩特、石家庄、太原、合肥、南昌、郑州、长沙、成都、贵阳、西安、兰州、西宁、银川 15 个省会（首府）城市进一步对外开放，实行沿海开放城市的有关政策。

随着我国内陆省份对外开放步伐的加快，我国的对外开放已由过去的点、线、片发展到面，一个从南到北、从东到西，以经济特区—沿海开放城市—沿海经济开放区—铁路公路交通沿线、沿边、沿江开放—内陆省会开放城市为特点的梯度推进的全方位、多层次、宽领域的对外开放格局已经形成，并且在我国的对外经济关系中发挥着越来越重要的作用。1999 年底，国家决定实施西部大开发战略；2001 年 12 月，我国成功加入 WTO，对外开放进入了一个崭新的阶段。

（四）坚持“引进来”和“走出去”相结合，全面提高对外开放水平

完全意义的开放，应该是既“引进来”又“走出去”的双向开放。从我国对外开放的进程看，我们的对外开放一直以“引进来”为主，这是完全必要的。不先把国外的资金、技术、管理、人才等引进来，我们自己的经济技术水平和实力就难以提高和增强，想“走出去”也难。经过 30 年的改革开放和发展，我国的综合国力比过去大为增强，经济技术水平显著提高，在技术、生产、管理、人才等方面已形成了一定的比较优势。利用这些优势，实施“走出去”的开放带动战略，已经具备条件。

“走出去”就是要更好和更多地利用国外可以利用的市场和资源，以弥补国内资源和市场的不足，在更大范围、更广领域和更高层次上参与世界各国的经济技术合作和竞争，更加积极主动地参与经济全球化，拓宽发展空间，以开放促改革、促发展。党的十六大提出：“实施‘走出去’战略是对外开放新阶段的重大举措。”无论是基于我国经济的实际，还是基于世界经济全球化发展的趋势，“走出去”都具有战略意义。我国人口众多，人均资源相对有限，只有把“引进来”和“走出去”结合起来，积极大胆地走出去，才能不断增强我国经济发展的动力和后劲，促进我国经济的长远发展；从世界经济发展趋势看，经济全球化进程加快，既为各国提供了有利于在更广阔的空间里利用和配置经济资源的机会，同时也加剧了各国在全球范围内争夺市场和资源的竞争，在这种情况下，实施“走出去”的开放战略，是我们积极参与国际竞争并努力掌握主动权的必然要求。

开创对外开放新局面，必须不断推动实践创新。在“引进来”方面，要进一步扩大商品和服务贸易，实施市场多元化战略。为避免可能发生的市场风险，提高我国出口的稳定性和占有更大的国际市场份额，必须在巩固传统出口的同时，大力拓展确有潜力、前景广阔的新兴市场，按照“质量第一、信誉第一”的要求，加快建立健全出口商品的科研开发体系和质量监督保障

体系，进一步完善出口商品质量许可证制度，切实落实以质取胜战略。鼓励企业创造世界知名品牌，努力提高我国服务贸易的国际竞争力，同时深化外贸体制改革，推进外贸主体多元化，扩大企业外贸经营权，形成平等竞争的政策环境，优化进口结构，着重引进先进技术和关键设备。提高利用外资的质量和水平，对外商投资实行国民待遇，把利用外资与国内经济结构调整、国有企业改组改造相结合，鼓励跨国公司投资农业、制造业和高新技术产业。

面对经济全球化趋势，我们要以更加积极的态度走向世界，努力在“走出去”方面取得明显进展，增强我国经济发展的动力和后劲。①进一步扩大对外开放。在更大范围、更深程度上参与国际竞争与合作。②坚持市场多元化战略，努力扩大出口。发挥我国的比较优势，巩固传统市场，开拓新兴市场，扩大商品和服务贸易；坚持以质取胜，提高出口商品和服务的技术含量和附加值；深化外贸体制改革，推进外贸主体多元化，完善有关的税收制度和贸易融资机制。③积极实施“走出去”战略。建立健全管理制度，鼓励和支持有条件的各种所有制企业对外投资，带动商品和劳务出口；培育一批有实力的跨国企业，积极参与国际竞争。同时要审时度势，把握时机，以积极的态度参与区域经济交流和合作，稳步有序地推进投资和贸易的自由化。通过合作，共同发展、提升国际竞争力。

三、两种制度的竞争和合作

经济全球化条件下，社会主义制度与资本主义制度既有竞争，又有合作。社会主义革命首先在少数几个经济落后的国家取得胜利，而不是所有国家同时取得胜利，形成了两种不同社会制度的同时并存，决定了他们在世界范围内的共处。在一定历史时期和条件下，两种社会制度的国家存在一些共同利益，也可能有暂时的一定程度的合作，如在当代发展市场经济过程中，不同社会制度的国家的合作开发；面对全球环境的恶化，需要世界各国联合起来采取措施加以治理等。

20世纪社会主义的诞生和发展，开创了人类历史的新时代，极大地改变了世界的面貌。尽管社会主义在发展过程中还存在着一些问题，但作为区别于资本主义的崭新道路而崛起，在探索、保证全体人民的政治平等和当家作主，消除两极分化、贫富悬殊，建设新型的思想道德文化等方面，取得了巨大进步。在极大地解放社会主义国家生产力的同时，也在客观上迫使国际资产阶级对资本主义制度进行了某些改良，使资本主义的内在矛盾有所缓和，从而在总体上推动了社会生产和人类文明的发展。两种社会制度共处的过程，实质上是社会主义制度在实践中显示自己的优越性，资本主义制度显露自己腐朽的过程；也是社会主义制度在自己的内在规律支配下逐步发展、壮大以至最终在全世界胜利，资本主义制度也在自己的内在规律支配下不可避免地没落、缩小以至最终在全世界灭亡的长期历史过程。

社会主义和资本主义两种制度的优劣，是通过社会主义国家和资本主义国家的经济竞争展示出来的。社会主义与资本主义竞争发展中，存在四个明显的不同：①发展时间不同；②发展环境不同；③发展起点不同；④发展手段不同。因此，这种竞争客观上存在严重的不平等和不对称。在两种制度的竞争中，社会主义国家的发展呈现出胜利与挫折相伴、成功与失败交错的态势，要使社会主义制度的优越性充分发挥出来，就要学习和利用发达资本主义国家的先进科学技术和管理经验。同时，警惕资本主义腐朽的东西从经济、政治、思想、生活方式等各方面对社会主义国家的影响。无视这种影响，不与资本主义腐朽现象作斗争，就会迷失方向，就根本谈不上发挥社会主义制度的优越性。在经济竞争中，社会主义只有不断改革创新，才能始终保持生机和活力，在两种制度的并存和竞争中立于不败之地。

当代资本主义在经济关系的自我调整中，参照了社会主义国家的一些做法和经验，如在一定范围内和不同程度上对国民经济实行计划管理，推行经济计划化，使劳动人民最基本的生活得到一定程度的改善和保障。另外，从20世纪70年代初期开始，一些社会主义国家相继进行改革，也参考和借鉴了资本主义国家管理经济上的一些做法和经验。西方有些经济学家据此提出社会主义与资本主义两种制度正在走向趋同的结论。这一结论完全是错误的，它抹煞了社会主义经济与资本主义经济的根本区别：资本主义经济是生产资料的资本主义私人占有制，生产的目的是为了占有雇佣工人的剩余价值，按资分配；社会主义经济是生产资料公有制为主体、主导，生产目的是为了满足人们的物质文化需要，以按劳分配为主、其他分配方式并存，最终达到共同富裕。两种经济制度是根本对立的，是无法“趋同”的。社会主义制度与资本主义制度的性质根本不同，决定了他们之间的斗争是不可避免的。社会主义制度从诞生那天起，就面临着反对封建主义和资本主义的双重历史任务，在经济、政治、军事、文化等领域的斗争就一直连续不断。斗争的形式根据不同的历史时期和双方力量的对比不断发生变化，特别是在社会主义遭受重大挫折后，我们看到人们并没有抛弃社会主义的理论，丢掉社会主义的信仰，相反，世界社会主义正处于理论反思、力量重组、形象重建、实践深化之中。我们坚信“两个必然”是顺应历史发展的规律，要坚信真理的力量。只要资本主义私有制存在，社会主义取代资本主义就会成为历史的必然；只要社会存在不平等，社会主义就将具有强大的吸引力；只要社会化大生产在发展，社会主义胜利就具备了强大的物质力量。

课外阅读

中国对外贸易60年：变革与成就

新中国成立60年来，对外贸易发生了翻天覆地的变化。外贸体制、外贸政策以及外贸功能等均有了相应的改变。目前，中国的贸易伙伴达220多个，遍及世界上几乎每一个角落；货物贸易规模扩大了数千倍，占全球贸易比重提高到近8%，居世界第3位；服务贸易从无到有；出口和进口分别居世界第7位和第5位；外贸管理政策与制度严格履行国际承诺，贸易透明度不断提高。

在国际上，中国已从昔日的一个游离于国际市场边缘的经济相当落后的发展中国家，成长为当今世界上的重要加工制造基地，成为名副其实的贸易大国和多边贸易体制和区域经济合作的积极参与者，并与其他新兴经济体一起，成为世界经济和国际贸易增长的重要驱动力量。

1950年全年，中国外贸总额为11.35亿美元，其中出口5.52亿美元，进口5.83亿美元。到1978年，对外贸易总额扩大到了206.38亿美元，其中出口97.45亿美元，进口108.93亿美元。1978～1991年，进出口总额由206.4亿美元增长到1356.3亿美元，出口和进口年均增速分别达到16.6%和14.6%。2002～2008年，进出口贸易年均增速达26.7%，其中出口27.9%，进口25.1%。自2001年开始，中国外贸顺差逐年扩大，至2008年已达到2954.6亿美元。

目前，中国对外经济贸易已形成内容丰富、形式多样、各种对外经济交往互相融合、互相促进的格局。不仅对外贸易总额迅速增加，市场不断扩大，经营方式日趋灵活多样，同时利用外资、对外承包工程与劳务合作、对外投资等从无到有、从小到大不断发展，与对外贸易相互促进，共同发展。

当前席卷全球的金融危机使美、日、欧三大经济体同步陷入衰退，中国的外需市场大幅萎缩，对外贸易遭遇改革开放以来前所未有的困难和挑战。但在困境中，一些新的力量正在孕育和成长，中国出口市场的格局发生变化，对美、日、欧贸易比重大幅下降，新兴市场的重要性提升。总体而言，中国出口商品的比较优势依然存在，未来一段时期，中国外贸仍将持续发展。

问题：1．建国60年来，促进我国国际贸易发展的原因有哪些？

2．金融危机背景下，我国应怎样应对冲击？

复习思考题

一、单项选择题

1．我国实行对外开放，发展对外经济关系是（　　）

A．一项长期的基本国策　　B．一项短期的权宜之计

C．经济建设的具体政策　　D．当前的一项具体政策

2．我国发展对外贸易的关键是（　　）

A．扩大进口，进口更多的日用品　　B．扩大出口，提高出口创汇能力

C．更多地利用外资　　D．发展对外承包工程

3．我国的经济特区是指（　　）

A．经济发达的地区　　B．经济欠发展的地区

C．对外开放中采取特殊政策的地区　　D．经济发展有巨大潜力的地区

4．发展对外经济关系与坚持自力更生二者之间是（　　）

A．相互对立的　　B．完全统一的

C．互不相关的　　D．互相联系、互相促进的

5．社会主义国家发展对外经济关系的主要形式是（　　）

A．引进技术　　B．对外贸易

C．劳务合作　　D．对外援助

6．现阶段我国对外开放的格局是（　　）

A．扩大对外贸易的格局　　B．增强国际竞争力的格局

C．全方位、多层次、宽领域的格局　　D．大力发展外向型经济的格局

7．区域经济集团的组织形式有许多，但不包括（　　）

A．自由贸易区　　B．经济特区

C．关税同盟　　D．共同市场

8. 经济全球化的实质是（　　）

A. 以发展中国家为主导的全球化　B. 以所有国家为主导的全球化

C. 以发达资本主义国家为主导的全球化　D. 以联合国为主导的全球化

二、多项选择题

1. 我国经济特区的作用有（　　）

A. 技术窗口的作用　B. 管理窗口的作用

C. 知识窗口的作用　D. 对外政策窗口的作用

E. 消费窗口的作用

2. 我国发展对外贸易的原则是（　　）

A. 平等互利和互通有无原则　B. 统一政策、联合对外原则

C. 维护国家的根本利益　D. 实行倾销的政策

E. 引进先进技术，为我所用

3. 社会主义国家发展对外经济关系的形式有（　　）

A. 对外贸易　B. 对外技术交流

C. 利用外资　D. 承包工程

E. 国际劳务合作

4. 社会主义国家发展对外经济关系的必然性是（　　）

A. 社会化大生产的客观要求　B. 社会主义市场经济发展的客观要求

C. 节约社会劳动的需要　D. 宏观调控的需要

E. 加速社会主义现代化建设的需要

5. 当前我国对外开放的格局是（　　）

A. 全方位　B. 多层次

C. 宽领域　D. 多渠道

E. 多环节

6. 经济全球化的主要内容是（　　）

A. 生产全球化　B. 贸易全球化

C. 交往全球化　D. 资本全球化

E. 交流全球化

7. 利用外资的形式有（　　）

A. 财政信贷　B. 商品信贷

C. 对外援助　D. 直接投资

E. 政府贷款

8. 我国引进国外技术的原则是（　　）

A. 重视技术的先进性和国内的适当性　B. 有利于提高我国的经济效益

C. 把学习和创新相结合　D. 注意保护国内工农业的发展

E. 所有的技术一概引进

三、简答题

1. 简述经济全球化的内容及实质。

2. 简述经济全球化产生和发展的客观基础。

3. 简述经济全球化对发展中国家经济发展的影响。

4. 为什么说实行对外开放是我国一项长期的基本国策？

四、分析题

1. **材料①** 1929～1933 年的资本主义世界发生的经济危机，是有史以来资本主义世界最严重的经济危机，这场危机深刻动摇了资本主义经济体制的根基，危及资本主义的生存。1933 年，美国总统罗斯福实施"新政"，加强政府对经济生活的干预。

材料② 英国经济学家凯恩斯于 1936 年发表《就业、利息和货币通论》，主张国家通过财政和货币政策创造需求，以实现总供给和总需求的平衡，保证资本主义经济的稳定运行，为国家垄断资本主义奠定了理论基础。1939～1945 年第二次世界大战期间，帝国主义各国都建立了战时经济管理体制，国家对整个国民经济和社会生活实行全面统制，国家垄断资本主义得到进一步发展。第二次世界大战后，在所有发达资本主义国家，国家垄断资本主义无论在广度上和深度上，都有了更迅速、更普遍的发展，国家干预深入到资本主义的生产、流通、分配和消费的各个环节，国家垄断资本主义作为一种新的垄断资本主义生产关系体系最终得以形成。

结合上述材料回答:（1）国家垄断资本主义产生的原因;（2）国家垄断资本主义的实质。

2. **材料①** 全世界 4 万多家跨国公司，对外贸易总额超过 1 万亿美元，在世界各地的雇员达到 7 千万人，控制世界生产的 40%、世界贸易的 50%、国际技术贸易的 60%～70%和国际直接投资的 90%以上。跨国公司正在跨越民族国家而成为国际经济活动的主体，其国际生产和经营正在实现全球范围内的最佳资源配置和生产要素组合。

材料② 跨国公司已不仅仅把知识产权作为一个法律手段运用，而是逐渐将其当做一种市场策略频频使用，这也导致我国涉外知识产权争议不仅规模越来越大，涉及的领域也越来越广，给我国一些行业带来了巨大威胁。根据科技部中国科技促进发展研究中心的调研报告引用的资料，加入世贸组织以来，我国企业因知识产权纠纷引发的经济赔偿累计超过 10 亿美元。

结合上述材料回答:（1）跨国公司在经济全球化中的作用;（2）跨国公司对发展中国家经济发展的影响。

参考文献

[1] 伍柏麟．经济学基础教程[M]．上海：复旦大学出版社，2001．

[2] 张维达．政治经济学[M]．2 版．北京：高等教育出版社，2005．

[3] 程恩富，徐惠平．政治经济学[M]．3 版．北京：高等教育出版社，2004．

[4] 陈全福．政治经济学[M]．2 版．大连：东北财经大学出版社，2007．

[5] 张正乾．政治经济学[M]．海口：南海出版公司，2004．

[6] 王元璋．政治经济学概论[M]．武汉：武汉大学出版社，2002．

[7] 张国富．马克思主义政治经济学原理[M]．郑州：河南人民出版社，2003．

[8] 卫兴华，林岗．马克思主义政治经济学原理[M]．北京：中国人民大学出版社，2004．

[9] 顾海良．马克思主义政治经济学原理[M]．北京：高等教育出版社，2003．

[10] 张雷声．马克思主义政治经济学原理[M]．北京：中国人民大学出版社，2003．

[11] 逄聚锦．政治经济学热点问题争鸣[M]．北京：高等教育出版社，2004．

[12] 张维达．政治经济学[M]．北京：高等教育出版，2007．

[13] 程恩富．现代政治经济学[M]．2 版．上海：上海财经大学出版社，2006．

[14] 洪银兴．现代经济学[M]．南京：江苏人民出版社，2000．

[15] 洪远朋．经济理论的过去、现在和未来[M]．上海：复旦大学出版社，2004．

[16] 吴敬琏．当代中国经济改革[M]．上海：上海远东出版社，2004．